本成果得到
中国人民大学 2022 年度"中央高校建设世界一流大学（学科）和特色发展引导专项资金"
支持

社会创新方法与案例论丛
主编 房莉杰 零慧

从行动
到行动民族志

青年志愿服务研究

ACTION IN
ENGAGED ANTHROPOLOGY

AN ETHNOGRAPHIC EXPERIMENT
WITH YOUNG VOLUNTEERS IN CHINA

富晓星 著

社会科学文献出版社
SOCIAL SCIENCES ACADEMIC PRESS (CHINA)

谨以此书献给所有的"水果"志愿者，
向你们的青春和行动致敬！

序　言
行动研究与研究反思

景　军

富晓星所著《从行动到行动民族志——青年志愿服务研究》一书，可谓一项有想象力、有积累，且属于继往开来的学术成果。其关键词即社会学、人类学意义上的行动研究。富晓星将行动研究的特质视为注重学术与实务结合的社会科学研究取向，强调行动者在探究过程中对探究本身进行反思，并以反思作为继续开展行动研究的基础。

若追本溯源，近现代中国社会学的行动研究，在20世纪20~30年代一度风行于乡村建设运动。譬如，平民教育运动领袖晏阳初于1927年至1937年在河北定县从事乡村建设，几百名知识分子赶赴定县，在平民教育、农业科技、医疗卫生、文艺生活四个领域推动社会实验。伴随定县实验形成的一批学术成果，无不与干预行动相关。在定县引进荷兰猪，需要调查农民的家畜饲养偏好。若想让定县农村织布产业得以发展，就需要研究当时日本机械化纺织业在中国沿海城市的影响对北方农村手工织布产业的蚕食。推广接生新法，预防新生儿破伤风，就要培训接生护士替代传统产婆，还要了解农村男女授受不亲的风俗。乡村扫盲课本的编写和旨在移风易俗的新曲目编排，同样需要调查研究和现场实验。因之，一大批行动研究成果脱胎于定县实验。其中，担任中华平民教育促进会调查部主任的社会学家李景汉写出了《定县社会概况调查》（1933年）；在四川大学开设社会学课程的张世文通过定县调查写了《定县农村工业调查》（1936年）；教育家、哲学家瞿菊农出版了《定县教育文录》（1937年）。公共卫生学家陈志潜、教育家熊希龄、文学家孙伏园、流行病学家俞焕文、经济学家李柳溪、农学家马升跃、经济学家冯锐等一批知识分子，也在各种学术刊物上发表了一系列有关定县调查以及实验性行动研究的发现和感言。在定县实验进行的同时，燕京大学的社会学家杨开道、许世廉等人于1928年开始在北京北郊从事清河实验，具体的干预行动包括在农村培养有威望的社区领袖，增强农民的自我组织能力，从经济、社会、文化、教育等多方面提出改良措施，为乡村振兴探索道路。从清河实验留下的一张工作表可以看出，清河实验"服务股"专门负责组建幼儿园、女子手工班、家政培训班、小学教师进修班、医务所、图书馆以及民间文体活动团体。

清华大学社会学系李强老师近年推动的清河社区研究课题，是对当年清河实验的延续。李强的同事沈原、郭于华以及访问学者美国社会学家布洛维，于2005年至2008年从事的河北白沟"工厂政体"研究，可以说是距今已久的燕京大学清河实验之翻版。白沟研究的社会服务三大项分别是技能夜校、体检咨询以及包括法律援助在内的普法维权培训。白沟是一个皮革加工厂云集的地方，普法维权培训对企业主形成了威胁，这或许是白沟社会学行动研究被迫中断的要害。

在当代中国人类学研究者中，也有一些学者从事理论联系实际的行动研究。云南大学尹绍亭教授开拓了一部分云南生态示范村的建设，将人类学知识用于乡村生态知识传习工作。中国人民大学庄孔韶在禁毒研究中与同事们联合拍摄了《虎日》纪录片，目的是激发传统仪式对吸毒行为的制约和对毒品交易的宣战。北京大学朱晓阳从事过的城市微观改造研究，以及清华大学社会学系博士毕业生张玉萍等人完成的一项北京地区流动儿童健康"影声研究"（photo-voice research），也是类似的理论联系实际的行动研究。四川美术学院李敏敏教授和国内一些学者于2011～2013年通过组织关爱老年人海报设计大赛，从艺术行动研究的角度促进青年学子慎思美术创意中的老年人形象。

易言之，《从行动到行动民族志——青年志愿服务研究》这本书，是与我国社会学和人类学行动研究保持呼应关系的一部优秀作品。

毋庸置疑，行动研究的艰巨性在于对社会干预力度的把握。社会学家沈原曾以"强干预"与"弱干预"之说将何为社会学干预的问题说得一个清楚。十多年前，沈原发表《"强干预"与"弱干预"：社会学干预方法的两条途径》一文，提出社会学家要参与农民工和城市业主的生活世界，而且要用鲜明的立场启动有助于研究对象的行动研究。沈原所说的"强干预"和"弱干预"都是指研究与社会运动建立面对面的接触。社会运动无不以社会变革为怀。在沈原看来，各种制度因素的约束属于社会组织发展不均衡的成因，在新富群体、中产阶层、市民阶层或社会经济地位较高的阶层中，社会自组织发育较快。在底层群体中，自组织的机制往往无法充分成长。针对社会自组织机制已发育明显的群体，相关的行动研究仅需要一些包括建言、合作、共享经验在内的辅助型"弱干预"。而针对社会自组织机制发育缓慢的群体，则要探求新方式，甚至要用"强干预"把某些理念直接灌输进去，促进其自主性的发育。

如果说沈原的干预论是将社会正义视为行动研究的基本立场和出发点，那么富晓星的研究则是强调对行动研究给予反思，以及探究反思对行动研究的意义。在这层意义上，她的研究是对既往社会学、人类学意义上的行动研究的发展。基于学术反思精神考虑问题的行动研究，不仅触及研究对象，而且慎思研究者的立场、研究者的初衷、研究者的身份和思想对研究的影响。若换一种方式表达，体现学术反思的行动研究把研究者本人和研究过程本身，都视为不应该忽视的学术探索环节和反思的内容。

更具体地讲，富晓星研究的干预行动是中国人民大学的学生志愿者团队在十多年内坚持针对北京一所打工子弟学校开展的支教活动。打工子弟学校曾经广泛存在于全国各大城市。20世纪70年代末，中国农村开始经历一场意义非凡的变革。当时，一部分生产队将土地承包给农户，将劳动与收入挂钩。时至80年代，国家对这一做法以家庭联产承包责任制的名义予以肯定并在全国推广，极大地提高了农业劳动效率。由于农村生产力的迅速提高发生在耕地极为有限的背景下，同时由于在城市就业的机会增多和对人口流动限制的减少，农村劳动力开始流动到城市打工。在进城务工人口迁移大潮的作用下，流动人口于2013年达到2.45亿人，约占全国人口的1/6。其中，属于义务教育学龄段的农民工随迁儿童有4000多万人，占到流动人口总数的两成之多。

我本人曾经在北京农民工教育促进会做过十年兼职负责人，所以了解一些相关情况。譬如，鼎盛时期的打工子弟学校在北京地区曾有200多家，在校生人数达 50 万人之多。这些学校大多处于城乡接合部或城中村，缺乏有能力的英文、数学、美术等科目的教师。2010 年以来，北京地区打工子弟学校历经了几次大规模整顿，数量逐步降至 100 多家，后来降到 60 多家，新冠疫情的冲击使北京地区打工子弟学校的机构数量继续减少，每校在校生人数大多从原来千人以上降到 500 人以下，加到一起不过 3 万人左右。在北京地区，目前属于义务教育学龄段的农民工随迁儿童人数实为不明，但是还不至于仅有 3 万人，这是因为一部分打工子弟转到了公立学校。转入公立学校的前提条件是富晓星在书中提到的以下"五证"，即在京暂住证、在京合法住所居住证明（如房屋产权证、住房租赁合同等）、在京务工就业证明（如劳动合同、受聘合同、营业执照等）、户口所在地街道办事处或乡镇人民政府出具的在当地没有监护条件的证明、全家户口簿（可以是复印件），然后向暂住地的街道办事处或乡镇人民政府提出申请。如果办不齐这"五证"就无法获得公立学校学籍。

富晓星在书中提到的志愿服务形式和内容是多种多样的。打工子弟学校的学生们虽然生活在北京，然而对伟大首都的了解相当有限。由于经济条件有限，北京的博物馆、美术馆以及名胜古迹并不在这些孩子的领略范畴中。因而，组织学生出行，比如去天桥与城中老人联欢或参观大学校园，属于志愿活动之一种。编排话剧、传授垃圾分类方法、倡导低碳生活方式、开展健康教育、组织知识竞赛、加强亲子沟通等是志愿服务的其他组成部分。

《从行动到行动民族志——青年志愿服务研究》一书的可贵之处在于作为研究者的行动者对自己的反省。正如作者在书中指出的那样，志愿者毕竟是名牌大学的"天之骄子"，其中很多人的生活经历、家庭背景、消费水平甚至个人志向和价值观，与支教的对象相差甚远。当"天之骄子"把一批带有大学标志的礼品送给打工子弟的时候，志愿者原来期待的儿童欢喜却掺杂着"我要苹果手机"的调侃声音，行动者此时应该如何思考自己与孩子们之间的社会关系失衡？当志愿者精心设计了一堂有关丝绸之路的宣讲之后，课堂上却乱哄哄，说明饶有兴趣者甚少，行动者又该如何思考自己认为有必要学习的知识为何不能引发打工子弟的好奇心？当志愿者组织孩子们出行需要预防万一而购买人身安全保险时，一些没有身份证的儿童被排除在外，这种心理伤害或类似的未预结局又该如何处理呢？

如果说反省是这本书的一大亮点，那么富晓星以"互为中心"作为理论框架提出的四种志愿服务意识情境阶段，则有可能对形形色色的志愿工作都具有启示性意义。第一种意识情境阶段是自恋期。行动者开展志愿支教活动往往是因为考虑到了后者在教育资源等方面的弱势地位。志愿者希望履行自身的社会责任，尽力帮助包括打工子弟在内的弱者。在服务互动的最初阶段，志愿者的潜意识仍是对理想自我的探究和追寻。志愿者希望获得服务对象的满意和认同，更在意的一个重要方面是自己留在对方心目中的形象。第二种意识情境阶段是蜜月期。此时的志愿者摆脱了最初的生涩和忐忑，与流动儿童交流得更加流畅亲切，进一步融入服务对象的社会生活系统之中。儿童的愉悦使大学生志愿者获得自信和满足，因而自恋期的自我愉悦得到延续。志愿者同时也深感责任重大，开始认真思考如何更好地设计志愿活动。第三种意识情境阶段是考验期。此时，笼罩在志愿者头上的光环逐渐散去，志愿者开始发现自己的爱心其实不一定被理解，自己的工作不是总能引得孩子们的欢心。有一些与志愿者处于熟识状态的孩子还开始希望更多地了解志愿者，所以志愿行动者反而变为被观察和被询问的研究对象，就好似一本书封面上的一个"土著人"正在用照相机偷拍一个人类学家的屁股。微妙的权力关系变化是考验期的一个标志。第四种意识情境阶段是融合期。此时，志愿者开始从儿童的"主位诉求"出发考虑志愿活动策略，而不再以自己预先想象的儿童需求作为指南，客位与主位的关系因而有了相互渗透的内涵和结果。譬如，2021年春季学期，志愿者根据孩子们的愿望采用表演小短剧的方式对儿童开展网络安全教育，一下子激发了儿童的表演欲望，同时实现了网络安全教育的目的。如上所述，自恋、蜜月、考验、融合这四种意识情境对其他性质和形式的志愿工作都可能具有一定程度的启示和意义。

综观全书，富晓星的行动研究有其独特的人类学学科色彩。在富晓星的笔下，行动研究者的角色是多样的，她自己的角色也是多样的。行动研究者的立场随田野变化而变。这样的多样性和变化包括富晓星作为志愿服务倡导者的角色、作为志愿活动研究者和志愿组织化评估者的身份，也包括她作为儿童行为研究者的地位以及志愿者变为被儿童反观的外客经历，还包括十一代中国人民大学学生志愿团队成员逐一摆脱自恋转为高度关注被干预者主体性的过程。这些流动的、反思性的志愿服务过程产出新的概念、理论、框架和方法，又对方兴未艾的行动民族志进行知识反哺和议程推进。本书的精华即对社会学、人类学的行动研究本身提出问题，而不是假设此类研究没有内在问题可言。

2022 年 9 月 19 日写于清华大学荷清苑

"水果暖你心"
一至十一代志愿者名单

一代（11人）：张钊（葡萄） 陈玉佩（芒果） 张可诚（蓝莓） 周宇香（苹果） 翁昊艺（西瓜） 吴毓谐（椰子） 潘倩瑶（木瓜） 庞博（草莓） 张涛（橙子） 张梦娟（石榴） 超丽格尔（桃子）

二代（12人）：刘上（大嘴） 廖江豪（豌豆） 杨乔乔（白蛋） 李惠玲（火红） 马敏祺（黄风） 帅嘉伟（小鬼僵尸） 崔华东（气腾） 孙琳（黑炮） 罗銎（暴走僵尸） 孙天娇（樱桃） 孙珺（辣椒） 姚曼（向日葵）

三代（12人）：洪昕宇（土豆） 苗苗（年糕） 隋新然（饺子） 沈涵（茄子） 王倩（包子） 王向超（豆角） 郝兆源（米线） 焦妍芮（汤圆） 陈雨瑶（莴苣） 万乐（番茄） 林炫秀（炫秀） 聂建怡（胡萝卜）

四代（12人）：陈杭（杏仁） 朱晨聪（花生） 王元超（桃核） 李逸（银杏） 范吉琛（栗子） 周亮（沙枣） 姜思宇（开心果） 马艺乔（葵花籽） 林岱仪（莲子） 庞思勤（榛果） 罗竹（松子） 丁子辛（大头）

五代（11人）：董浩月（海星） 李建鹏（松鼠） 刘洋（羚羊） 章天一（恐龙） 杜姗姗（猪猪） 赵薇（花猫） 黄新叶（熊猫） 佘欣艺（猫头鹰） 徐华（泰迪） 王源（黑熊） 游诗韵（考拉）

六代（14人）：何奕霖（铅笔） 李俊洁（修正液） 黄芊源（便利贴） 朱琳（彩笔） 朱绮雯（墨水） 吴晓瑶（荧光笔） 李亚丽

（白纸）　齐思婕（笔盒）　栾杰（三角板）　郭云飞（圆规）　李欢（回形针）　李爽（眼镜）　赵汗青（笔记本）　胡曦元（粉笔）

七代（13人）：邓奥纯（多肉）　路雅慧（枣树）　苗艺萧（绿萝）　杨楠（葵花）　沈小杰（四叶草）　陈安然（仙人掌）　肖锦（木槿）　圣铮宇（梭梭树）　王羽佳（栀子花）　宁进（梧桐）　范蕴仪（橡树）　张玉函（芦荟）　林聪（枫叶）

八代（14人）：江晓彤（海马）　陈嘉琦（锦鲤）　蔡安婷（海鸥）　刘文苑（企鹅）　董怡辰（海兔）　蕙洋洋（海豚）　刘紫玥（珍珠）　黄颖（扇贝）　李寅（小丑鱼）　陆梓煜（贝壳）　时涌涵（皮皮虾）　蔡静远（珊瑚）　陈疏影（白鲸）　袁典淇（河豚）

九代（16人）：郑佳媛（话梅）　付唯（妙脆角）　黄哲敏（奶糖）　李贝津（薯片）　黎学恩（肉干）　赵显飞（果冻）　常竞兮（手指饼）　王钎郡（酸奶）　万陆祎（棒棒糖）　吴东宁（泡面）　晏雨琦（糖葫芦）　王欢欢（山楂卷）　吴嘉玮（芝士）　刘畅（冰淇淋）　洪静澜（雪饼）　刘星雨（仙贝）

十代（13人）：张碧（仙草）　李逸桐（芋头）　陈沛雯（雪糕）　姜汉（抹茶）　胡文波（布丁）　蔡沁颖（紫米）　陈恺嘉（芋圆）　陈恺安（红豆）　杨雅萍（奶盖）　贾治钰（奥利奥）　刘珂彤（西米露）　罗甜（豆花）　邝满劲（椰果）

十一代（16人）：郭长源（蜂鸟）　曹清扬（布谷）　李彤（火烈鸟）　黄潇莹（只只）　江雪（喜鹊）　金虹伶（白鹭）　郭熙（山雀）　钟语歆（渡渡鸟）　陈可霓（大雁）　余歆瑶（苍鹭）　周颖全（咕咕）　邱雯（百灵）　麻家恺（八哥）　王俐瓖（鹦鹉）　郝艺洁（乌鸦）　林晓玥（燕子）

目 录

第一章 导论 ··· 001
  一 "水果"的由来 ·· 001
  二 志愿服务的怪现状 ·· 003
  三 "问题化"的流动儿童 ·· 006
  四 行动取向的民族志 ·· 008

第二章 主位诉求：志愿服务方法和模式的探究 ················· 012
  一 理论背景 ·· 012
  二 研究思路 ·· 016
  三 研究方法 ·· 017
  四 "主位诉求"概念 ·· 020
  五 "主位诉求"的获得和验证 ·· 024
  六 递进的行动模式 ·· 046
  七 小结 ·· 051

第三章 互为中心：志愿者和服务对象的关系建构 ············· 054
  一 问题提出 ·· 054
  二 理论背景 ·· 055
  三 研究方法 ·· 058
  四 "互为中心"的发现 ·· 060
  五 小结 ·· 084

第四章　教育权利：服务对象教育获得的结构性困境　087
- 一　政策的冲突　088
- 二　理论背景　091
- 三　研究方法　093
- 四　"五证"审核与政策落实　098
- 五　"弱者的武器"　108
- 六　返乡后的再社会化　113
- 七　小结　115

第五章　文化互动：非嵌入式组织的发展和延续　118
- 一　理论背景　120
- 二　研究方法与框架　124
- 三　组织结构　127
- 四　组织边界　132
- 五　组织运营　140
- 六　小结　148

第六章　工作坊：本土志愿服务模式的应用和推广　152
- 一　工作坊简介　152
- 二　筹备工作坊　154
- 三　举办工作坊　165
- 四　工作坊成效　182
- 五　小结　188

第七章　结论：迈向行动民族志的可能性　189
- 一　行动与介入　189
- 二　田野与方法　192
- 三　结构与产出　194
- 尾　声　197

参考文献	201
附录一　《"水果"的故事》纪录片	212
附录二　"水果"大事记（2011~2021）	215
附录三　"水果"工具箱	224
附录四　"水果"回忆录	238
附录五　观察笔记	259
附录六　水果摘报	285
致　谢	296

第一章
导　论

这是一项"无心插柳"的研究，一做就是11年，并且还在继续。

一　"水果"的由来

2011年1月，笔者带领中国人民大学的8名社会学、人口学专业的本科生和1名社会心理学专业的研究生，到中国台湾参加两岸联谊活动。[①] 联谊活动中有一项内容是"小太阳儿童计算机暨美语体验营"，需要两岸的大学生联手做志愿，为入营的当地弱势家庭的儿童提供服务。这是笔者第一次参加这种有组织的志愿服务活动，并被宝岛台湾活泼有爱且非常成熟的志愿服务模式所深深打动。[②] 在触动最初，笔者有心让每个学生陪伴和观察一个入营儿童，在尽可能深入了解儿童社会文化背景的基础上，对三天两夜的志愿服务活动进行一次小型评估，以期总结此次志愿服务活动的经验和问题。最终，笔者团队完成了一份两万余字的志愿服务总结报告，提交给活动主办方——台湾致理技术学院，对方老师十分惊喜，这也是笔者团队对主办方提供的热情款待和宝贵经历的一份特殊"回礼"！

这次受益匪浅、感慨良多的台湾行令笔者团队意犹未尽。回到北京后，学生们想借助此次志愿服务的经验，在北京寻找相对照的弱势家庭儿

[①] 团队成员有：冯启娜、庞博、吴毓谐、陈玉佩、张钊、翁昊艺、雷雅亮、刘佳闽、伍海诚。
[②] 台湾地区早在2001年就公布了"志愿服务法"，并在高等教育中大力推动结合社区服务和学习目标的服务-学习方案，协助大学生核心能力的培养。

图 1-1 参与台湾志愿服务的中国人民大学学生团队（2011 年 1 月）

说明：本书中的照片如无特殊标注，均由"水果"志愿者拍摄，特此说明，下文不再一一注释。

童开展志愿服务活动。2011 年 10 月，借助"大学生创新实验"项目，学生张钊找到海淀区一所知名的打工子弟小学 X 校①，校方同意并支持我们的项目计划。学生们给自己的志愿服务团队起了一个可爱且温暖的名字："水果暖你心"（以下简称"水果"）。这个花名受益于台湾之行，我们在台湾参加的儿童营名为"花花世界"，每个志愿者在其中都有自己的名字，如枫树哥哥、七色花姐姐等。这不啻建构了一套独立于他们日常生活世界的符号体系，为志愿者和服务对象所共享，而且"花花世界"的所有人必须遵守活动期间独有的行动规范。因此笔者团队主导自己的志愿服务项目时，也希望拥有自己独特的"生活世界"，于是"葡萄""西瓜""椰子""草莓""蓝莓""苹果""芒果"们纷纷叫开，行动之旅也就此展开。2011 年 11 月 2 日，"水果"志愿服务团队正式进驻 X 校，从此没再离开过，到今天已服务了十年有余，并且"水果"的志愿服务活动还在延续。

坦诚地讲，开展这么长时间跨度的志愿服务，笔者始料未及。笔者预

---

① 为保护服务对象隐私，本书中出现的服务对象校名和人名均做匿名处理。

想的目标是：从人类学、社会学角度切入，挖掘出符合服务对象需求、适合本土操作的志愿服务方法和模式。这一目标在活动开始的两年后基本达成。然而，在开掘模式的过程中，新的研究问题不断在田野中涌现，比如志愿者和服务对象的关系建构、服务对象在京获得受教育机会所遭遇的结构性限制、"水果"从几个人的团队发展成百余人的组织等，好奇心和责任感驱使着"水果"不断求索且深耕细作。研究问题的逐个解决，意味着诸种成果在同一个田野中叠写，它们围绕着志愿服务这一母题，彼此辅证。而且，新方法也伴随着对新问题的探究而产生，不断充实着作为最初目标的志愿服务方法体系的产出。

这样一种套层式的、思考与实务相结合的实践式研究，的确需要在一个足够长且具有连续性的田野中才能实现。但实现这个连续性田野，不仅需要得到 X 校的认可和配合，还需要深耕田野的人力的长期保障。在长期的田野实践中，"水果"志愿者在 X 校服务少则 1 年，多则 3~4 年，并且形成了自身特有的组织文化。尤值一提的是，在没有固定资金支持，且没有保送研究生等任何制度性奖励的条件下，"水果"们可以坚持至今且实现自身的代际传承，也令笔者始料未及。笔者相信这份情怀，这种成长的喜悦，缘于身体力行的在地实践，并将实践中的反思累积内化成一种"水果气"，在一代代的"水果"志愿者中传递下去。

无疑，志愿服务是本书的研究主题，笔者希望用整本书的篇幅，围绕"水果"的志愿服务田野实践，对志愿服务的相关面向及延伸出的其他如组织、教育等领域进行论述。为了使读者对志愿服务有一个系统的整体认识，笔者将在开展具体章节论述前，对志愿服务及其发展现状进行简要介绍。

二 志愿服务的怪现状

志愿服务耳熟能详，我们很多人参与过，甚至志愿服务成为我们身边有些朋友日常生活中必不可少的一部分。何为志愿服务？志愿服务是人们在自愿的基础上，无偿地贡献一些时间，通过一些行动来使他人、团体或组织受益（Wilson，2000）。志愿服务是个人行为向社会的公共领域延伸（Brudnye，1990），是充分激发社会活力，让社会有效运转起来的重要手段。总结起来，自愿性、无偿性、利他性、责任性、公共性是志愿服务的几个重要特征。

志愿服务并非新生事物，这一概念的产生与西方的基督教传统密不可分，迄今已有近两百年的历史。笔者将在后面章节总结西方国家志愿服务的发展简史，包括基督教文化对志愿服务精神形成的影响，以及二战后福利国家危机等因素造成"第三部门"力量的兴起等方面，这些内容将构成改革开放以来，中国本土志愿服务实践蓬勃发展的比较性背景，为本研究铺陈跨文化的底色。

在中国志愿服务的发展史上，1993年、2001年和2008年是三个重要年份。在1993年之前，中国志愿服务以社区内志愿服务为主，规模较小，属于公民自主探索阶段。自1993年起，由共青团中央发起的"中国青年志愿者行动"将中国志愿服务，特别是中国青年志愿服务推向一个高潮（中国青少年研究中心、团中央青年志愿者行动指导中心课题组，2001）。2001年申奥成功之后，蓬勃发展的中国志愿服务进入了打破传统单一部门限制的"多元发展"阶段（谭建光、周宏峰，2009）。2008年，经历了汶川大地震和北京奥运会之后，伴随着非营利组织在中国的迅速成长，国民对志愿服务的认识加深、参与积极性和参与水平提高，中国志愿服务开始呈现"全民参与"的新特点（邓国胜，2007；谭建光、周宏峰，2009）。

由此可见，以国际盛事、灾后应急为主的公共性事件推动了本土志愿服务的发展，并于2008年后在全国各领域不断拓展。伴之而来的是志愿者人数的不断增长，截至2022年6月，根据中国志愿服务网实时统计，全国已注册志愿者总数达2.23亿人，占我国总人数的15.67%。[1] 其中，以大学生为代表的青年是参与志愿服务的主力军。截止到2021年底，已有近2000所高校建立了青年志愿者协会，包括大学生在内、经过规范注册的青年志愿者超过9000万人。[2]

然而，在志愿服务的拓展趋势中，"质"的忽视与"量"的不断增长

---

[1] 《中国志愿服务数据统计》，中国志愿服务网，https://chinavolunteer.mca.gov.cn/NVSI/LEAP/site/index.html#/home。

[2] 《新时代的中国青年》，中国政府网，http://www.gov.cn/zhengce/2022-04/21/content_5686435.htm。

形成颇具讽刺意味的对比。以笔者团队长期观察的大学生群体为例。研究表明，他们功利思想倾向比较严重，缺乏对志愿精神的深入理解（张晓红、苏超莉，2017）；精力投入不够，设计活动内容比较单一，服务对象也很有局限（蔡振春，2017）。从社会环境来说，缺乏健全的志愿服务法律体系，以及成熟的志愿服务激励机制和完善的组织体系（严惠敏、陈鸿佳，2018），也影响了大学生志愿服务的热情和水平。专业化程度不高、组织成员内部缺乏信任是志愿组织面临的共同难题，导致志愿组织缺乏凝聚力，志愿活动的长期性和连续性亦难以保证（姜佩瑶、张祖平，2020）。除却既有研究中呈现的问题，笔者团队也在今天普遍存在的、以大学生支教形式为主的志愿服务中，发现了诸种怪现状。

（1）志愿服务"旅游化"：志愿者看似奉献爱心，实则寻求自我满足，娱乐自己。很多大学生名义上是为弱势群体服务，实则相当于去"灾区"旅游。志愿服务流于看热闹，能够真正坚持下来的志愿者屈指可数。

（2）志愿服务"戏谑化"：志愿者不懂得尊重他人，不在乎团队合作，不明白遵守承诺。在 X 校，有些志愿团队来了一次后也不和学校打招呼，下次就直接不来了。有些志愿团队和学校说好下学期还来，学校也做好相应安排，结果志愿团队下学期单方爽约。"水果"们在 2011 年驻校之初，就亲耳听到儿童"最怕大学生志愿者"的说法。

（3）志愿心态"完美化"：志愿者往往抱着强者的心态，以拯救弱者、改造社会为志愿服务的崇高使命。很多大学生往往将服务对象标签化，当然无意中也标榜了自己"拯救者"的形象。但如果认真坚持服务，志愿者最终会发现自身从服务对象身上学到的更多，而自身更多的是陪伴者的角色。通过志愿服务改变刚性的社会结构更是举步维艰，真正得到改变的只有志愿者自己的心态和行动的姿态。

（4）志愿管理"松散化"：志愿者凝聚力不强，团队缺乏有效的宣传、培训和反馈机制。从对大学组织的志愿服务的数年观察来看，志愿团队组织的最初几次活动，参与人数相对较多，大学生积极性相对较高。随着学期过半，志愿者越来越少，有时甚至出现志愿者紧缺、志愿活动难以维系的情况。志愿团队管理比较松散，缺乏正规的整体培训，没有有效的沟通机制，尚未建立考核或督导制度，造成大学生对团队没有归属感，也无法建立责任感和形成遵守规则的意识。

（5）志愿理念"表面化"：志愿者往往用爱心发电，并未将志愿精神、服务理念和专业技巧融入日常生活和认知系统中，认为志愿服务很简单、只要单纯献爱心的志愿者不在少数。"水果"们在对 X 校的日常观察中发现，来自数所北京高校的部分大学生志愿者，在乘车去 X 校的路上，才开始策划马上就要开展的志愿活动。而且，志愿服务形式单一，以授课为主，志愿者各自准备内容，缺乏配合和衔接；讲授的方式也以跟读、拼写以及连线为主，对活泼好动的儿童缺乏吸引力。

笔者团队的观察表明，上述这些志愿服务怪现状常年存在，尚未得到有效改善，这与志愿理念、方法等志愿服务体系尚不完善紧密相关。目前以"事"为主、需要动员国家和社会诸种力量的大型志愿服务，相关部门的组织和实施经验相当丰富。然而以"人"为主的日常化的志愿服务实践如何发展与持续，却是困扰各类组织和个人的难题。而且，现有研究基本以志愿者为主探讨参与意识、行动机制、组织模式、服务精神与伦理等问题（景晓娟，2010；罗婧、王天夫，2012；邓国胜等，2015；时昱，2020）。服务过程最为重要的终端——服务对象的声音在哪里？在目前的研究中，我们甚少听到。

志愿行动是长期的、有计划的、有准备的，是在一定时间内承载责任的社会行动（Snyder and Omoto，1992）。如何做有深度、有温度、有长度的志愿服务？这需要绕到蓬勃发展的志愿行为背后，重回制度、文化、人性、知识网络、社会资本等社会根基性要素进行讨论。

三 "问题化"的流动儿童

在本书中，志愿服务的对象是流动儿童①。改革开放后，特别是 20 世纪 90 年代以来，随着大规模农村人口进城务工经商，随迁子女即流动儿

---

① 1998 年，国家教委、公安部发布的《流动儿童少年就学暂行办法》将流动儿童界定为："6 至 14 周岁（或 7 至 15 周岁），随父母或其他监护人在流入地暂时居住半年以上有学习能力的儿童少年。""流动儿童"在研究中又被称作"打工子弟""流动人口子女""农民工子女""进城务工人员随迁子女"等，本书统称为"流动儿童"。

童的数量日趋增多。2015年全国1%人口抽样调查数据显示，我国流动儿童约为3426万人，城镇和农村留守儿童均约为6877万人，两者数量之和过亿，占全国儿童总数的38%。[1] 从国家最新公布的"七普"数据来看，2015年到2020年，我国流动儿童数量增加了约1倍（国务院第七次全国人口普查领导小组办公室，2022）。流动儿童跟随父母来到城市，因为生活环境的改变和各种政策的制约，他们的生存与成长受到多方关注。他们在城市的生存状况如何？是否适应城市的生活？是否和城市户籍的儿童享受同等权利？他们在成长过程中面临怎样的问题？影响他们教育、心理健康、社会适应的因素有哪些？这些都是研究者们尤为关心的问题。

20世纪90年代初，研究者开始对流动儿童的状况进行初步调查。进入21世纪，随着国务院颁布与农民工子女教育相关的政策文件，流动儿童得到更多的关注，相关研究进入了发展和繁荣阶段，成为学界热点，研究角度更为多样，研究内容也更加深入。社会学、教育学、心理学等诸学科均对流动儿童的特点，以及他们在流入地的生活、教育、成长中的需求和现存问题进行研究，探讨其原因和机制，并提出相应的解决方法或政策建议。相较而言，社会学关注流动儿童的社会化过程，分析流动儿童的社会适应、社会融入、身份认同、教育获得等问题，并从社会政策和社会支持的角度给予解决的建议。教育学着眼于从宏观层面探讨流动儿童的教育机会与教育政策，以及从微观层面关注流动儿童在学校接受教育过程中的学校适应、学业表现等问题。心理学则是从流动儿童的学业表现、人际关系、社会适应等方面来探讨流动儿童的身心发展情况，并从个体、家庭、学校、社区、社会等维度进行原因探析。当然，多学科会交叉关注同一问题，比如流动儿童的社会适应，不仅社会学关注，教育学、心理学亦十分重视。同样，流动儿童的心理特点也受到其家庭社会经济地位等社会学指标的影响。

在某种程度上，对于我国城镇化历程的这个伴生群体，多学科均将流动儿童进行"问题化""特殊化"处理。也就是说，大部分既有研究将流

---

[1] 《2015年中国儿童人口状况——事实与数据》，联合国儿童基金会网站，https://www.unicef.cn/reports/population-status-children-china-2015。

动儿童视为"有问题"的群体，当然这个问题的发生不能只归因于个体和家庭，更多的是与我国经济社会转型这个宏观背景相关。笔者对这种"问题化"的研究取向持有保留态度。虽然这种取向可在政策倡导层面取得成效，有效改善流动儿童的生存困境，但不可忽视的是，"问题化"很可能忽略儿童本真性的讨论。流动儿童首先是儿童，有血有肉，天真活泼，他们不想被矮化处理，渴望结交大哥哥大姐姐这些大朋友。他们拥有自身的日常生活质感，可以被研究者等设身处地渐渐引导，但绝不被脱离其生活情境的外来力量一刀切式地硬性改变。"问题化"取向，容易陷入单向切割儿童动态生活的魔咒，从而陷入"标签化"的扁平处理，甚至会引导形成与流动儿童相关的负面社会舆论环境。而这正是本研究要慎而视之的事项，且希望可绵力改善的困境。

四 行动取向的民族志

本书围绕对流动儿童开展志愿服务这一主题开展志愿服务研究，力求在长时段田野的反思实践中摒除前述"怪现状"和"问题化"，并力图做出些许改变，这也决定了本书的行动取向。以志愿服务为代表的公益实践在我国蓬勃发展，但相关的人类学研究数量相对较少。值得称道的是，罗红光、王甘、鲍江三位老师做出先行的、深有启发的探索。他们在2005~2009年，组织16位志愿者奔赴16家公共服务机构开展为期半年的志愿服务田野，留下了珍贵的第一手日志材料。他们希冀通过普通人参与公共服务，将专业化知识通过志愿者参与公共服务的形式还原给社会，以此来辅助实现公共服务的社会化过程（罗红光等，2010）。再如朱健刚老师。朱老师在国家-社会框架下，一直致力于体察非政府组织与其外部制度环境的互动关系，为寻求非政府组织的自主性发展一直不懈地发声（朱健刚，2004，2008）。诸位前辈研究角度不同，经验和思考不同，但跳出象牙塔、用知识参与和改变社会的行动和吁求殊途同归。

笔者欣赏上述学者的先行实践，并希望提供自身团队的调研经验和行动成果。正如前文所述，笔者抱着做研究型志愿服务的理念，边做边看，勤于反思。多元主体加入的田野具有自然生长的能力，也不断带给笔者挑战和欣喜,并促成最终的由关注"行动"本身,到以多主体参与的"行动过程"为研究对象,从而对"行动民族志"进行分析和提炼的视角转变。接下来,笔者将按照志愿服务的自然发展进程,简要介绍笔者发现或发起问题,并逐个解决问题的研究过程。读者在阅读后续主体章节的过程中会发现,它们既独立成章,拥有各自的问题意识和理论脉络,又相得益彰,因为它们紧紧围绕同一个田野,连枝同气,最终勾画出行动的整体图景,行动背后的理论洞察也得以串联成形,生成自身知识体系。

在第二章"主位诉求:志愿服务方法和模式的探究"中,笔者从人类学视角,着墨于本土志愿服务方法和理念的挖掘。本章所要解决的核心问题是:在日常生活中,志愿者秉持的专业知识如何转化为具体的服务实践?使用何种方法能够切中要害,挖掘服务对象的声音,发现服务对象的问题?具体的服务策略是什么?总结出的实践模式能否为理论拓展做出贡献?笔者在2011~2013年,开发出"主位诉求"的志愿服务方法和"递进"的志愿服务策略,进而发展成一套可操作和推广的本土志愿服务模式。

在第三章"互为中心:志愿者和服务对象的关系建构"中,笔者将志愿者和服务对象视为情感共同体,关注互动情境中,志愿者和服务对象关系的递进发展。本章所要解决的核心问题是:在动态的服务过程中,志愿者的认知发生了什么变化?志愿者的认知变化会影响服务对象的认知吗?二者的认知改变会对行动目标有何影响?会对自我转变有何影响?笔者从2013年开始考察二者之间的关系建构,发现志愿者和服务对象会由浅及深地"互为中心",最终发展出"你中有我,我中有你"的共享主体性,借此检视志愿者和服务对象之间的微观互动机制及其背后的理论解释。

在第四章"教育权利:服务对象教育获得的结构性困境"中,笔者将视角转向教育公平这一重要的国家和社会议题。2016年,按照国务院通知规定,流动儿童的生均教育经费需纳入流入地财政,即"钱随人走"[①]。

---

① 2015年11月,国务院发布的《关于进一步完善城乡义务教育经费保障机制的通知》规定,从2016年春季开始,我国义务教育经费保障机制将实现城乡统一,这也就意味着,流动人口子女进城上学,"两免一补"(免教科书费、免杂费、补助寄宿生生活费)和生均公用经费将随学生流动,即"钱随人走"。新政策实施后,大约1300万从农村进城务工人员随迁子女将会直接受益。学生无论在哪里接受义务教育,国家都会按照不低于基准定额的标准足额安排补助。

然而，现实状况是部分流动儿童并不能从这个利好政策中直接受益。面对结构性困境，本章所要解决的核心问题是：中央政府的教育政策在向地方贯彻实施过程中，遇到了哪些阻碍？在国家政策制定与地方政策执行中是否存在张力？影响流动儿童进入流入地公办学校的决定性因素是什么？流动儿童及其家庭如何应对，他们对教育权利的诉求是什么？笔者将服务对象接受教育的实际状况，视为国家、地方、个人及家庭三方力量共同作用的结果。这不仅关乎个人层面的教育获得与未来发展，更关乎国家层面促进城乡教育公平、保障公民基本权利以及维系社会良性发展的实现。

在第五章"文化互动：非嵌入式组织的发展和延续"中，笔者关注"水果"从十余人的志愿团队发展成为百余人的志愿组织的过程，即志愿者组织化。作为一个极其有限地嵌入制度环境、不与其他组织发生联系、很少接受外部资助的志愿组织，"水果"何以生存，何以传承和长期延续，成为本章所要解决的核心问题。笔者从 2018 年开始关注这个问题，确切地说，"水果"发展数年后，从团队转变为组织才成为一个研究问题。笔者提出"非嵌入式组织"来界定"水果"的组织形态，并提出和使用"层级互动分析框架"，目的是在"水果"组织的日常生活情境中，通过志愿者的人际互动实现个体所嵌套的不同层级（制度、组织和圈子）的文化互动，来探讨组织的结构、边界和运行，以及"水果"价值和精神的生产和传递。

在第六章"工作坊：本土志愿服务模式的应用和推广"中，笔者一改前述几章的写作体例，转为报告"水果"如何将自身的方法和模式，以工作坊的形式广而告之。在本章中，读者可以看到过往四届"水果"工作坊，从构思、筹备到实施的详细过程实录。"水果"将工作坊视为深化"主位诉求"理念和方法的契机。参加工作坊，不仅"水果"志愿者可加深对这套方法的理解和认同，从而坚定长期做志愿服务的信念，还吸纳了更多年轻可爱的志愿者加入"水果"，为"主位诉求"的讨论和反思贡献更多知识力量。笔者乐见"主位诉求"的理念和方法应用于不同志愿服务场景，新场景必然带动方法的活化使用，这也将为"水果"服务模式带来令人兴奋的革新力量。

第七章是结论。笔者将从在象牙塔外分享人类学知识的多种行动，转移到人类学学术话语中心进行对话。由前述章节内容不难得出，笔者最终希望从行动取向的志愿服务提升到以志愿服务为例的行动民族志研究。笔者将沿着行动人类学的脉络，总结研究者的角色、田野的连续性、方法的实验性、产出的多样性、生成的整体性等研究发现。诸研究成果均是在长期的、动态的研究过程中，层层叠写而成，笔者希望这一独成体系的研究可提出行动民族志的一种可能，并为人类学知识发展做出理论贡献。而且，笔者将以行动研究和行动/介入人类学的横向比较结束本书，这既是对具有亲缘性的学科实践致以深深敬意，也是希望凸显出人类学应用和行动取向的独特旨趣。

  本书还附带一部58分钟的人类学纪录片：《"水果"的故事》（2019）。这是"水果"模式中不可或缺的、独立于文字系统之外的有效产出。这部纪录片既是"水果"志愿服务方法和模式的示范影像记录，又是几代"水果"志愿者情谊的见证。此外，丰富翔实的附录补足了正文体例很难涵纳的多元材料，又是"水果"一路走来点滴成长的有趣痕迹。有"意"是研究内涵，有"义"是研究伦理，有"益"是行动结果，有"情"贯穿在三重意味中，应该是研究者和行动者乐见的研究状态和行动姿态！

第二章

主位诉求：志愿服务方法和模式的探究

本章从前述的志愿服务现状与服务对象的特点和需求出发，开发一套志愿者可操作的志愿服务方法，进而发展一套本土志愿服务模式。必须强调的是，在本章中，志愿者兼任研究者，行动介入的过程即研究的过程。"水果"志愿者发展"主位诉求"的核心概念，在此基础上发展出符合流动儿童诉求的"递进"服务策略，并采用志愿者观察笔记、儿童后测日记和课堂小短剧、儿童所拍照片和"心里话"信箱的"三角"资料收集和分析方法（亦可叫"三角验证法"），确保"主位诉求"的信度和持续发展。借由实践人类学研究，希望为我国志愿服务体系提供方法论参考，并启发多学科参与到志愿服务的知识生产和应用中去。

一 理论背景

正如导论部分所述，志愿服务作为舶来品，于改革开放之后传入中国。几乎同时，伴随着福利国家危机、发展危机、全球环境危机、社会主义危机，以及通信革命、知识普及、经济发展，人们的自主性和社会参与性越来越强，欧美社会掀起了一场"全球社团革命"，原本被福利国家取代的志愿服务领域再次焕发生机并达到新的高潮（Salamon，1994）。这股志愿服务浪潮以 20 世纪 80 年代复兴的公民社会理论为指导，探讨以私人的、非营利的及非政府的组织为代表的"第三部门"在社会发展进程中的作用。从 20 世纪 90 年代开始，国际学界开始将志愿组织视为一个具有自主性的共同体（OECD，2003，转引自梁祖彬，2009），进而通过商业化、发展社会企业等模式探索地方文化和全球化语境中的主体多元化发展。

（一）志愿服务中知识与行动的断裂

与欧美国家"大社会、小政府"相比，在我国发展 30 余年的志愿服务中，政府的影响因素不容忽视（王名、孙伟林，2010；邓国胜，2010）。这种影响一方面展示了重大公共事件之中政府强大的社会组织和动员能力；另一方面却又揭示了日常复杂运作中政府管理与民间力量的微妙博弈。这样的叙事基础与上述西方社会全民参与和置评的渐进式发展不同，呈现意识形态话语下的碎片化状态。

本研究将志愿服务视为知识-行动的连续统一体。在知识生产一端，学院派执着于从宏观角度，以批判的视角揭示改革开放后国家-社会关系的变化。国内的公共管理学者借鉴萨拉蒙（Lester M. Salamon）的第三方治理与市场失灵理论，研究非营利组织的运营机制、发展路径与制度环境，志愿者的作用和管理涵摄其中。从政治学、经济学、社会学角度，学者们借鉴托克维尔（Alexis de Tocqueville）、帕特南（Robert D. Putnam）等人的观点，分析志愿服务及其精神对于公民社会构建的作用。例如，帕特南发现人与人之间通过互信和互助形成的社会资本有助于公民共同体的建构，这成为现代社会的基础（帕特南，2001，2011）。在连续统一体的另一端，则是完全以实践为本位的志愿组织和志愿者群体。这些分别由政府主导、非营利组织主导，以及公民自发组织的微观实践丰富多样，但实施者苦于理论和方法的缺乏，很少对自身经验进行系统的总结和思考。而实践派出现的种种问题又成为学院派分析和批判的经验材料，成为知识再生产的载体，从而陷入各说各话的"恶性"循环。

据此，国内志愿服务这个连续统一体呈现"哑铃式"的不均衡结构，知识生产和行动发展出现严重断裂，导论中提到的志愿服务短期效应、规范不足、管理不善等问题似乎也在这种断裂中寻找到一些影子。

（二）实践人类学的意义

人类学和社会学领域皆出现了在实践中融贯学术知识和具体实践的倾

向。有人类学第五个分支之称的"实践人类学"出现于20世纪70年代，倾向于使用人类学的技巧和知识，在学术环境之外解决现实生活中的实际问题。这也是其与关注政策分析和制定的应用人类学，以及关注知识生产的理论人类学更为细致的分野（Ervin，2005）。与此相对应，美国社会学家布洛维（Michael Burawoy）于世纪之交提出的"公共社会学"，无论在学科分工①、地位还是理论关怀上均与实践人类学相似。布洛维意义上的公共社会学（狭义上是有机公共社会学），强调社会学家与可见的、稠密的、活跃的、地方性的而且传统上是对立的公众建立紧密联系。社会学家要对公众负有责任，亲身实践、参与和卷入社区和社会公共事务（布若威，2006；闻翔，2008）。在笔者看来，服务社会只是公共社会学的一个重要侧面，它更着迷于和其他三个社会学分支缠绕并展开讨论，为其所代表的反思性科学在以实证性科学为主导的社会学话语体系中寻找合法性。这种视角下的研究产出必然回到社会学的母题，即公共社会学不能将自身的参与范围限制于地方公众，而应探索如何从特殊中抽取一般，从微观移至宏观，最终如何保存以及建构社会（布若威，2006）。这种社会观在某种意义上解构了涂尔干意义上的"实体"社会，推翻了以社会事实解释社会事实的框架，需要通过行动重建社会。

然而，谈及个体和社会的连接，实践人类学与公共社会学恰恰是方向相反的两条路径。前者是基于社会抽象和文化脉络的反思，审视可能被社会学化约的特殊个体/群体的命运，并给予具体而微的关怀。后者的思路则是以个体/群体经历为起点，以社会抽象为终点。实践人类学首要满足的是研究对象的需求（Community-Centered Praxis，CCP），理论应用和建构的前提也是为研究对象的发展而服务，而非满足学院派的好奇心、累积他们的学术资本（Singer，1994；Warry，1992）。在这种关怀视角下，实践人类学发展出了民族志调查、参与式行动、评估和倡导等诸多系统的方法来实现其宗旨，并且对公共社会学的方法论有所启发。显然，实践人类学在知识-行动这个连续统一体中处于中间位置（见图2-1），它有效地将二者联系起来，并将研究对象视为平等的合作

---

① 布洛维将社会学分为四个领域：专业社会学、政策社会学、批判社会学和公共社会学。

者，通过人类学整体性调研，将协商的价值、理念、方法转变为策略性干预行动。

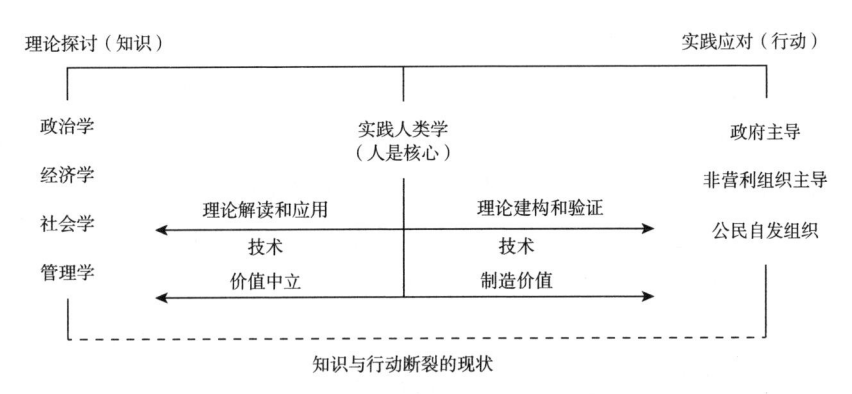

```
理论探讨（知识）                                    实践应对（行动）
┌─────────────────────────────────────────────────────┐
│ 政治学                                      政府主导 │
│ 经济学           实践人类学                 非营利组织主导│
│ 社会学           （人是核心）               公民自发组织│
│ 管理学    ←理论解读和应用→ ←理论建构和验证→        │
│                    技术           技术              │
│                  价值中立        制造价值           │
└─────────────────────────────────────────────────────┘
                知识与行动断裂的现状
```

图 2-1　作为连续统一体的志愿服务

从操作层面来说，在当代中国社会语境中，实践人类学似乎比布洛维意义上的公共社会学更易开展。针对流动儿童的适应和融入，人类学倾向于从历时的成长视角进行研究和应对。这也恰恰契合了志愿行动的要求，即长期、有计划、有准备，在既定时间内承载责任（Snyder and Omoto，1992）。流动儿童虽然被赋予了"城市边缘人""农村陌生人""家庭孤独人"的三重标签，但不可否认的是，他们在社会化过程中的确会遭遇更多更复杂的社会和文化问题。而且，按照心理学家埃里克森（Erik Erikson）生命历程的八阶段论，7~12岁正是儿童掌握技能，形成勤奋感/自卑感的敏感年龄。实践人类学基于对这一城市第二代移民群体的全面剖析，注重在这一时期培养和锻炼儿童的价值理念、学习适应、社会生活适应、心理调适能力等，这将对成年期的社会角色和行为产生重要引导。

志愿服务俨然是一个社会和文化系统，国家与社会、意识形态与文化、志愿者的人力资本、服务动机与信念、交换与网络等诸多复杂问题需要讨论，但是本章紧紧围绕着本土志愿服务方法论，从实践人类学角度给予解答。此外，传统人类学给予公众的刻板印象是，关注经济落后、奇风异俗的"孤岛"文化阐释，这种想象能否通过恰当应对当代主流社会如志愿服务这样的问题而打破，也涵摄在本章的视野中。

二 研究思路

在实践人类学的视野中，围绕人这个核心要素，可将知识、技术、价值、资本和行动归纳至基本议题、方法、认识论和存在论的四位一体（谢国雄，2007）。在本研究中，这种"四位一体"的研究思路需要研究者时刻保持全观意识，在深入服务场域的脉络中逐步体会概念和理论之明晰过程，并在此基础上创建有触感、可操作的本土志愿服务模式。那么以流动儿童为例，探究志愿服务模式的基本议题有：

儿童需要什么（物质和精神的关系）？
学习中的问题（缺乏兴趣和动力）？
生活中的问题（父母工作繁忙，无暇顾及孩子）？
社会适应中的问题（礼仪和规范意识不够）？

进而追问的核心问题是：

流动儿童的个人发展与社会结构之间的关系如何？
面对结构性障碍，个体的行动性在哪里？
志愿服务的作用在哪里？

在方法层面，人类学历时性的追踪，结合共时性的"客位—主客位结合—主位"的参与观察（见图2-2），可在对流动儿童生活全貌进行整体性把握的基础上，寻求上述问题的分析和解决。

在认识论层面（偏重于研究者与研究对象如何知晓与认识社会生活），本研究摒弃标签式的"弱者"观念，而将这些孩子视为具有能动性的主体，他们具有主动认识自身、社会和世界的行动力。

在存在论层面（偏重于研究者的终极关怀，为何要进行学术研究），如果仅仅积累经验数据，保持价值中立地进行理论挖掘和阐释，这实则回到连续统一体的知识生产一端，而在研究中创造价值，建立规范的专业化

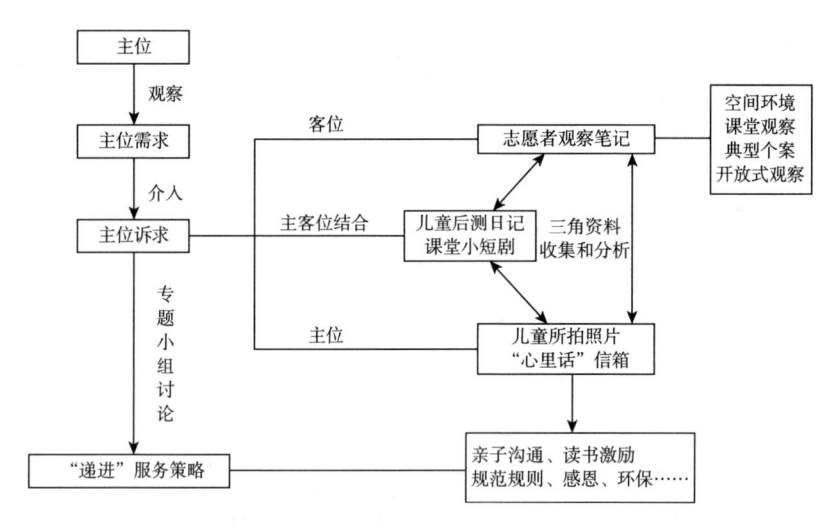

图 2-2 "主位诉求"志愿服务模型

服务模式,在陪伴成长中给流动儿童带去快乐,并给他们的生活带来些许改变,这才是研究者进行这项研究的情怀所在。

三　研究方法

X 校是北京一所知名的专为流动儿童开办的民办小学。X 校成立于 1994 年,多年来得到上至政府,下至民间的各方关注。恰恰是这种关注,使 X 校在数次民办打工子弟学校整改中得以幸存。"水果"志愿者 2011 年进入 X 校时,选取当时的三年级三班和四年级一班开展志愿服务,三四年后这些儿童毕业,在北京或家乡开始新的学业和生活。之后,"水果"又选取了二年级和三年级各一个班级开展志愿服务,直至他们毕业再选择新的班级。11 年来,"水果"团队始终坚持"深耕"一个班的理念,捕捉儿童成长的细节,并根据他们行为和心理的变化,及时调整志愿服务内容和策略。

在志愿服务的前期调研阶段,"水果"团队主要对课堂支教和课外活动进行参与观察,2011 年 11 月和 2012 年 11 月,"水果"志愿者从两个班分别选择 8 名学生进行入户访谈,进行课堂外的调研补充。在之后的 9 年时间中,不同代的"水果"志愿者不定期开展入户访谈,随着时间变化了解流动儿童家庭的变化。2011~2012年的入户访谈力求在历时层面——在从三四年级到小学毕业的过程中追踪儿童的成长变化；在共时层面——从家庭情况、学校生活、社会网络、社会适应、亲子关系、性格兴趣等方面进行整体性调研。

观察笔记框架

> a. 空间环境：空间区位（地理位置、周围建筑）、外部环境（学校面积、操场等外部可见的硬件措施及墙报标语等）、内部环境（教室面积、清洁程度、教学装饰、桌椅新旧程度及摆放、小细节如标语和板擦等）。
>
> b. 课堂观察：志愿者表现（题目设计、教学方法、语言表达、肢体行为等）、儿童的反应（感兴趣的反馈、不感兴趣的表现等）。
>
> c. 典型个案：选取不同类别的孩子进行观察，包含基本信息（观察对象的背景信息，如年龄、年级、性别、家庭信息等）；行为、性格、兴趣、衣着、卫生习惯等；观察对象自己讲述的故事；发现可以参与或主导志愿活动的"小志愿者"。
>
> d. 开放式观察：任何激起思考的"兴奋点"。

在资料收集方面，研究注重来自志愿者和儿童两方面的观点。其一，通过儿童痕迹材料，如儿童后测日记、课堂小短剧、儿童所拍照片、"心里话"信箱（具体范例请见下文），获取儿童对于志愿服务以及日常生活需求的看法。其二，在每次志愿服务结束后，志愿者需要撰写此次活动的观察笔记，并在专题小组讨论中，结合儿童自身提供的痕迹材料，对已有的观察笔记进行修正和补充。这种资料收集方式可以最大限度避免撰写者的个人偏见，保证研究信度，确保接续活动设计的效度。

在资料分析方面，研究团队分阶段对观察笔记和访谈笔记进行编码分析。编码分为主题编码和解释编码。编码基于团队拥有对于编码含义的统一的、确切的认识。主题编码指从数据中清晰呈现的主题，如空间环境、对志愿者态度、志愿者空间站位及反馈、课堂观察、典型个案等（见表2-1），主题编码会根据不同学期的活动内容灵活调整。解释编码

表 2-1 分析材料的主题编码框和编码说明

主题编码 (2011年秋季学期)	A 对志愿者态度		B 志愿者空间站位及反馈		C 空间环境		D 课堂观察			E 典型个案	
三年级三班	A1 学生对志愿者态度	A2 老师对志愿者态度	B1 志愿者空间站位	B2 学生对志愿者空间站位反馈	C1 教室空间环境	C2 区位空间环境	D1 相机	D2 志愿者表现	D3 学生兴趣	E1 残疾孩子	E2 放学细节

主题编码 (2012年秋季学期)	A 空间环境		B 对志愿者态度		C 课堂观察					D 典型个案		E 放学细节		F 志愿者疏漏		
五年级三班	A1 教室空间环境	A2 区位空间环境	B1 学生对志愿者态度	B2 老师对志愿者态度	C1 课前表现	C2 志愿者表现	C3 学生表现	C4 志愿者空间站位及反馈	C5 亲子沟通	D1 残疾孩子	D2 其他个案	E1 群体表现	E2 个案表现	F1 记录疏漏	F2 时间掌控	F3 准备工作疏漏

隐含在主题编码中，是融入研究者的判断、分析和解释总结出来的，它更为关注文本的意义。本研究在最初阶段总结出来的解释编码有互为中心（志愿者和儿童关系）、志愿者空间照护、儿童自我展现、尊重和欣赏、感恩和分享、恰当使用礼物、培养小志愿者、建立规则、亲子感知错位等。在编码的基础上，研究者将不同时期、不同主题、不同个案的数据进行矩阵排列和分析，识别和说明数据的核心意义，最终将抽象出来的核心理念传递给更广泛的受众。

四 "主位诉求"概念

"主位诉求"是本研究提出的核心概念。它来源于人类学认识论的"主位"视角，指研究者站在研究对象的立场上，即以他者（研究对象）的观点来理解个人、社会和世界的理念。也就是说，人类学者在他者的世界中，在去除研究者本文化影响的基础上，尽可能接近和获取他者的真实想法。

（一）"主位诉求"的内涵

（1）主位。主位是指志愿者长时间参与到研究对象的生活、工作、学习、社会交往和其他活动中去，进而嵌入其社会系统、文化理念和生活逻辑之中获取研究对象的思考和行为方式。通俗地说，即在日常生活中，志愿者用儿童的目光看待世界，强调平视和平等视角。如蹲下来与儿童互动，可能很多读者认为这是个平等和关爱的技巧，而这个细节恰恰是认识论的体现，即体现志愿者在心理上愿不愿意"蹲"下来。这需要志愿者由内向外发力，是内化的主位视角外显于身体语言的自然而然的表达。相应地，和儿童相处久了，志愿者会发现儿童喜欢"站"起来和志愿者聊天，聊的话题十分日常，比如近些年流行的"嗑 CP"①和网络游戏。由此，志愿者蹲下来，服务对象站起来，才是真正的平视视角；更进一步，

---

① "嗑 CP"是网络流行用语。"CP"是英文单词"couple"的缩写，嗑 CP 是对自己喜欢的或者支持的屏幕情侣（CP）表示喜欢和支持的意思。

服务对象是志愿者理论建构和模式发展的合作者。

（2）主位需求。主位需求是指基于儿童视角了解他们的需要和要求，而不是志愿者站在伦理制高点上建构他们需要什么。在以往的志愿服务实践中，笔者常常见到的是志愿者并未进行缜密的调研，而是想当然地认为受助对象需要什么。如"我"认为你们"最"需要文具、食物和衣服，但这只是生活需求的一方面。即使是生活需求，也需要调研来体察入微。比如四年级的学生就不适合再送铅笔，他们在日常的学习中已用不到。而且，笔者通过调研发现，物质往往不是儿童最重要的需求，精神需求才是。志愿者要关注流动儿童的精神世界，即不仅在日常生活中亲近，还要走入他们的内心与之交流。基于此剖析流动儿童的整体需求才是志愿服务发展的正确方向。同时我们也要注意，主位需求是停留在观察层次的理解。

（3）主位诉求。通过"主位"视角的调查，将隐藏着的主位需求"倾诉"（呈现）出来，这有助于研究型志愿者寻求相应的行动策略和干预实践。也就是说，主位需求的发展方向和目标是主位诉求。本研究从两个类别来理解主位诉求。

其一，儿童具有隐藏的主体性。研究发现很多研究对象不善表达，或者说他们有一些自身并未意识到的潜在需求。比如，儿童很想与志愿者接近却表现出拘谨、局促甚至选择逃避；家长和孩子都有潜在的与对方交流的愿望却不得其法，家长往往认为"打"能解决一切问题；选举"小志愿者"出现选票多于实际人数的情况，同学们感觉受骗，集体喊"抗议"；等等。由此，在视儿童具有隐藏主体性的基础上，通过志愿服务可把上述潜在需求和引导行动的理念挖掘、倾诉并确立下来，帮助儿童认知和呈现潜在需求，并予以尊重。

其二，采取志愿者引导的"主位诉求"。作为受过良好教育、具有现代公民意识的大学生志愿者，他们通过研究预见儿童长大成人后，在融入迁入地城市中可能会有的诉求，比如礼仪、规范、生存技能和近些年的网络安全等。志愿服务实则在儿童预期社会化过程中发挥重要作用，即志愿者预估并筛选儿童遇到的问题，提前对他们进行知识和理念的传导，帮助他们尽早适应城市社会，从而避免未来可能遭遇的伤害。这时，志愿者的角色主要是对无完全行为能力的儿童进行引导，鼓励儿童认识到社会化诉求的重要性，并慢慢培养他们的兴趣，使儿童作为主体践行社会生活。

无论哪种类型的主位诉求，这种"倾诉"和"呈现"对于研究者来说已然是一种介入策略，它以行动者的姿态迫不及待地引出下面的行动策略和干预实践。由此可以看到主位诉求概念的发展逻辑，即从主位的参与，到主位需求的观察，再至主位诉求的介入和关怀，强调扎实研究基础上的有导向的介入是主位诉求的主旨。这是基于人类学视野的理论收获，并且以其行动姿态对人类学以往只重阐释的主位视角进行了发展。

（二）"主位诉求"的解释框架

"主位诉求"可分为个体层次和群体层次，相应地，需结合生命历程、社会关系和未来发展进行分析和解释。首先看个体层次。

> 黄风姐姐和白蛋姐姐（第二代志愿者的花名）开始分发礼物，第一排的一个女孩子非常不屑地和后排同学说："我就说嘛，肯定给这样的。"LHL去问那个孩子是否有礼物，她不耐烦地说了句："有，这儿呢。"后面几排的男孩子也对礼物不以为然，一个男孩子还问："大姐姐，就这一个礼物吗？"还有很多男孩子问礼物的价钱……他们又开始热烈讨论："这肯定连5块钱都不值。""这个到底多少钱啊？70还是80（元）？"孩子们讨论得热火朝天。这时我就问他们："价钱真的那么重要吗？"孩子们天真地回答："嗯，重要。"一个男孩说："我想要苹果手机。"我和孩子们说："我们都没有这个书签，为了你们才订的呢。"那个男孩就直截了当地说："那这个给你吧，姐姐。"（黄风，2012）

这是2012年末，志愿者给五年级一班儿童发放新年礼物时的场景。志愿者为儿童精心定做了带有中国人民大学校徽的书签，却遭到部分儿童认为不值钱、不想要的奚落。我们必须追问，这种想法是主位诉求吗？答案是肯定的，而且这是志愿者认为十分重要，需要引导的主位诉求。这恰恰体现出志愿者的协助角色，他们引导服务对象挖掘和呈现自身需求，但最终是要通过儿童自身努力来满足诉求。听之任之的随时赠予则反映出当今志愿服务一个相当严重的问题：随着流动儿童接受物质资助越来越多，其中部分儿童开始将爱心进行货币化测量。这种心态如果不及时扭转，很可能导致他们甘愿做弱势群体，主动开口或伸手"要"东西。这一旦成为他们的常规生活状态，志愿服务反而走向我们均不想看到的负面状况——成为培养社会"乞讨者"的"爱心"温床，这时与其说是通过志愿活动对研究对象施以帮助，不如说是给他们带去被动的伤害；或者说，这种志愿服务无形中在帮助服务对象形成自己的贫困文化，进行贫困的再生产（萨拉蒙，2008）。诚然，流动儿童及其家庭的困境有其社会和经济等结构性因素，但是个体层次的职业伦理和自力更生的基本价值不应遭到破坏。发现这种趋势后，"水果"团队设计了"认识自我价值，通过自身努力去赢得梦想"的课程进行疏导，防止这种个人倾向向群体扩散。这种志愿服务策略回到了"四位一体"中的基本议题，即流动儿童所处的社会位置来讨论，并和存在论（研究者的终极关怀）紧密联系在一起。

相对于纯粹个体层次的诉求，本研究更关注流动儿童在社会化和城市融入过程中显现的群体性主位诉求。或者说，主位诉求嵌入社会结构视角中，探讨资源较少的弱者呈现的群体性问题及相应权利的维护。正如诸多学者的研究所示：一方面，城乡二元户籍体制及其附带的义务教育办学、拨款、升学体制对流动儿童在城市的社会生活构成了制度性排斥（徐玲、白文飞，2009；郑友富、俞国良，2009），这一问题笔者还将在第四章详述；另一方面，流动儿童所在的家庭与城市居民之间经济差距较大，流动儿童很难融入和适应城市，缺乏向上流动的机遇，这又会对其构成经济上和社会文化上的排斥（吴新慧，2004）。目前刚性的社会结构难以改变，这些结构性问题的解决任重道远。

在这种情况下，志愿者力所能及的，是在日常志愿服务实践中践行主位诉求理念，培养儿童尚未全面显露的主体性。如果选择不干预，那么这个群体很可能陷入"宿命式"的贫困文化再生产中，甚至出现上述的甘于弱势的极端状态。正如前文知识和行动断裂的现状所示，自上而下的宏大理论逻辑似乎有随着社会的扁平化，个体/群体也将走向扁平化的趋势。这种趋势不仅忽视个体/群体的立体和丰盈，而且也有简化这一阶层，忽略其内部多样性的风险。主位诉求不是杯水车薪的安慰剂，而是自下而上的志愿服务给予服务对象的预防针，显化并感知弱者受到的结构性限制，且在长期陪伴中教会他们适应环境的城市规范；挖掘个体的主体性，传递自我价值，根据个体情况和能力寻求多元化路径；给予他们前行的信心和充足的心理准备，同时告知的还有在现实发展的基础上不能放弃梦想，并给予儿童努力积蓄力量逢时而变的信念。

同时，对于主位诉求的理解也是多变的、动态的，处于矛盾和冲突之中。自我意识处在不断变化的过程中，很有可能出现今天的我否定昨天的我的情况。这种自我意识的斗争伴随着儿童社会化过程发生，而人类学伴随着他们成长的长时期调研，恰恰是观察、追踪和评估这些"诉求之流"最好的契机。人类学介入的研究，则是希望将"主位"发展为"主体"意识，希望儿童借由志愿服务，认知并倾诉内心的想法和需求，最终成为一个有发展和选择自由的行动者。持续不断的行动性恰恰是突破结构性限制的希望，也是志愿者为之努力的方向。

五 "主位诉求"的获得和验证

如何获得研究对象的"主位诉求"呢？本研究基于三个维度的材料，即"客位"的志愿者观察笔记、"半结构情境下主位"的儿童后测日记和课堂小短剧、"开放情境下主位"的儿童所拍照片和"心里话"信箱，采用这些材料彼此补充和验证的"三角验证法"来确保"主位诉求"的信度。

（一）"客位"视角材料：志愿者观察笔记

在志愿者开展活动时，"水果"会安排一个志愿者专门负责对活动场域进行观察并记录。笔者提出的"客位"，是以主位融入观察，并以客位跳出分析的视角。志愿者观察笔记包括四部分。[①] 第一，对空间环境的观察，包括对空间区位、外部环境、内部环境以及家庭环境的观察等。

---

① 志愿者观察笔记第四部分为开放式观察。本节从略。

图 2-3　教室空间环境（2011 年）

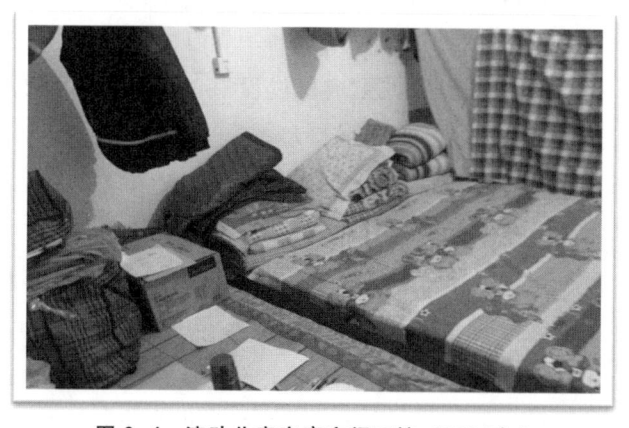

图 2-4　流动儿童家庭空间环境（2016 年）

教室看上去很矮，天花板上很黑，看出来很久没有打扫了。教室两边的墙上挂了两台电风扇，看上去也很黑了。教室的角落里有一些旧桌椅，上面放着两个大箱子，一个是垃圾箱，另一个放着很多空瓶子。（苹果，2011）

教室共有九列课桌，三个一组分为左边、中间和右边三个部分。课桌之间的过道仅容一个成年人通过，教室后方有可供穿行的空隙。教室过道有纸屑，志愿者可以潜移默化地影响孩子们对环境的关注。（石榴，2011）

地下室房间很小，不到十平方米，有一张饭桌，紧靠着的是一张床，床边上有几个大盒子，还有一个小马扎儿。整个屋子只有一盏灯，灯光十分昏暗；在屋子里，感觉十分压抑。都十一月底了，屋里还有蚊子。我们坐在床上，感觉被子有点潮湿。（气腾，2012）

2012年，"水果"志愿者到儿童家里进行访谈，就发现家庭空间狭小拥挤，这种情况在2016年家访时，并未得到改变。

从上述的空间观察可以得出，教室卫生环境差，居住空间狭小，很多儿童在家把小板凳和饭桌当作学习桌。根据这种情况，"水果"志愿者设计了一次环保课，由志愿者引导儿童认识到环保的重要性。在这次活动中，志愿者亲自示范，让儿童比赛寻找班级的脏角落，并带领儿童打扫卫生，告知细菌、粉尘对身体的危害。同时，志愿者观察到班级后部有一个回收废弃水瓶的角落，志愿者引导儿童纳入废电池回收，志愿者还教儿童用废纸制作小储物盒，放在家中收纳杂物，节约空间。环境保护作为现代公民的一项基本义务，是流动儿童成长过程中必将面临的重要问题。志愿者的及早引导旨在培养儿童从小保持环境整洁、低碳节能的生活习惯。

第二，在课堂观察部分，涵盖志愿者表现和儿童反馈等内容。

我们排练的短剧《威尼斯商人》开始了，在表演之前大嘴哥哥在黑板上写上了"威尼斯商人"五个字。白蛋姐姐补充道："我们排练的短剧都是按照我们给大家的要求排练的，事先认真地读了书，之后才分角色演了这出剧，大家以后也要这样表演啊。"随后，饺子哥哥上台开始表演，他扮演的是《威尼斯商人》中辛勤善良的安东尼奥。而大嘴哥哥"本色"表演吝啬鬼夏洛克，刚开场的一句"你谁啊，我认识你吗?!"可谓活灵活现，台下孩子们的笑声一下子爆发出来。后排有个小女孩站了起来"围观"台上的演出，并且提醒后面的男同学小点声音，不要说话了。当大嘴哥哥扮演的夏洛克狡黠地说出"还我三千金币！"时，台下的孩子们一阵骚动，纷纷谴责夏洛克太过黑心。饺子哥哥扮演的安东尼奥可怜巴巴地回答道："我还，我还，我洗厕所赚钱我也还！"下面的孩子们又是一阵哄堂大笑。在安东尼奥还不起钱向夏洛克哭诉"您不是说三千金币对于您来说就是九牛一毛嘛"的时候，夏洛克暴露了吝啬鬼的本性："我什么时候说了，谁听见了？"孩子们纷纷义愤填膺地说："我听见了！"当最后由汤圆姐姐饰演的鲍西亚出场使得事情出现转机，夏洛克的财产被没收充公的时候，台下顿时掌声雷动。在孩子们的欢呼声和掌声中，几位演员结束了这一出短剧《威尼斯商人》。（土豆，2013）

2012年，在"水果"志愿者对四年级一班班主任进行访谈时，她谈到学生作文水平不高，希望志愿者帮助他们提高写作能力。同时，儿童后测日记中也有"希望有语文书""作文书""科学书"的诉求，因此志愿者在2012年春季学期和2013年秋季学期设计了两个学期的"读书激励"活动，上述案例是志愿者设计的一个场景。

  主持人墨水姐姐开始讲课。"上一次和大家聊天，发现大家对历史小故事很感兴趣，而且你们刚刚学过丝绸之路的课文，但是在课文里，只讲到了张骞经过安息国的场景，其实与丝绸之路相关的，还有许许多多有趣的故事。所以这学期我们就以丝绸之路为背景，来讲一讲有趣的历史故事，好不好？"孩子们大声说："好！"（笔记本，五年级一班，2017）

2017年，"水果"志愿者在课间和儿童闲聊时，发现他们对语文书中提到的"丝绸之路"很感兴趣，但课本中只有一篇相关课文，因此，志愿者在 2017 年设计了一个学期的"丝路趣味行——穿越奇遇"活动，通过"沙漠求生""海底两万里"等"丝绸之路"主题的表演剧形式，结合儿童喜欢的手工、游戏，满足儿童扩展历史知识的需求。

图 2-5 《"水果"的故事》纪录片中的课堂剪影

上述两个场景可视为志愿服务实践中十分重要的情境效应（contextual effects）。威尔逊（John Wilson）在其著名的文章《志愿行动》（Volunteering）中提到，情境因素对于个人参与志愿服务的影响是最难理解的田野事项，比如所在的学校、居住地有效地影响志愿服务的动机和方向（Wilson, 2000）。但是在具体的志愿服务实践中，情境效应的应用和效果很少见到。在社会学的视野中，布洛维从人类学曼彻斯特学派借径的"拓展个案法"，较早倡导情境的重要性。他谈到实证科学试图将情境效应控制到最小化程度，却在实践中一定受到四种情境效应（访谈、回应、场所以及情景效应）的限制（Burawoy, 1998），这在某种程度上使实证研究陷入自欺欺人的境地。

在人类学视野中，田野自始至终都是一种情境性存在，通过研究者参与的和多方力量互动的场域透视出具象（当下场景）和抽象（政治、文化、权力等）情境的意义，并给予文化阐释。对于实践人类学来说，研究者会直面拥有各种需求和期望的研究对象，这时十分考验研究者对于情境的把握（不仅仅是阐释）功力，因为其行动和表述将会对研究对象产生直接影响（Erving, 2005）。在具体的志愿服务中，笔者认为微观情境至关重要，因为这种在互动基础上，志愿者的实时观察、评估和引导，可有效激发服务对象的参与热情。在上述"读书激励"的策略中,志愿者基于观察更重参与,将自身融入活动设计之中,消除"教""学"身份的二元对立,摒弃僵化的说教,强调志愿者和儿童是平等的参与者,同样需要遵守活动规则。2013 年的活动要求参与者读书后,组队排剧和大家分享有趣的故事。再如"丝路趣味行——穿越奇遇"活动,不仅消除"教""学"身份的二元对立,志愿者还结合 2017 年流行的古偶穿越剧形式(儿童都在看《三生三世十里桃花》),将历史知识和儿童当下预期社会化问题紧密结合,用更加喜闻乐见的形式提升儿童的关注度。

两个情境效应的共同点是,志愿者率先示范,通过"互惠",激发儿童的参与热情。从儿童对"读书激励"活动的反馈来看,他们对这次活动的内容很感兴趣,甚至连平时最淘气的男生都伸长脖子,屏息观看,而且帮助志愿者改编短剧结局。由于"教"者地位下降的新鲜设计,儿童一改志愿者演剧前被动、消极的参与状态,有几个组踊跃举手要求演剧,与志愿者一较高下。在这种情境的力量下,志愿者辅以读书重要理念的传递,调动起他们主动读书和写作的积极性。在之后的一次志愿服务中,志愿者发现有儿童在我们提供的书中找到《莎士比亚文集》,翻看《威尼斯商人》。这说明题目的设计和方法的表达十分有效,达到读书激励的目的。

第三,在典型个案部分,选取不同类别的儿童进行重点观察,包括他们的行为、性格、兴趣等;记录观察对象自己讲述的故事;同时发现可以参与或主导志愿服务活动的"小志愿者"。

> 班里有个弱视小女孩,镜片很厚,常低着头,摆弄手指。由于看不到黑板,她一直游离在活动之外。葡萄哥哥前去引导:"Hello,你好,你怎么不在本子上写呢?哥哥帮你好不好啊?是看不太清黑板吗?"女孩默不作声。葡萄哥哥帮她翻开本子:"哥哥帮你好不好?在这个位置写上你名字的汉语拼音就好了。"女孩还是不理,周边同学扭身对我说:"哥哥,她眼睛不好,看不见黑板。"他们又主动帮助该女生修改。之后,女孩表现渐好,但还是不参与互动,其笔一直收在书包里,没有拿出。但当芒果姐姐说教英文歌时,她突然抬头,表现出很感兴趣的样子。(葡萄,2011)

四年级一班有听障儿童，戴助听器，独自一桌坐在教室最前面的角落里，身材圆润。他看不到椰子哥哥讲解相机的使用，脸上出现不愉快的表情。草莓姐姐询问是否看不见时，他没有说话。下课后，草莓姐姐单独叫他过来摆弄相机，他按照开机、照相、删除的步骤操作，然后就回家了，并没有显现出像其他孩子那种特别高兴的样子。（草莓，2011）

身体有残疾的儿童内向少言，参与活动较为被动，自我边缘化倾向明显。志愿者并未按照一般照顾"弱者"的办法过多地呵护他们，而是像对一般儿童一样调动他们参与活动的积极性，并给予眼神肯定和肢体语言（如轻拍肩膀）的鼓励。在志愿者的鼓励下，弱视女生在同桌的帮助下，折出属于自己的小储物盒，很有成就感。在"读书激励"活动中，志愿者专门为弱视女生准备了一本黑底白字、可供视力残障人群阅读的书，确保她可以正常参与活动，发表自己的看法。小女孩十分高兴，对这本书爱不释手。

以上介绍了志愿者观察笔记所包含的具体内容，在具体写作过程中，志愿者根据各自的个性和风格，创作出了形态各异的观察笔记形式。

◆ 对话式

A：七份啊。

桃核：对，七份七份，他们说错了。

C：那松鼠哥哥比了个八。

桃核：松鼠哥哥数学不好。

C：松鼠哥哥语文好吗？

桃核：都不好，比我差远了。

E：那英语呢？

桃核：还好。

E：能考88吗？

桃核：哈哈，不知道。

松鼠哥哥开始进行第二小组的抽签。

桃核：来，我们看第二小组的抽签。

D：李家豪。

松鼠：张晓京。

众人：啊啊啊（沮丧）。

桃核：为什么喊李家豪？

A：笨啊。

桃核：来，我们看他的。

（桃核，2015）

◆ 描述式

正式的活动开始了，松鼠哥哥先带着大家回顾了上次活动的内容，并介绍了本次活动的形式和要求。在松鼠哥哥讲话的时候，王小华一直在写着什么，后来我找了个机会问他在写什么，他说在写老师要写的作文。虽然他在写东西，但是也时不时地抬起头听着松鼠哥哥讲的内容。其他的五个孩子也是同样，非常认真地盯着松鼠哥哥听着活动的规则。分词语之前，花生哥哥先解释了一下花猫姐姐因为肚子痛所以这一次没有来，由他带两个组，李佳佳就抬起头告诉我："怎么都肚子疼啊，我前两天也肚子疼。"分词语了，我们组分到的词语是"圣诞老人"。在大家都围到一起准备讨论的时候，张捷却还是端正地坐着，面对着讲台，我便请佳佳帮我喊一下他，提醒他加入讨论。给大家看过词语之后，我问应该怎么表现让大家猜出来。佳佳先说："他会飞，还有一只小鹿。"之后我又问了其他的小朋友有没有其他的想法，有人回答道："拿着东西当礼物。"之后佳佳又补充"每年送一次，他长着白胡子"。王艳、张捷和广世在此期间都没有讲话，我就特意问他们有没有其他的想法。他们没有回答我，佳佳就说："他每年都会在天上飞，然后前面有几只小鹿，每年只送一次礼物。"我又转头去问王艳和张捷："你们刚刚有听到佳佳怎么讲吗？如果抽到你们的话你们会上去表达吗？"（之所以想要每一个孩子都能够表达出来，是怕到时候抽到哪一个孩子上台，他不愿意上去或者上去之后讲不出话心里会觉得不舒服……）（海星，2015）

◆图文式

另外，在面对校门的老师办公室窗前有一个以前来支教时没有注意到的"心里话"信箱（见图2-6），我想应该不是土豆上次讨论中提出来的说悄悄话的那种，而是一个学生向老师反映情况或是提出建议的平台。

这个信箱看起来有些破旧，前面还有一些人工种植的花草，不知道是否会挡住想"建言献策"的孩子们，看来这个"心里话"信箱是被"冷落"已久了。下次去做活动时，可以问一下孩子们这个信箱平时有没有起到过作用，是否在促进老师和孩子们的交流沟通或是老师改进教学方案上有积极作用呢？

上课的时间快到了，负责六年级一班支教活动的"水果"们也赶到了他们的班级门前。六年级一班门口是一块空地，自然就成为孩子们下课

图 2-6　观察笔记·"心里话"信箱

时游戏娱乐的天堂。我仔细看了一下孩子们进行的游戏，哈哈，和当初的我们没有太大区别（见图 2-7）。

图 2-7　观察笔记·儿童课间游戏

图片里后面的两个小孩在玩儿时的"石头剪刀布"，与单纯的输赢不同的是，他们的游戏是有赌注的，输的人要给对方一张卡片——儿时的珍贵玩物。右侧那个穿白色衣服的小孩一直输，却越玩越嗨，最后甚至开始跺脚，不知道应该说这是对"公平"的理解，还是对"赌一把"的侥幸和贪念。（年糕，2013）

◆ 碎念式①

那个总是在后面乱窜的孩子问我："怎么打坏了玻璃还得到了奖励？"我说："那是奖励他勇于承认自己的错误的。"男孩（吃吃笑）："那我以后也要那个玩具。"

（在之后的总结里松鼠也提到，我们这次总是给予奖励的做法可能给了孩子们一个不好的向导，大家都着眼在奖励上，也都哗然在有这样好的奖励，而不在于对"勇气"这个主题的领悟。建议下次开会总结小短剧形式应该注意的问题。）

恐龙：……那是因为大家彼此很熟悉，如果你不是在一个熟悉的环境中，你也会遇到问题，那时候你还有勇气举起你的手吗？就像松鼠哥哥，他没有勇气举起他的手，最后会失去一些机会，激励大家勇于说出自己的想法……第二个故事，讲我们有时看到其他小伙伴在玩耍，我们要勇于加入他们当中……第三个故事，大家一定要认识到打破阿姨家玻璃，这件事情是错误的，然后大家要勇于承认自己的错误……

恐龙哥哥讲话期间，孩子们还是很安静的，但后面的孩子都自顾自地，没有在听恐龙哥哥讲话，志愿者演完小短剧后就在前面站着，我挥手把松鼠、猫头鹰他们叫了下来，管理一下后面的小孩。

（活动进行到这里，我们排练的活动都已经演完了，比预算少了20分钟，只花了16分钟多一些，这也是这次活动的重大失误。从前面的安排来说，新成员的介绍是在合理的时间安排之内的；纪律的重申原本也是预留了5分钟，但进程过快；小短剧原预留20分钟，进程过快，且如果演一个小短剧进行一次讲解与互动，效果也会更好。）（葵花籽，2015）

"对话式"着力于颇有节奏感的、活色生香的现场记录，"图文式"可以更加直观感受现场重要的物与事，"碎念式"突出发现现场问题及相应的自我反思。无论上述何种观察笔记形式，都旨在形神兼备地还原志愿服务现场，从而为后续分析提供完整的情境性材料。

---

① "碎念式"是一种形象化的幽默说法。指志愿者客观描述志愿服务现场后，会发表针对客观记录的主观评价。此处引用观察笔记原文，括号中内容为主观评价。

（二）"半结构情境下主位"的儿童痕迹材料：儿童后测日记和课堂小短剧

除了志愿者观察笔记外，本研究采用一种"半结构情境下主位"的策略，即由志愿者根据已有活动设计问题框架，由参与的儿童提供答案，从而获得儿童对于诉求的理解。这种志愿者引导下的"主位"视角，可通过两种痕迹材料呈现。

1. 儿童后测日记

每次志愿活动之后，志愿者会发放包含 3~4 个简单易懂、围绕课堂内容问题的小日记，检测儿童对于活动核心内容的理解程度和认知水平。如下述这个案例，小日记诸问题的回答均围绕着课堂内容，说明志愿活动收到成效，寓教于乐。

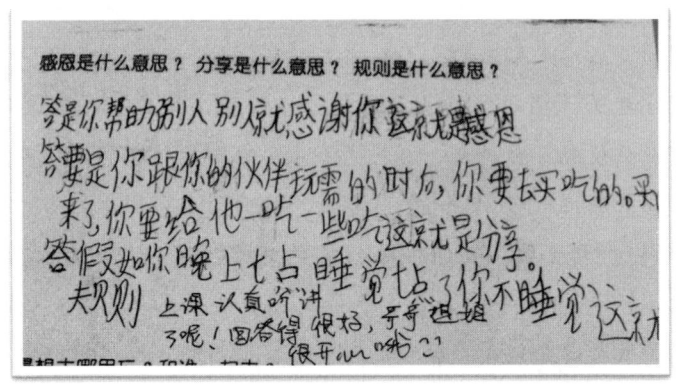

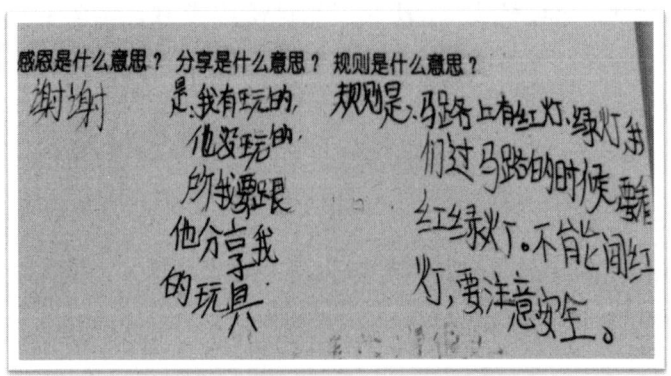

图 2-8　儿童后测日记中的封闭式问题

感恩、分享和规则是什么意思？——感恩是报答、感谢；分享是最喜欢的玩具给他玩，分享是巧克力分给他一半，分享是和别人一起快乐、爱和悲伤；规则是过马路看红绿灯，规则是放学要排好队，规则是游戏不许破例，规定时间内完成任务等。

在外面我要怎样保护环境？——如果我们在路上看见垃圾，要捡起来扔到垃圾桶里；我们也不能踩踏小草，要不然小草会疼的；我们应该保护树木，因为树木也是有生命的。（儿童日记，2011）

除了围绕课堂内容的封闭式问题，志愿者还设计了与儿童日常生活相关的开放式问题，进一步了解儿童的兴趣、需求，打开儿童的内心世界等。

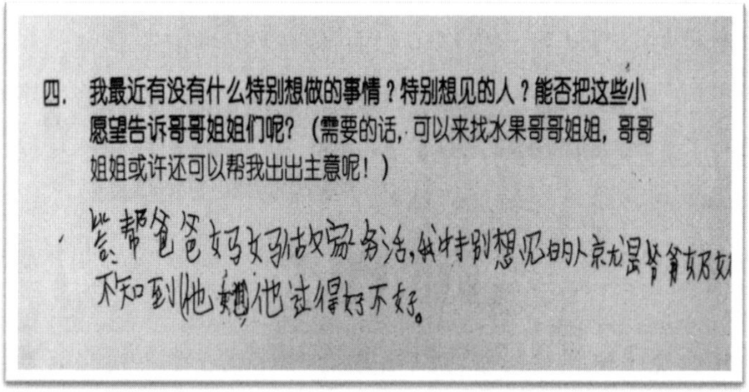
四、我最近有没有什么特别想做的事情？特别想见的人？能否把这些小愿望告诉哥哥姐姐们呢？（需要的话，可以来找水果哥哥姐姐，哥哥姐姐或许还可以帮我出出主意呢！）

答：帮爸爸妈妈做家务活，我特别想见的人就是爷爷奶奶，不知到他们过得好不好。

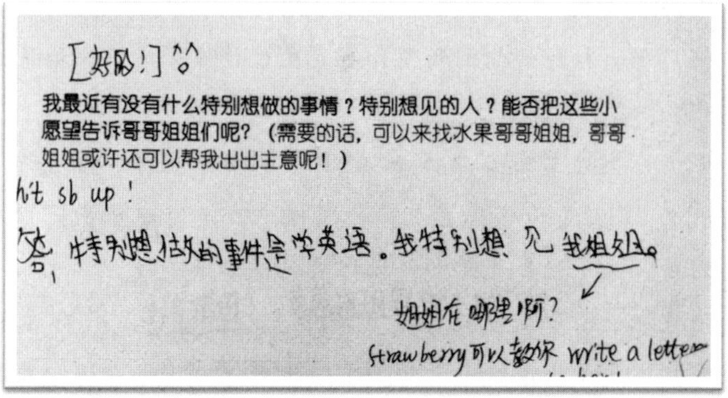
[好呀！] ^^

我最近有没有什么特别想做的事情？特别想见的人？能否把这些小愿望告诉哥哥姐姐们呢？（需要的话，可以来找水果哥哥姐姐，哥哥姐姐或许还可以帮我出出主意呢！）

hit sb up!

答：特别想做的事件是学英语。我特别想见我姐姐。

姐姐在哪里啊？

Strawberry可以教你 write a letter

图 2-9　儿童后测日记中的开放式问题

最近有没有什么特别想做的事情？特别想见的人？——想见家乡的爷爷奶奶姥姥、兄弟姐妹；想玩小游戏等。（儿童日记，2011）

在回答这个问题时，很多儿童回答想念老家亲人，志愿者据此在感恩节当天的志愿服务活动中，教儿童做感恩贺卡，借此送给想要感谢的人或者远方的亲友，培养他们的感恩意识。

群体性亲子沟通缺乏/不畅是本研究发现的一个重要问题。这些儿童虽然跟随父母在不同城市和地点流动，但是亲子之间真正相处的时间并不多。父母通常工作繁忙，回家很晚，疏于对孩子生活的照顾和课业的辅导，就连周末也难得休息带孩子出去游玩，因此打工父母和孩子虽然生活在一起，却是心理上的"陌生人"。

问：像性格这方面您和阿姨会引导吗？

Z父：我不怎么管他知道吗，孩子性格引导没用。我想我要是管他严点还好，现在的孩子你也知道，现在的孩子太内向不行，原来我还偶尔打他，现在不打了，主要是语言沟通。原来我跟我媳妇都是在外面打工，没文化。

问：那您跟他说过您的难处了吗？

Z父：说过，但能不能理解就是他的事了。（五年级一班家访，2012）

问：晚上吃饭的时候WR会跟你们说说在学校发生的事情吗？

W母：不说。

问：那叔叔阿姨你们和WR有发生过什么矛盾吗？都是因为些什么事啊？

W母：发生过啊。像那回数学考了四十几分，真是气死我了，气得我哟。（旁边的邻居说，不是WR吧，是他姐姐）是WR，我记得很清楚，真是把我气得哟，狠狠地把他揍了一顿。

阿姨在谈话中反复提及考了四十几分这件事。从问这个问题开始，我就感觉WR情绪不大对，眼睛里好像有泪水在转。果然，在阿姨又一次提到"把我气得哟"时，WR就哇哇大哭起来了。（四年级三班家访，2012）

同以往亲子沟通缺乏研究不同，笔者发现亲子沟通不畅比亲子沟通缺乏更应引起注意。从孩子一方，志愿者观察到他们有心事宁可和同辈交流，都不愿意和父母说，但又潜藏着和父母交流的愿望。通过家访，志愿者了解到父母有与孩子沟通的诉求，比如他们很多时候并不知道孩子在想什么，他们会怪孩子有心事不和他们说，遇事往往从他人身上找原因。而且，流动儿童的父母会觉得自己没时间、没知识，因此把培养孩子的所有希望寄托在老师身上。此外，他们也向志愿者求助，希望志愿者帮扶和培养孩子，传达学习的重要性。综合上述情况，与其说是父母推卸责任，毋宁说他们根本没有意识到自身在孩子成长过程中的关键作用。多数父母不懂得如何与孩子沟通，武断地使用他们认为正确的教子方式（比如上述案例中的"打"），从而造成和孩子之间的隔膜，陷入亲子沟通不畅—缺乏—不畅的恶性循环。

根据分析发现的亲子感知错位状况，志愿者于 2012 年秋以"亲子沟通"为主题，专门设计了一个学期的志愿服务活动。活动采用双向沟通的形式，即在儿童那里通过怀孕志愿者（大学老师）现身讲述孕育生命的辛苦、积极/消极处理亲子冲突的角色扮演、家庭关系的雕塑展演等内容打开切入口，调动起儿童一方潜藏的亲子沟通的主位诉求；同时挖掘父母的主体意识，使他们认清其在儿童成长过程中不可替代的重要角色，以期找到亲子交流的对接点并加强沟通。

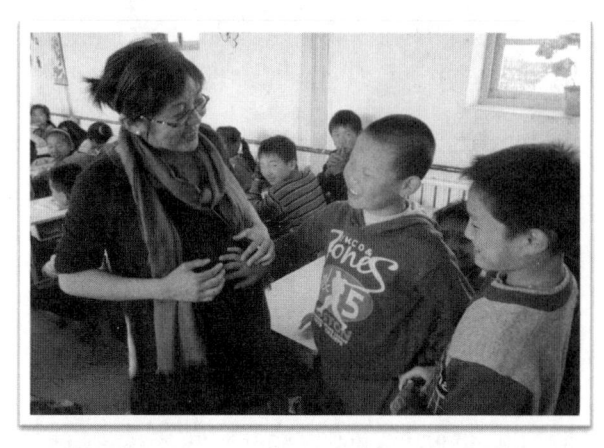

图 2-10　笔者怀孕期间，参与"亲子沟通"志愿服务活动（2012 年）

作为"半结构情境下主位"的儿童痕迹材料之一，儿童后测日记的方法也在不断改进。2015 年，志愿者发现传统小日记的问题初露端倪。

每次填写小日记都有孩子不知所措、无从下笔,我这次居然还看到一个孩子在小日记上先写了个"答"字(之后的几分钟内都迟迟没有下笔)。我觉得有必要重申小日记的意义,我们并不是在给孩子们留作业,而是希望与他们真实地交流。然而有部分孩子可能无法明白我们的用意,所以难免在收到小日记后战战兢兢,把它当作业对待。希望我们以后能在这方面有所改进。(大头,2015)

传统小日记中,一是回答问题的方式让儿童有做作业的感觉,二是一次活动一张 A4 纸日记也不易保存,这都是儿童对填写后测日记不知所措、兴趣渐失的原因。据此,志愿者开始调整儿童后测日记的方法,变"一张纸"为"一个本",即每次活动后,志愿者和儿童的交流均在本子上完成,由儿童保管。这样一是可以保证活动感受的积累,可以随时翻

图 2-11 彩笔在日记本中和儿童交流(2016 年)

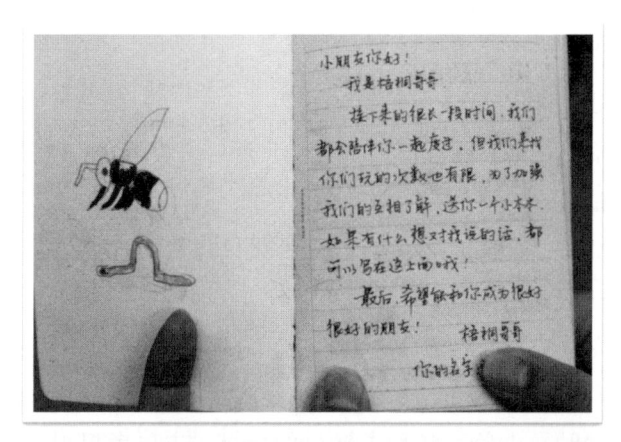

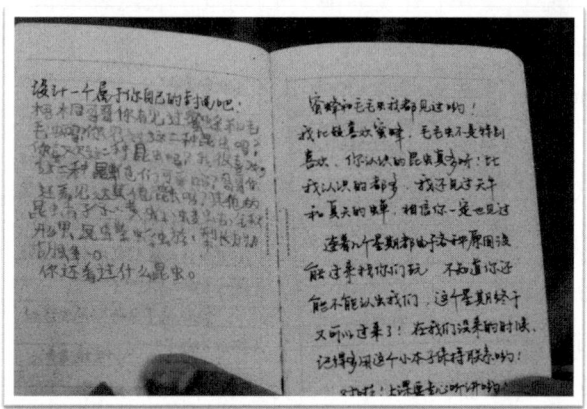

第二章　主位诉求：志愿服务方法和模式的探究 | 039

图 2-12　梧桐在日记本中和儿童交流（2017 年）

图 2-13　儿童在日记本中和志愿者交流（2019 年）

看，二是给予儿童充分的空间和志愿者进行交流，增进情谊。事实证明，方法的改进收到了良好的效果。

2. 课堂小短剧

课堂小短剧是由志愿者设定主题、儿童自主编排和在课堂上表演的短剧。课堂小短剧的主题与志愿服务传达的核心理念密切相关，与志愿服务的阶段性策略契合，从而有助于志愿者获得来自儿童"主位"的更为丰富的诉求信息。

在亲子沟通主题的志愿服务活动中，志愿者鼓励儿童将生活中发生的亲子故事以短剧的形式展示出来。与前述日记和家访内容一致，在儿童编演的短剧中出现了"考不好受责骂"的场景。志愿者根据"亲子感知错位"的解释编码，在2012年末亲子联欢会上，设计了穿插下述场景、由志愿者合唱的《相亲相爱》，很多父母和孩子看后紧紧相拥在一起。

一人扮演孩子：其实我考不好，非常害怕和您说，我怕看到您失望的神情。其实我想告诉爸爸妈妈，我一直在努力，请给我点时间。如果这次我考了30分，下次考了40分，还是请您给我点鼓励，因为我进步了，哪怕这个进步只有一丁点。

一人扮演博士：很多孩子因为做错事挨打，对父母心生怨恨，不愿意和父母交流。听听父母的真心话。

一人扮演父母：爸爸其实非常爱你，只是爸爸没有找到和你交流的有效方式，以为打可以解决一切问题。当发现打不起作用的时候，爸爸也毫无办法，认为自己很失败。爸爸会努力寻找和你交流的最好方式。

博士：有的时候，我们听到父母埋怨，孩子有什么心里话都不和他们说，当然孩子们也有自己的委屈。

孩子：在我们内心，一直想和爸爸妈妈做朋友，可是你们只关注我的学习，并没有关注我的兴趣和我的真实想法。爸爸妈妈不善于倾听，我们只能沉浸在自己的世界里，和小狗玩、和自己对话。也请爸爸妈妈不要在外人面前责骂我们，孩子也有自尊，孩子也希望得到更多的关爱。

博士：我们也听老师说过，家长对于他们的期望很高，认为把孩子交到老师手里就万事大吉，可是千万不要忽略父母在培养孩子过程中的重要作用。

父母：我们能有啥作用啊？我们没什么文化，老师学问高，教书育人，交给学校不放心还交给哪里放心啊？

博士：千万不要这样说，父母是贯穿孩子一生的老师。您的作用可是学校里的老师代替不了的。您在日常生活中的一举一动，都会对孩子的一生产生重要影响。所以，请好好地看待自己，认清责任，鼓励自己！父母是孩子的最好老师，父母是孩子的最好表率！

所有人：其实我们想说，父母和孩子不是两条平行线，就像孩子曾在妈妈肚子里紧紧抱着您一样，母子心灵相通，这是血缘的力量，一生不能割舍的亲子之爱。那么让我们再增添一些理解的力量，多站在对方角度想想，父母和孩子一定可以找到共同点，重新结合在一起。请相信，我们是朋友！（香蕉，2012）

2013年9月，志愿者进行回访的时候，六年级一班的ZPP同学告诉志愿者，她爸爸以前和她并没什么交流。参加联欢会后，爸爸开始主动和她沟通，关心她平日的兴趣，父女俩关系越来越好，志愿服务活动收到了预期成效。

（三）"开放情境下主位"的儿童痕迹材料：儿童所拍照片和"心里话"信箱

与"半结构情境下主位"的视角相比，"开放情境下主位"则是在志愿者未干预的情况下，将主动权完全交到儿童手中，请他们自由表达内心的想法和情感。本研究发展出两种体现"开放情境下主位"视角的儿童痕迹材料。

1. "我眼中的世界"拍摄活动

"水果"团队购买了相机，每个儿童都有一天时间做相机的小主人，拍摄他们想拍的东西。这个活动的设计来源于法国人类学家让·鲁什（Jean Rouch）提出的"分享人类学"（Sharing Anthropology）视角。20世纪六七十年代，鲁什在摄制民族志电影的过程中，将已拍素材提供给研究对象进行评判,并拍摄他们的回馈作为重要组成部分融入电影中。他强调"集体作者"(collective authorship)身份,最为珍视所有参与者的平等关系,每个人都有机会发声,表达自己对于电影的真实想法(鲁什,2007;Colleyn,2005)。这种民族志电影中的分享视角和后现代人类学提倡的"多声道"一致,超越研究者认定"真实"的单向把握,修正"主位-客位"二元对立的简单沟通,以期获得"真实"的多元理解和意义建构。志愿者将其理念进行转化,融入儿童主导的活动中。通过开展照片分享会,让每个儿童讲述拍摄背后的故事,志愿者作为倾听者,和儿童共同关注他们对于生活和社会的理解,从而在诉求获取上,得到"互为主体"的经验验证,并在干预层面上给予修正和启发。图 2-14 至图 2-18 是 2011~2012 年,儿童拍摄的部分照片。

图 2-14　儿童所拍照片一

图 2-15　儿童所拍照片二

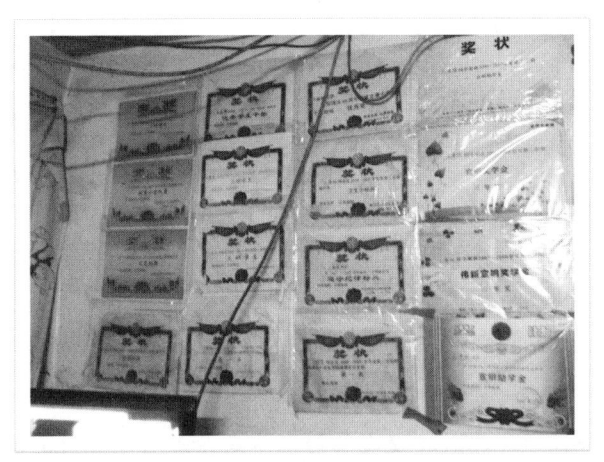

第二章 主位诉求：志愿服务方法和模式的探究 | 043

图 2-16 儿童所拍照片三

图 2-17 儿童所拍照片四

图 2-18 儿童所拍照片五

2. "心里话"信箱

"心里话"信箱是在班级中设立留言信箱，儿童可将他们想对志愿者说的心里话写在纸上投入信箱，并由志愿者对儿童提出的问题给予及时的"一对一"回复。由于保护个人隐私，又不设主题、不讲格式，信箱留言常会呈现与儿童在课堂上表现差异较大的内容和状态。在互相信任的状态下，流动儿童愿将自己最真实的一面展现给志愿者，希望得到志愿者的理解、释疑和关爱。

> 大哥哥、大姐姐：今天我抽中了去天桥玩的机会，可是你们说必须有身份证才能去。我没有身份证不敢在班上说，但是我特别想跟你们去。我真的没有机会了吗？（"心里话"信箱，2013）

2013年末，志愿者筹划带领流动儿童及其父母到天桥社区，与退休老人组成临时家庭开展新年联欢。志愿者采用抽签形式在两个班中各邀请13个流动儿童家庭参与活动。考虑到要为儿童和家长购买保险，少数没有身份证的儿童便失去了参与活动的机会。在抽签过程中，这名女生抽中了活动门票，但因害怕其他同学歧视自己没有户口，同时又非常希望参与活动，她没有当场弃权，而是在"心里话"信箱中给志愿者留言。主位诉求的直白表达，促使志愿者反思在制定规则时缺乏全面思考和灵活变通，使得户籍问题可能在志愿服务过程中给流动儿童带来"二次伤害"。因此，志愿者调整了行动策略，放宽了身份证的限制，给一部分没有户口的儿童参与这次活动的机会。而且，这种完全开放式的主位诉求的反馈形式，不仅拉近志愿者和儿童的距离，同时做到在考量群体性主位诉求的基础上兼顾个体层面上的合理诉求。

在之后几年的志愿服务中，志愿者注意到放在教室里的"心里话"信箱会使投递的儿童有心理压力，因此将其升级为更加灵活的"电话亭""小信封"等工具。比如"小信封"被粘在志愿者和儿童用来交流的日记本封底，儿童可向志愿者自由提出问题和寻求帮助，其隐私得到保护。

（四）"三角"资料收集和分析方法

综合以上三种研究材料，我们看到共时层面上，志愿者观察笔记

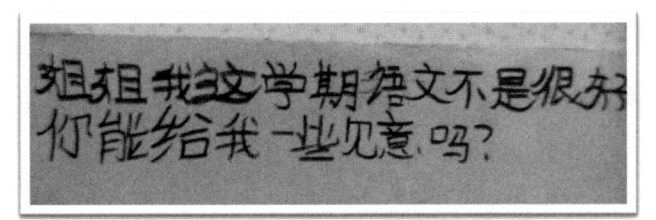

图 2-19 "小信封"中的问题（2020 年）

（主位观察、客位分析）得到的诉求，在儿童后测日记和课堂小短剧（半结构情境下主位）或儿童所拍照片和"心里话"信箱（开放情境下主位）中也得以呈现；志愿者在后两者中得到的数据，也可以拓展主位诉求的思路，并通过志愿服务中的进一步观察进行验证。总之，这三者以相互补充、相互佐证的态度确保"主位诉求"的效度和信度。

如果从"三角"资料的逻辑关系来看，客位的观察笔记，和主位的儿童所拍照片及"心里话"信箱，均在为志愿服务活动设计收集材料，即提供信息的角色。那么在这二者的基础上设计出的活动就是"客位引导下的主位"，即根据主位、客位材料提供的信息，一是设计活动，引导儿童树立某种理念（比如志愿者和儿童演剧，传递读书重要的理念），从而促进行动改变；二是对设计出的活动，由服务对象进行效果评估，如儿童后测日记是对儿童是否掌握活动理念的测试。在一、二内容的基础上，"主位诉求"的模式再进入新一轮的观察和行动。也就是说，"三角"资料的逻辑关系遵循着从观察（"主位""客位"材料收集）转向介入（"客位引导下的主位"的活动介入和效果评估），再至观察（"主位""客位"材料收集）的循环知识生产过程（见图 2-20）。

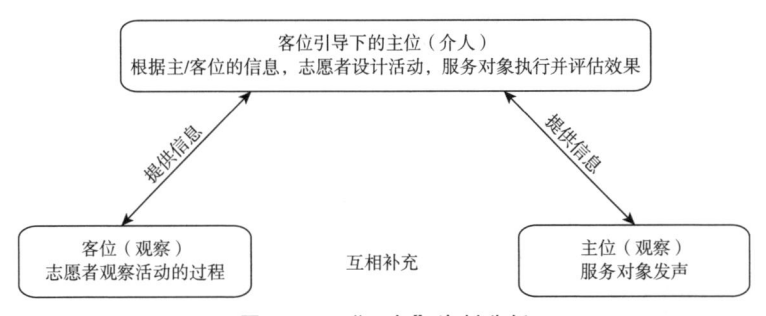

图 2-20 "三角"资料分析

值得一提的是，"三角"资料收集和分析方法并非局限在一个特定时点，而是随着调研时段的延长，不断调整和发展，这点会在下面"递进的行动模式"中有所体现。在志愿服务的不同阶段，实践的成功或失败预示着理论的纵深发展，同时也会随着未来的实践情境发展而再次得以验证。

六 递进的行动模式

讨论过核心概念"主位诉求"后，围绕其的具体行动策略是什么？以往看到的针对流动儿童或是其他弱势儿童群体的志愿服务，多是那种事先设计好行程的并列式的行动策略，本研究试图转换这种模式，转而探索一种在行动发展过程中递进式的、灵活的、因应变化的行动策略。

"1+2+1"① 策略，即在每次志愿服务后，"水果"志愿者花 1 小时整理观察笔记，再开展 2 小时的专题小组讨论，最后花 1 小时，根据以往观察笔记发现的问题，辅以儿童痕迹材料的验证，设计下次志愿服务课程（见图 2-21）。也就是说，每次活动都是基于以往活动经验，一步步向前递进发展的。以下内容是本研究第一个年度周期（2011 年 11 月至 2012 年 6 月）实践的递进志愿服务策略。

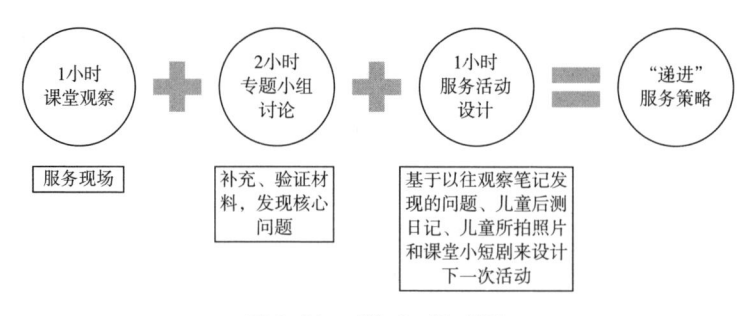

图 2-21 "1+2+1"策略

---

① "1+2+1"只是一种形象的说法，但实际操作过程要远远超出这个时间。"水果"的志愿服务成本很高，需要时间、精力、情感上付出很多。往往一次 45 分钟的志愿服务，从准备、实施到材料收集和分析，需耗费 14~15 小时。

递进志愿服务策略（2011~2012年）

◎2011年11~12月：

第一次课：和陌生人打招呼。通过参与观察，志愿者发现向儿童介绍自己的时候，孩子们的眼神里透着好奇和渴望，但是又很拘谨，不知道如何大方破冰，交到新朋友。因此，我们的首次活动设计为和陌生人打招呼，加强人际沟通。

第二次课：说"谢谢和对不起"。通过参与观察、家访和儿童日记，我们发现学生和父母之间交流甚少，朋辈之间缺乏帮助和分享意识。因此，我们的第二次活动设计为对父母说谢谢，消除彼此的隔阂，进而延伸至对帮助过你的人说谢谢。

第三次课：制作感恩贺卡。前文提及儿童日记中提到想念留在家乡的祖辈和兄弟姐妹，同时结合参与观察和儿童日记，志愿者发现儿童特别喜欢做游戏，因此在感恩节当天教学生制作贺卡。

第四次课：制作环保储物盒。通过观察，志愿者发现儿童对动手的事情很感兴趣。因此结合学校内外卫生环境较差，以及家访中发现的家庭空间狭小拥挤，设计此课增强环保意识。

◎2012年3~6月：

针对儿童写作能力较弱、渴望阅读各类图书的诉求（通过观察、访谈教师、儿童日记获得），志愿者和一家非政府组织"快乐小陶子"[1]合作，为儿童提供绘本类图书。儿童投票选举"陶子图书小卫士"，由他们负责管理班内图书。通过培养小志愿者，志愿者希望在爱读书活动中培养儿童的他助意识和能力。

根据本研究的经验，专题小组讨论是实施递进志愿服务策略的一种切实有效的研究方法。它通过引导具有共同特质的群体进行集体讨论，可很

---

[1] 快乐小陶子流动儿童图书馆是为0~14岁儿童提供绘本的公益项目。它的运作方式是由志愿者随身携带经典的绘本或玩具书，在地铁、公园等公共空间给随机遇到的孩子读书。"水果"志愿者将其引入X校（2011年），将对象固定化、读书日常化，试图探讨大学生在联结公益组织与目标人群之间的社会角色和机制。同时，通过志愿者的专业服务，也可对公益组织的项目活动进行效果评估，并提供应对建议。

快就某一议题收集到大量信息，记录并分析群体成员的观点和对彼此的回应。这样可做到事半功倍地发现核心问题，为下次志愿服务设计做准备。在具体操作过程中，从 2015 年秋季学期开始，"水果"志愿者将专题小组讨论提前至志愿服务现场进行。志愿者往往会在做完志愿服务后，直接在现场进行围圈讨论，就当次志愿服务活动出现的问题进行总结。这一举措有助于第一时间进行材料收集和分析，并促进志愿者的即时反思。

值得注意的是，递进的行动模式是一个整合系统，其中的各个元素并不孤立，而是以一种"润物细无声"的方式在每个活动中相互呼应和夯实，从而营造新的情境，有助于发现新问题。这种实验性的递进模式在 2012 年 6 月，X 校 30 名学生参观中国人民大学活动中得到淋漓尽致的体现。志愿者将一年以来传输的知识和理念自然地融合在一次集体活动之中，比如在学校探险途中需到周末书市和图书馆——呼应读书、爱惜书；桃花岛捡拾垃圾——保护环境；明德广场任我闯——呼应走出去，世界很精彩；请路人帮助小队拍合影，不同小队碰到击掌——与陌生人打招呼、友好、礼貌；严格遵守活动时间，不离开"一对一"志愿者的视线——呼应遵守规则理念，从而起到巩固知识和行为规范的作用。

在接续下来的集体活动中，志愿者设计了以下几个单元。

a. 探险总动员：以水果小队竞赛形式，探索校园重要"景点"路线。

b. 读书、爱惜书：周末书市、图书馆。

c. 保护环境：桃花岛捡拾垃圾、涂鸦墙。

d. 走出去，世界很精彩：明德广场任我闯。

e. Say Hello、友好、礼貌：和陌生人打招呼，每个小朋友和路人合照，不同小队碰到 High Five。

f. 遵守规则：严格遵守活动时间、不离开"一对一"志愿者的视线。

g. 时光剪影：以茶话会的形式，鼓励儿童对"我眼中的世界"的照片发表看法；"你眼中的世界很精彩，世界因你而不同"；再次验证和丰富"主位诉求"。

图 2-22　志愿者"一对一"照护服务对象

h. 大地游戏：志愿者和儿童一起参加，以小组为单位做游戏展开竞争，并最终打破组别界限，强调合作和分享。

i. 史馆长廊：志愿者"一对一"地带领儿童参观校史馆，了解大学生活；呼应"发挥行动力，好好学习走出去"的理念。

j. 送别仪式：志愿者给儿童佩戴自己的徽章，利用徽章的符号意义，传承爱的理念。

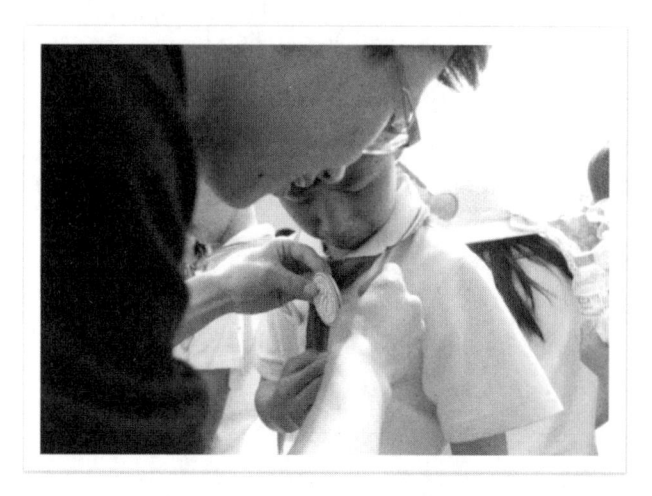

图 2-23　志愿者给儿童佩戴徽章

以上内容是在共时层面上，对递进的行动模式的观察和分析。那么在历时层面上，半年一期的服务主题（迄今为止已有亲子沟通、读书激励、挖掘自我价值、小小宇宙观、勇气、我学科普等）会择机再做，从而营造新的情境，有助于发现新问题，提供新向度的解释。

图 2-24　中国人民大学校园游之"Say Hello"活动之陌生人眼中的孩子（2015 年）

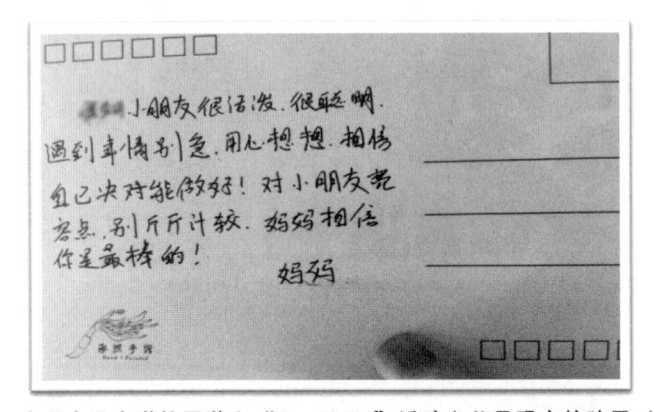

图 2-25　中国人民大学校园游之"Say Hello"活动之父母眼中的孩子（2015 年）

图 2-26　中国人民大学校园游之"Say Hello"活动之儿童的愿望（2015 年）

这是 2015 年夏，志愿者邀请 X 校儿童来中国人民大学游玩的场景。呼应 2012 年 "Say Hello" 活动——和陌生人打招呼，每个小朋友和路人合照，不同小队碰到 High Five，2015 年的活动设计"改良"为：a. 结交新朋友，并请新朋友写下对儿童的印象；b. 请同行的父母写下对儿童的评价和期望；c. 请儿童写下自己的愿望。活动设计不仅前后呼应，而且最重要的是将以往做过的几个主题整合在一起，最大限度地丰富了一个活动场景。

由此，递进的服务模式要求服务的知识和理念内化于心，遇到合适的活动情境就要激活，要逢时传递给服务对象并时常温故知新。这里的逢时，由上面的活动课可以看出，不单单意味着在一个月、半年的活动中要激活知识，在我们的实践中往往是一年后、两年后还要设计相关场景进行温习和巩固，比如 2013 年末我们再次邀请流动儿童的父母参与联欢会加强亲子沟通，再如 2014 年春我们设计"认识自我价值"活动来温习 2012 年春的类似主题。一方面，与前述的共时层面的"三角"资料收集和分析方法有效结合，可不断促进递进服务模式的发展，为其提供资料和策略；另一方面，递进志愿服务的开展为"三角"资料收集和分析方法中各部分内容营造新情境（如上述 2015 年夏的活动），为其提供深入发展和验证的可能性。这无疑对志愿者提出很高的要求，他们需要进行专业训练，才可具有这种理念和实践瞬时和历时对接的能力。

七　小结

本章提出的"主位诉求"概念模型，希望采用参与观察的方式，从具体而微的研究对象的声音入手，探究他们的"求"与志愿者的"供"的有效对接。具体的研究理念是，从研究对象的"主位"视角出发，到探究"主位需求"，再至帮助研究对象挖掘呈现或是介入引导"主位诉求"，这不仅是"供"寻求的方向，更是将"供方"姿态拉低，"求方"姿态上升，"供""求"双方从两条平行线到细致磨合画等号的过程。具体的研究产出是，通过志愿者观察笔记（主位观察、客位分析）、儿童后测日记和课堂小短剧（半结构情境下主位）、儿童所拍照片和"心里话"信箱（开放情境下主位）等"多声道"材料收获和验证主位诉求，并基于此发展与儿童预期社会化息息相关的具体服务内容。具体的研究策略是，针对"主位诉求"的干预策略是递进式的。也就是说，每次活动内容的设计都紧紧依靠经验材料，逐步深入；不同次活动中出现的元素可在不同的情境中彼此呼应，夯实知新，这不啻是一个可持续发展的有机体。"主位诉求"模式最终希望，将主位上升为主体意识，使儿童以一种快乐、自信和开放的心态，面对变化的社会和世界。

本研究通过历时-共时结合的策略来确保主位诉求完整和准确地呈现。共时层面上的客位、半结构情境下的主位以及开放情境下的主位视域，使主位诉求的"三角"资料收集和分析方法自身也成为一个连续统一体，最大范围、最大限度地涵盖了场域脉络中的声音和观点。历时层面上的长时段调研，一是可在行为之流营造的不同情境中追索主位诉求，并对某些不可复制片段中的人物和事件进行观察，从而获取主位诉求的变化轨迹和发展趋势。二是将"三角验证法"置于历时坐标中考量，并基于这种动态的研究实践发展出递进的服务策略，从而构成另一个历时层面上主位诉求的连续统一体。这种随情境调整的、兼顾深入和持续的策略，以及对于理论和实践（尤其是细节）敏锐的体察、分析和相关勾连，构成对于主位诉求的精准理解。由此引发的思考是，志愿服务因其资料的丰富和复杂难以量化，因此补充人类学数据并辅以人类学理解对于新时期志愿工作十分重要（Wilson，2000）。

在实践人类学的研究过程中，"人"被置于前所未有的重要位置。在这一视角下，认识论与存在论相互形塑，即志愿者通过调研的不断深入，不断厘清对于流动儿童的看法再反观自身（认识论），从而调整自身坚持志愿服务的理念和情怀（存在论），最终走向二者的统一。至于志愿服务给志愿者带来的改变，以及深入分析志愿者和服务对象的关系建构，这显然是另一层面的问题，笔者会在下一章详述。罗红光提出"自我的他性"概念，指涉志愿者在行动中观察他者，反观自我（这时的自我为客体），二者的公共性即志愿者以前未挖掘出的"他性"（罗红光，2013）。相较而言，笔者更倾向于将志愿者和服务对象视为一个"利益"和"情感"的共同体，也就是置于志愿服务的情境中考察二者的关系建构。在基于主位诉求和递进策略的志愿行动中，在逐步推进的"镜中我"效应下，在识别出"自我的他性"后，志愿者和服务对象如何彼此理性地"互为中心"，笔者会在下一章中详述。

这种理性不仅是"主位诉求"倡导的志愿者和服务对象以平等的主体地位进行沟通，更要将其放在社会结构和社会现实背景下进行思考。笔者重申的是，在社会阶层越来越固化的今天，结构与行动的"矛盾"关系似乎更加难解，但是结构性障碍并不代表个体没有因为受志愿模式影响而改变的可能，研究者不可武断地使用理论逻辑去限制个体性的现实发展。

面对如此宏大视野和未解难题，同时基于知识-行动连续统一体的断裂现状，学院派的行动策略十分重要，并且是必然的发展趋势。本研究发挥人类学的学科优势，扎根在打工子弟小学这个田野，嵌入其社会系统、文化理念和生活逻辑之中进行深描。最重要的是，知识转化为适切的实践活动。基于志愿服务的整体效果评估，"主位诉求"的操作化框架对大学生志愿者提出了最优方案，比如至少提供一年服务，以主题（如亲子沟通、读书激励）为单位开展整学期的服务效果更佳等。这实则也是实践对于知识的"反哺"，从志愿服务角度对人类学理论进行拓展，实现理论与实践的互惠发展，彼此尊重。当然，今后的研究应继续结合学术策略，发动多方力量进行政策倡导，才是解决服务对象最终问题的关键。

人类学这种个案式的研究最受诟病的是其推广意义何在，本研究以紧紧贯穿的"四位一体"研究思路给予解答。人类学提供的不是一个标准化模型，更多的是"认识论"上的反思，启发其他知识背景的受众使用尊重和理解的视角对"基本议题"进行重新思考，并利用持有的知识和资源进行"方法"上的适应性转变，最终回到各种生命情感相互激荡的"存在论"甚至是本体论上的反思，如"我究竟是谁"，"我行动的意义和价值在哪里"。受到这种思路的影响，其他知识背景的志愿者利用自身的知识结构与研究对象对话，很可能激发更为丰富的主位诉求，从而拓展相应的志愿服务策略和实践，最终基于人的"全观"使志愿服务提高效度。这不仅是人类学视野中"地方性""个案性"对于"一般性""普遍性"的回应，同时擅于研究"部落社会""少数族群"的人类学是否可以进行现代社会、主流人群研究的答案也就不言而喻。

第三章
互为中心：志愿者和服务对象的关系建构

在本章，笔者在"主位诉求"志愿服务模式的基础上，将视角转向志愿者和服务对象之间的关系建构。关于志愿者和服务对象的关系建构，大部分研究是从宏观和思辨角度来思考志愿者的动机和角色，这实则割裂了志愿者、服务对象的认知系统与实际互动情境的整体性联系。为此，将志愿者和服务对象视为一个"共同体"成为本章立意主旨，这使得在志愿服务的微观互动情境中考察二者的关系建构成为可能。

一 问题提出

现有针对志愿者的研究，聚焦于服务动机问题。无论是使用韦伯意义上的价值理性和工具理性，将"利他"与"利己"进行二分讨论（曾琰、陶倩，2010），还是针对这一二分取向，引介西方国家的"单纯利己、为己利他、无私利他"光谱式志愿服务取向进行跨文化分析（孙宝云、孙广厦，2007），现有研究主要集中在理论思辨层面，然而对于导论部分提出的志愿服务表面化问题给予现实反思、志愿者在实践层面的认知以及志愿服务机制的探讨十分匮乏。

相比之下，罗红光做出深有启发的探索。他在历时四年的志愿服务田野中，以志愿者作为研究对象提出"自我的他性"①概念，指涉志愿者在

---

① 流心在20世纪90年代广西B市商业实践的研究中提出"自我的他性"（otherness of self）概念，指涉改革开放后中国话语空间构型中，"自我"的道德重构和表述。此种自我道德空间被重新构造的过程是成为他者的过程，或者说是挖掘和发现他性的 （转下页注）

行动中观察他者，反观自我（这时的自我为客体），二者的公共性即志愿者以前未挖掘出的"他性"（罗红光，2012，2013）。这种"他性"更关注志愿者在利他过程中的自我成长，罗红光在他性呈现的基础上，也完成了道德主体的自我检验，即志愿者用行动证明了自己的或者力图传达的道德合乎他者的道德。从某种角度来说，本章内容是罗红光意义上的"自我的他性"，或主体间性某一层面的延伸性讨论。那么何为自我？何为主体？在志愿服务的情境中，自我和主体的关系如何？有无可能转变？通过对话伦理关系的探索，笔者关注志愿者-服务对象的关系建构为志愿服务双方带来的成长变化，并基于此来讨论志愿者的角色发展。笔者在本章的身份，也由上一章中兼为志愿者和研究者的身份，变成一位从田野内部跳到外部的评估者，将志愿者和服务对象共同视为研究对象予以检视。这也将形成研究的套层结构，志愿者、服务对象、研究者、评估者共同现身在田野的研究实践中，在互动过程中呈现志愿者、服务对象，乃至研究者的反身性思考的基础上，分析志愿服务供求双方的文化冲突与调适、结构性对立和交融等人类学问题。

二 理论背景

在互动论意义上考察自我-主体的关系是本章关注的理论重点。在进入自我-主体关系讨论之前，我们先大体辨析几个核心概念。个体（individual/person），是分析人类社会的基本单位，是与生存社会相连的文化概念。何种意义上成为社会意义上的"正常个体"（normal individual），往往是西方社会科学界讨论这一概念的切入点（Harris，1989）。自我（self）概念重视经验层次，偏重心理上的反思，强调个体不断回扣内心进行第一人称的理性追问（Mauss，1985；米德，2003）。相较于上述两个概念，主体（subject）出现的时间比较晚近，它更偏向于权力关系分析

（接上页注①）过程。详见《自我的他性——当代中国的自我系谱》（流心，2005）。罗红光借用"自我的他性"这一概念，偏重的是其研究中志愿者自我的公共性。

中自我的提升和超越。① 自19世纪以来，个体这一现代概念不断受到挑战，现在更多使用主体来表达个体之意（Yan，2022）。在相关分析中，个体、自我、主体往往会结合起来使用，需要融入具体的社会结构、社会关系、文化情境中进行理解。自我-主体关系的讨论，在本研究中用于分析志愿者和服务对象的关系建构，笔者将更多从社会学、人类学角度取径，将不以个体、自我、主体为核心开展更深层次的讨论。

在自我-主体的关系层次，社会心理学家米德（George Mead）提供社会互动这一突破性维度，为社会学在这一领域发展奠定了理论基础。米德强调有机体与环境、个体与社会的相互作用。在这种视角下，独立主体的自我是在社会经验和社会活动过程中出现的（米德，2012：149）。实体他者的在场，是帮助自我变成与自我对话和审视的对象。这种"客我"对"主我"的控制，会产生一个未曾相识、类似他者的自我，也就是罗红光意义上的"自我的他性"②。米德及其代表的符号互动论取径（库利的"镜中我"、戈夫曼的情境化自我等）看到自我反射性（self-reflexivity）对于自我发展的具体潜力，在这里并未将自我与主体辨析使用，而是等同为一体来讨论。米德的"主我"和"客我"概念，基于西方现代社会的自主性个体（autonomous individual）进行讨论，在理解个体、自我方面提供社会互动这一突破性的维度，并为社会学在这一领域发展奠定了理论基础。

在人类学视野中，有关个体、自我、主体的关系需要通过跨文化理解才有意义，而并非单向的西方社会所理解的"不可分"的个体之意。人类学家倡导利用不同国家和地区的民族志材料，通过在社会关系中理解个体，即关系性的个体（relational individual），来和西方世界的自主性个体进行比较，比如个体不但是可分的（dividual），而且处于不断的

---

① 依笔者浅见，对于主体的讨论可以大致分为"现实秩序"和"语言秩序"两大取向。前者更关注现实世界中个体在阶层、家庭、民族、性别等政治、社会因素影响下的现实处境和力量博弈。后者更多取径于结构主义乃至后结构主义的理路，即主体存在于语言的结构和秩序中，更多探讨的是关于主体认知的知识型以及在文本中分析出的主体意识。本书显然是在前者意义上的讨论，拉康是后者取径，恰好可以和现实中的自我-主体进行有趣的对照分析。

② 罗红光用"自我的他性"来关注主体在多大程度上可以进入他者的世界，实现某种共性。"自我的他性"在理解他者的过程中扮演了既面向自我又面向他者的认识论里的自我的角色。

分与合之中，从而展现非西方社会对于个体、自我和主体关系的开放视域（Bloch，2011；Yan，2017）。固然，非西方社会个体、自我的样貌千差万别，但它们共同强调个体基于关系生存，依靠人和人的互动如礼物交换（马凌诺斯基，2002；Marriott，1976，转引自杜蒙，2017），依靠人和自然、物的关系解释生死逻辑（列维-布留尔，1997），这样个体通过互动成为与其互动的人/物的一部分，这构成与西方完全不同的自我-主体关系的理解图景。

在后结构主义语境中，频繁出现的主体则呈现另一种面貌。以法国精神分析学家、哲学家雅克·拉康（Jacques Lacan）的主体分析为例。拉康借用弗洛伊德的自我（ego）概念，把这种自我称为"moi"，并把它与人的真正主体"je"区分开来。在拉康看来，自我被捕获在一种"形象"中，即破碎的自体通过认同外在于自身的"形象"获得想象中的完整和统一的自我。笔者认为，这种基于自恋的"理想自我"和库利的"镜中我"、米德的社会个体自我相比意义相似，但却走向了不同的发展路径。库利更为关注如何通过这个想象的形象（亦即意识自我/主体）来调节自身行动，强调自我/主体"外在化"的社会过程。米德意义上的自我本质上也是一种社会存在，必须把它当作整个社会系统和社会过程的组成部分（米德，2012：43）。拉康则认为这种自我是想象性认识的发生地，是一种误认（拉康，1966，转引自帕格尔，2008：31）。真正意义上的主体属于语言秩序主宰的象征界，理解它的关键词是无意识。理解主体需要依靠语言/符号中的能指，或者说能指只是彰显主体的形式载体，并不具有实质的所指含义。拉康对于自我/主体"内在"结构和文本秩序的探究，在某种程度上使惯常思路中基于鲜活现实的主体性得以悬置，也在某种意义上使精神分析应用于经验研究陷入困境。

上述社会学、人类学、精神分析学等对自我-主体关系的不同理论取向成为本研究思考的背景，笔者希望通过志愿者和服务对象互动的经验研究寻求一种不同理论观照的有效结合点。在本章论述中，笔者将采用柯林斯的互动仪式链推演出志愿者-服务对象的关系建构轨迹。柯林斯（Randall Collins）承继涂尔干和戈夫曼对于仪式中社会关系的关注，发展出一种解释性的微观社会学，试图解决涂尔干和戈夫曼忽略掉的互动发生的机制问题。柯林斯将解释的核心放在个体行动发展的情境上，关注个体动机从一种情境到另一种情境的变化，以及起承转合的情境链条（也就是互动仪式）如何影响个体构成他们可能的社会关系市场（柯林斯，2009）。在其著名的互动仪式链研究中，柯林斯虽然将微观情境作为解释的起点，对于事件流、符号体系、情感能量、社会经历进行了不一而足的革新意义上的分析，但在宏观的理论意义上，他仍旧回到经典的涂尔干框架，即强调如何通过仪式达到社会团结和道德整合的目的。显然，柯林斯革命得不够彻底，但其过程分析视角的确对互动论意义上的研究深有启发。在某种程度上，柯林斯所关注的个体更强调能动性的挖掘，这是志愿者和服务对象——流动儿童群体关系建构过程的起点。基于互动仪式链的串联，本研究采用并延展库利的"镜中我"概念，与人类学的"关系性自我""分离的主体性"，拉康的"镜像"和"主体间性"概念，理解志愿服务双方的认知变化，借此挖掘志愿服务双方的主体化进程。

三 研究方法

针对志愿者探究"供求"双方关系建构，本研究发展出新的研究方法。在采用前述"主位诉求"模式方法的基础上，增设志愿者自观笔记，希望从志愿者的"主位"视角进行自我反观，力求在志愿服务过程中追踪和分析志愿者的认知和变化。自观笔记是半结构式的，分别从志愿者-儿童关系建构、服务实践、志愿者回顾和反思等角度进行设计。自观笔记最初的内容包括：

◎补足画面：课堂之外，志愿者和儿童的互动及观察；

◎课堂观察：志愿者视域内对于观察笔记的补充；

◎自我反思：总结此次活动的优点和问题。

随着志愿服务活动的不断深入，自观笔记的内容结构也在发生相应变化。从2016年春季学期开始，增加：

◎活动设计：基于观察，为下次活动方向提出的建议。

这项内容的添加，实则是从站在各个角落的志愿者的观察角度，发现志愿者自身视域范围内服务对象的主位诉求，并据此在自观笔记中提出志愿者认为适宜的解决或设计方案，用于提高专题小组讨论的效率，事半功倍地设计出下次活动。比如2016年4月开设的"潜望镜"课程，志愿者发现有的儿童拿着潜望镜说哥哥姐姐变矮了，之前也有儿童跟哥哥姐姐说担心自己长不高，于是"水果"志愿者们不约而同地想到了下次课的内容。

◎"潜望镜"课程（2016年4月）的下次活动设计

> 泰迪建议：生理健康知识课。内容可以是人的成长、人的身体构成、健康小常识等，形式怎样才能活泼一点我还没想好，比如图片、画图，或者以表演科普故事为主。
>
> 花猫建议：身体成长阶段。人的身体的成长阶段，男孩和女孩的不同；身高受到遗传和后天的影响，父母的身高和生活习惯；根据父母的身高和自己脚的大小（可以现场）测量换算自己将来可能的身高；生活习惯，营养，生长激素在晚上几点后分泌，所以应该几点睡觉。

后续的志愿者们也发挥各自的聪明才智，对自观笔记进行"改良"和"升级"。如从第六代开始，"水果"的核心志愿者开始尝试对自观笔记中的"反思"和"活动设计"进行编码，以便事半功倍地提取出志愿服务的问题所在。从第九代开始，"水果"核心志愿者从自观笔记和观察笔记中"摘报"，由"执期编辑"对每期活动内容进行精要整理。"摘报"遵循两类笔记的基础框架，内容上则会根据每节课的课堂设计和两类笔记中的内容，提取关键词进行整理，如"小组成员评价""主持人的经验教训"等，"执期编辑"会根据总结出的问题给予专门回应。除此之外，由于每次活动志愿者分组情况会有变动，因此志愿者都会对具体的儿童进行对应的个案整理汇总，为同代其他志愿者提供参考。

◎2020年第一期摘报节选

> [主位工具] 游戏"模拟世界"建房子
> 话梅："那大家觉得孤独的时候会做什么呢？"
> 小孙、小刘、小付："打游戏。"
> 话梅："那你们会玩一些什么游戏呢？"

>   三个人："模拟世界。"
>   三个人给话梅解释这个游戏可以建造自己的房子，然后小付和小刘告诉话梅，小孙帮他们在游戏里建了一个房子。
>   **执期编辑[回应]：**
>   这里可以继续追问：比如，他们想要多大的房子？他们想要的房子里有什么东西？这个小组的孩子让人感觉到他们对于建构自己的空间，哪怕在虚拟世界中建构空间非常感兴趣。即使他们不会玩这个游戏，也希望别人可以帮他们盖房子。如果设计得好，这个游戏可以作为一个主位工具，通过这个游戏挖掘儿童的诉求。

随着新志愿者加入，他们在志愿服务不同时段撰写的自观笔记恰恰可以作为前辈志愿者在同阶段提供的、有关志愿者和儿童关系数据的补充和验证。相应地，在每次课堂活动后分发的儿童后测日记中，也增设儿童对于志愿者的看法和意见内容，借由"镜中我"反观志愿者的表现并开展专题小组讨论，从而指导以后的志愿服务发展策略。

在材料的分析和使用上，每代志愿者在至少为期一年的服务过程中会有认知轨迹的改变，本书总结为下述"互为中心"的四个阶段。在论述过程中，本章将以事实的逻辑，即阶段发展（而非时间顺序）来排列调研材料。

四 "互为中心"的发现

志愿者和服务对象的互动是一个复杂的动态过程，笔者发现了一种可归纳为"互为中心"的理论。"互为中心"理论基于志愿者-服务对象互动的深入程度，可划分为以下几个阶段：理想自我的呈现、情感共同体的构建、服务双方主体意识的觉醒、主体双方互为中心的实现。

（一）"自恋期"：理想自我的呈现

志愿者在最初接触服务对象的阶段，往往怀着忐忑的心情，生怕自己在服务对象面前表现不好；而在他们开展活动的同时，发现儿童怀着同样兴奋和紧张的心情迎接新的志愿者。在志愿者的首次自观笔记中，我们可以看到与此感受有关的内容。

> 一直渴望有一次支教的经历，这次机会让我既激动又紧张。在上周六的讨论会上，我就开始推测孩子们的反应，因为我认为志愿服务不仅看你服务了多少，也要在乎志愿服务对象的反应如何。这种紧张的情绪一直延续到了本周三的活动，在与孩子们交流的过程中，我找回童年时无忧无虑的快乐，在他们清澈的眼睛中，我看到的都是希望。但是一桥之隔的千差万别（隔壁是国际幼儿园），让我很心酸，对于这些孩子，我觉得我们应该做更多。（火红，2012）

> 从在门外准备道具，孩子们从窗户里看见我们开始沸腾，我也跟着激动，到进门后他们那种刺激我们耳膜的尖叫，我知道孩子们喜欢这些哥哥姐姐，喜欢我们以他们熟悉的方式出现。孩子们紧紧地盯着我们，我就像看到了小时候的自己，渴望被关注，渴望沟通和交流。（樱桃，2012）

> 由于问到小孩子们最喜欢我们三个中的哪一个，所以没出校门我们就迫不及待地想要看小孩子们的回答。看小孩子们的回答也是一种享受，他们带着不同的理由喜欢着不同的哥哥或姐姐，看他们的评价，也看到了小孩子们眼中的自己，突然觉得很幸福。（莲子，2014）

> 这是我第一次以"水果"志愿者的身份前往X校，我心情十分激动，也很紧张——孩子们会欢迎我们的到来吗？他们会喜欢我们吗？一面期待，一面忐忑，我拉着奶糖姐姐走在铁轨上，离目的地越来越近……每个见到我们的小朋友都对我们表示很好奇，有比较外向的小姑娘会主动和我们搭话。有一个梳着马尾、很腼腆的小女孩路过我时正好眼神和我对上，她低着头对我小声说了句"姐姐好"，我立马回应了她。孩子们的友好，冲淡了我的紧张。（红豆，2020）

上述资料显示，每代志愿者在与儿童接触的最初阶段，都会经历这种从"平民"到"偶像"的形象及心态的转变。老志愿者在看到新志愿者的这种状态时，也与自己作为新手时的状态进行对比，从而验证了这种形象及心态的转变。

> 新一代的"水果"成员都很可爱，他们都很期待见到这帮小孩，同时又在心里一个劲地担心自己会不会被喜欢，做自我介绍的时候的小紧张也挺可爱的。我觉得他们比我当时要好很多，挺了解孩子们喜欢什么样的介绍方式。（黄风，2013）

大学生志愿者对流动儿童开展志愿支教活动，往往是基于后者在教育、资源等方面的弱势地位，希望履行自身的社会责任，尽力帮助他们。那么在最初的服务阶段，志愿者也的确践行他们的宗旨，不管是内容设计还是举止表现，都会以服务对象作为"中心"来行动。在服务过程中，他们发现儿童同样将他们视为"中心"，兴奋又认真地参与到活动中，想博得志愿者的喜爱和认同。这不啻建构了一种"互为中心"的情境，在彼此的互动中发现一种令对方始料未及但是共享的情感状态。

如果结合戈夫曼对于日常生活的研究和柯林斯对于互动仪式链的界定，我们可将志愿服务视为仪式链进行分析。首先，按照互动仪式的四种主要组成要素——两个或两个以上的人在同一场所并相互影响、对局外人设定界限、有共同关注的焦点、分享共同情感体验（柯林斯，2009：86），志愿服务相对应的四个部分为：志愿者和服务对象共处一个空间（课堂和校外活动场所）、对于服务活动的相关群体有清晰界定、共同参与和关注每次活动内容、共同分享活动中的情绪（兴奋、感动、紧张、难过等）。这四个部分既是仪式链的基本组成要素，也是推动情境链条发展的最初动力。

在服务互动的最初阶段，无论是志愿者还是儿童都是以对方为中心行动，但潜意识里仍是对自我的探究和追寻。从志愿者角度，他们希望获得服务对象的满意和认同；从流动儿童的反应和回馈来看，志愿者更在意的一个重要方面是自己留在对方心目中的形象，如"渴望被关注""我感受到了自己的价值，那种被需要的感觉真是太好了"。这不啻将流动儿童作为一面镜子，服务对象变成自我反射的介质，从而发现一个志愿者尚未觉察的自我（没想到我如此受欢迎、如此被关注）。这个自我即库利的"镜中我"，通过互动猜测我们在他人心中的形象，并暂时承认这个表面的形象就是自己，进而根据别人意识中自己的形象产生快乐和悲伤（库利，2015：129~142）。这种自恋性的自我（下文称"理想自我"）将会在今后服务阶段中间歇性地出现，表现在"大家还记得我是谁吗？他们异口同声地说××姐姐的时候，我激动地快哭了！""还有孩子一再问我姐姐你什么时候还来啊，这些都让我很满足，很幸福"等场景中。

> 因为椰子和我都站在教室后面，特别是我还在不停地记笔记，小孩子对于我和椰子特别好奇。当主持人问到我们是谁的时候，他们都会齐刷刷地转过身来对着我们说出我们的名字。在教他们英文的过程中，也有孩子一边用手比画着写单词一边跟着志愿者念。（苹果，2011）

> 在喊安静的时候，孩子们非常配合，眼睛一直盯着我们。会问"你们还会再来吗？""你们会和我们在一起吗？"的问题。当我们对孩子们说，请帮助哥哥姐姐们做……他们会非常积极地做，而且做得相当好，得到我们的赞许时，他们表现出满足感。（草莓，2011）

> 在活动之前，松鼠哥哥先邀请我去讲台前进行了自我介绍，提前认识了我的孩子表现得明显更兴奋，大喊着"海星姐姐""海星"……在我做自我介绍的时候，大部分的孩子很认真地在听我讲话，我最后说完"我是第一次来参加活动，希望大家以后可以多多照顾我，好不好？"之后，孩子们非常大声地齐声回答："好！"（心里觉得暖洋洋的，孩子们对于新来的哥哥姐姐还是觉得很新奇而且也很亲切）其中还依稀有男生重复道："请多多关照。"（海星，2015）

> 热情是依旧的。（隔了一个寒假）看到我们来了之后，不少孩子跑出来和我们打招呼，大家大多记得我们的代号，还有一些孩子问哪个哥哥姐姐没有来吗，为什么没来，等等，让"水果"们都非常感动。（绿萝，2018）

> 张同学示意我说悄悄话，我以为会是小秘密，结果他轻声说："姐姐，你们下次是不是不会来了呀？"不知道为什么，那一瞬间我有点难受。连忙回答他，当然会来，我们下周就会来的，马上就可以

再见面啦。他看起来很开心。也许我们在孩子们心里的地位，比我们自己想象的要重要很多。（紫米，2020）

　　杨同学抽签回答问题，抽到了"最喜欢的一门课"。大家猜来猜去，把课表上有的课程都七嘴八舌说了一遍，他还是摇头晃脑地表示不对。最后，他说："我最喜欢上的是哥哥姐姐的课。"我还没有反应过来，问："什么哥哥姐姐的课？"没想到组里面的所有小朋友开始异口同声地说："就是你们的课啊！我们最喜欢上你们的课！"（这一刻我就是世界上最幸福的人！！！）（妙脆角，2020）

　　从服务对象来看，在最初阶段的表现同样是以志愿者为中心。所有的"水果"志愿者都发现在此阶段，儿童会主动和志愿者打招呼，但这一行为往往是群体性的；一旦志愿者很明确地跟某一个儿童对话，对方便会显得紧张和羞涩，并呈现一定的疏远感。这种拘谨并未影响儿童与志愿者互动的愿望。从上述不同代际志愿者的课堂观察笔记可以看出，儿童会尽力做好自己，比如遵守纪律、踊跃回答问题以引起志愿者的关注，希望志愿者喜欢自己。儿童也以志愿者为镜影射出一个他们潜在的理想自我，并且通过志愿者言语上的回馈和肯定获得想象的统一性（见图3-1）。

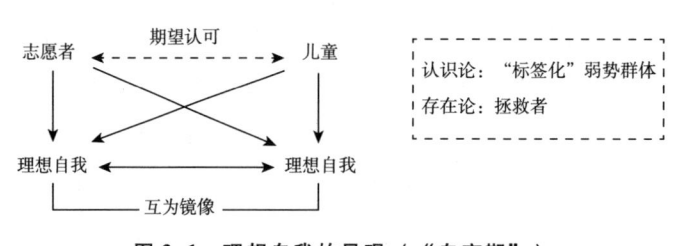

图3-1　理想自我的呈现（"自恋期"）

　　由此在这一阶段，互为中心，即期待获得对方的肯定看似发生在志愿者和儿童之间（图3-1虚线），但实质是互为镜像，关系发生在双方的理想自我之间（图3-1实线）。而且，儿童对于志愿者的渴求更为强烈，他们盼望着志愿者可以再来，长久地和他们在一起。这一是缘于以前的志愿服务很多是快餐式活动，志愿者往往来了一两次就不再来了，伤害了服务对象的期待；二是按照心理学家埃里克森生命历程的八阶段论，7~12岁正是儿童掌握技能的年龄，儿童对于志愿者及其带来的新鲜体验充满好奇，这也有助于他们形成关于勤奋/自卑的感知。此外，儿童对于志愿者的关注和需要成为志愿者继续服务下去的动力，从而将最初阶段的"自恋"情境推入下一个发展情境。

（二）"蜜月期"：情感共同体的构建

在志愿服务的第二阶段，志愿者没有了最初的生涩和忐忑，和流动儿童交流得更加流畅亲切，进一步融入服务对象的社会和生活系统中。

1. "空间照护"策略

在这一阶段，儿童表现出对志愿者的持续关注和需要，使志愿者获得更多的自信和满足，从而使他们延续"自恋期"的自我愉悦。诚然，在收获更多信心和感动后，志愿者也深感责任重大，开始认真思考如何更好地设计志愿服务活动，从而有效地获得和满足服务对象的诉求。如志愿者自观笔记所述，"从孩子们看我的眼神来看，当我准确地叫出他们名字的时候，他们眼睛会发亮，还会腼腆地对我笑。我想如果我能清晰地记住更多的话，他们应该会有被重视的感受的"（土豆，2013）。志愿者和流动儿童记住彼此名字首先是对对方的尊重，其次反映出儿童有被关注的诉求，这是建构双方长久关系的基点。为此，志愿者发展出一种"空间照护"策略，以一种灵活的空间站位，尽可能保证活动中分布在各个角落的儿童都能受到关注和照护。

> 根据三年级三班上课的情况来看，有两个"热区域"，一个是以芒果姐姐跟前的那三个很踊跃的孩子为代表的前排，另一个是最后两排，当然前者的声音更大。此外，似乎"稀里哗啦队"整体上不如"噼里啪啦队"踊跃，这说明离志愿者最近，受到的关注和鼓励最多，所以也最积极踊跃。（椰子，2011）
>
> 在芒果姐姐提问期间有很多小朋友举手，我发现靠墙这一边的小朋友比较容易被无视，他们即使是第一个举手的孩子也不容易被看到。（苹果，2011）
>
> 芒果姐姐常向左侧身指黑板，挡住了右边的小朋友，特别是前面

的人，且前方小朋友不易在抢答环节被发现。CYP 试图纠正，让我提问小朋友，而且亲身体验到了右边的小朋友不易被发现。（葡萄，2011）

当我走到中间讲课的时候，后排的小朋友积极性被调动起来。这可能是我主观的感觉，需要其他几个志愿者的观察来辅助了解。（芒果，2011）

这仅仅是一次课堂空间站位，由不同志愿者观察到的结果。这些小细节启发了志愿者，将空间站位作为一件大事情来严阵以待。志愿者经过专题小组讨论，进行不同活动不同空间站位的设计。讨论的结果如下。

（1）课堂环节：一般是一个主持人站在教室前方，其余志愿者分布在课堂各个角落，协助主持人关注儿童对于课程内容的回馈，如"小鬼僵尸、气腾站在教室后面，暴走僵尸站在过道上，辣椒站在教室前面靠门口的位置"（小鬼僵尸，2012）。

图 3-2　"空间照护"策略之空间站位

在讲到家乡的时候，一直积极举手可是没有被叫到，就小声嘀咕着自己家乡的小赵，一直想和我说，但是前面也有哥哥姐姐在说话，为了不打击他的积极性，我就蹲下来听他说，鼓励他举手在课堂上说。他其实是个很害羞的男孩儿，想要被关注却害怕被关注，他不会通过捣蛋的方式吸引你的注意，但是也需要别人的倾听。（包子，2015）

讲台：四叶草（主持人）									
肉干	A1	A2	薯片	C1	C2	奶糖	E1	E2	
	A3	A4		C3	C4		E3	E4	E5
	A5	A6		C5	C6	话梅	F1	F2	F3
泡面	B1	B2	果冻	D1	D2		F4	F5	F6
	B3	B4		D3	D4	妙脆角（观察员）	G1	G2	G3
	B5	B6		D5	D6				

图 3-3 观察员对志愿者站位的记录（妙脆角，2019）

一个叫京博的孩子一直比较安静地躲在角落里，我看到他很多次试图回答哥哥姐姐提问的问题，但是没有勇气举起手，他在底下小声说的答案都是正确的，他是一个很聪明的孩子。我决定以后会认真注意他，给他多一些鼓励，让他能有勇气一些。（葵花籽，2015）

时间到。我让大家安静下来，大家很想分享，没有叫到我们组的时候，大家都特别不开心。我说："大家别急，安静听别的组回答，看他们想得好不好。"大家安静。之后小组有补充的时候，文希一直举手要发言，然而主持人似乎没有看见她。我叫了泰迪姐姐，示意她我们小组有人想发言。她走过来，听了文希的想法，文希很开心。（猪猪，2015）

这种站位有助于志愿者发现课堂每个角落儿童的主位诉求，而这种诉求在上述案例中恰恰揭示出儿童隐藏的主体性，他们有参与活动的意愿，但又缺乏勇气，这个时候一是需要志愿者的有效观察并进行积极引导，二是这种站位有助于志愿者和活动主持人及时沟通，给予边缘角落特别是不太敢说话的儿童发言机会，鼓励他们展现自己，获得自信。

（2）游戏环节：不同志愿者按照游戏的不同区域进行关注和指导，如"在贺卡制作过程中，我们一直在轮流观赏每个小组的作品，并且不断给予赞美鼓励。木瓜姐姐和草莓姐姐，她们会时不时地蹲下来跟小朋友们交流"（西瓜，2011）。

图 3-4　游戏环节站位

（3）分组活动环节：志愿者根据实际情况，灵活安排服务对象的不同站位，以便每个儿童都可有效地参与到活动中来，如"圆圈站位虽然能让大家都被看到，但是视觉重心会不自觉地放在你对面的孩子身上，所以我一直尝试着在他们围成的圆圈中变换位置，尽量让每个孩子都能被我关注到"（年糕，2013）。经过后续几代志愿者的尝试，分组活动时让同组的儿童跟志愿者簇拥在一起效果最好，能增强活动的参与感，拉近志愿

图 3-5　分组活动环节站位

者和儿童物理上和心理上的距离，如"大部分组是让每个孩子坐在自己的位置上，哥哥姐姐分别去看每个孩子写了画了什么，只有肉干姐姐那一组是让同组的孩子都凑到一起，私以为这样做是最好的。这次活动的互动性偏弱，如果大家还是分散着坐的，那么彼此交流的机会就更少了，气氛不热闹，心里也没那么亲切"（芋头，2020）。

（4）户外集体活动环节：一般采用志愿者"一对一"照护服务对象，这样一是可以在大型集体活动中有效兼顾个体诉求，并且可获得和日常课堂活动不同的个体化情境，加深志愿者和服务对象之间的沟通和理解，如"我们一起出发去博物馆，在路上我牵着两个女生，然后聊了一路，可晴突然就跟我熟了起来，开始喜欢跟我讲话了，感觉突然就变成了老朋友"（樱桃，2014）；二是确保个体安全。当然，随着志愿服务的发展，还会生发出多种多样的服务情境，需要志愿者在积累经验的基础上，具有随时变换空间站位的敏感度。

"空间照护"的策略，侧重在根据不同情境进行不同空间站位的基础上，对服务对象进行切实有效的照护。这种策略，不仅体现在物理空间的即时移动，更重要的是认识论的改变。上述案例表明空间站位虽然不错，但却忽略了"空间照护"策略中非常重要的平视视角。而在笔者倡导的"主位诉求"模式中，志愿者用儿童的目光看待世界，强调平视和平等视角，如蹲下来与儿童互动的细节动作恰恰是内化的主位视角外显于身体语言的表达。在志愿者的自观笔记中，可以见到"水果"志愿者在空间站位中，对于自己"俯视"视角的反思。

> 我们组是站着聊天的，但是我觉得可能坐着会更好一些，坐着的话我就能和他们平视，坐着也会感觉更自然一些，而且坐着的话，小男孩应该就不会到处乱跑了。我们站着聊的时候，小男孩就容易打闹，不会听别的同学在说些什么。（茄子，2013）
>
> 站位的时候，虽然围成一个圆圈能保证我们每个人都互相看到，但是由于身高上有差距，又不方便一直蹲着，所以我实际上还是以一种俯视的视角在和他们说话，感觉上会有一些老师的架子在，让小孩放不开。（年糕，2013）

在读书活动中，有不少不喜欢自己的书想换书的，或者抢书以及不和别人换书的事情，我都会细心地蹲下来平视他们然后交流。这个效果特别好，我尝到了甜头，因为后面说再见的时候这些孩子都会喊着我的名字说土豆姐姐。（土豆，2013）

一开始想要蹲下，和小朋友们平视，但是由于一个小组最少有六个人，最多可能有八个人，如果蹲下，就只有前面离得近的小朋友才能听到，远一点的小朋友没有办法看到我，会影响到他们的积极性，所以最后还是弯腰让大家凑过来听讲。（葵花，2018）

平视视角恰恰是志愿者获取服务对象好感和认同，走入对方内心的一个极为重要的细节。或者说，平视视角的互动有助于创造一种共享的情感状态，而这种情感状态恰恰要关注儿童的变化，了解儿童诉求，从而推动互动的加深和不断发展。在儿童发生改变的同时，激发着志愿者也潜移默化地发生变化。在志愿服务实践的认识论层次，志愿者由视流动儿童为帮扶对象，变成平等的对话关系，如"不是教授与接受的关系，孩子们的反馈中也提到了这一点，以后要注意他们的想法，尽量给予他们表达的机会，让他们感受到平等"（年糕，2013）。在志愿服务实践的存在论层次，志愿者表面上看是帮助弱势群体，但潜在是自我愉悦的阶段，转变至希望儿童在服务活动中感受快乐。

图 3-6 平视的志愿者（豆花，2021）

2. 情感共同体

让我们再回到柯林斯的互动仪式链。柯林斯认为，互动仪式理论提供了一种关于个体动机从一种情境到另一种情境变化的理论。情感能量就是个体所寻找的东西；情境对他们有无吸引力，取决于互动仪式是否成功地提供情感能量（柯林斯，2009：81）。情感能量是互动仪式链产生的一种长期的情感，它是一个连续统一体，从顶端的自信、热情、自我感觉良好，到中间平淡的常态，再到末端的消沉、缺乏主动性与消极的自我感觉（柯林斯，2009：161）。由此我们看到，柯林斯所说的情感能量是仪式结果意义上的，它更在乎情感能量所能带来的群体团结。① 这种社会学意义上从微观情境出发，最终回到社会结构上的团结和整合不是本志愿服务所追求的；恰恰相反，本志愿服务致力于在活动情境的起承转合中，探讨彼此情感的驱动以及带来的变化是什么，而不是演绎式地设定好情感互动的结局。

情感能量这个连续统一体的确对本研究深有启发，在后文的论述中将可看到志愿者-服务对象在不同的互动阶段中情感和意识之流的变化。在此阶段，我们看到志愿者和服务对象在经历了短暂的"自恋期"后，开始进入一段平稳的情感沟通过程。在这个过程中，他们集中关注一件事情，并且相互意识到希望对方开心快乐，开始被彼此的感情所吸引。

> 禄禄托同桌送给我一张她自己画的画。我发现她正在座位上写刚拿到的问卷，她又拿出两张画说送给其他人，没指定哪个哥哥姐姐。她用彩铅画在白纸上的卡通小女孩，大眼睛的日本漫画风格，有的正反面都画上了，其中一张背面还有一张铅笔的侧脸草稿。（石榴，2011）
>
> 特别是上次戴耳机的两个孩子中的一个孩子（个子稍高的），这次不但参加了我们的活动，表现得还比较积极，不像上次那么消极。所以我就抓住机会，多和他说了几句话，也多关注了他，后来放学

---

① 柯林斯以葬礼和聚会为例说明了这个观点。在殡葬仪式上，短期的情感是悲伤，但葬礼主要的"仪式工作"是产生（或恢复）群体团结。聚会中的情感要素或许是友谊或幽默，长期的结果却是地位群体成员感。这点和涂尔干不谋而合。

后，他竟然一再和我说姐姐再见。看着他的背影，我更加坚定了一定要继续做下去的想法。也觉得每个孩子都需要被关注，也许上次他只是不知道该怎么和我们交流，但只要我们敞开心扉，他就一样会真诚地对待我们。（火红，2012）

在"情感共同体的构建"阶段，儿童不再胆怯和羞涩，希望与志愿者更加亲密，同时也提出更多的要求：希望志愿者在儿童日记上的评语字大一些；希望志愿者活动时的声音大一些；希望每个志愿者多和他们说说话；希望"水果"志愿者告诉他们自己的真名；希望志愿者不要拖堂，因为来接的家长会着急。志愿者运用"空间照护"等策略，以"润物细无声"的方式关注每个儿童的情感和满足他们的诉求。儿童感知到志愿者的关心和爱护，产生对志愿者的依赖感，经常催促志愿者来看望他们，更愿意和志愿者分享他们的想法，比如自己的喜好和兴趣等，并使用前述手工贺卡等儿童特有的方式表达对志愿者的喜爱。志愿者被深深感动，进而转化为一种使命感：告诫自身一定努力，用心对待每次志愿服务，不能辜负儿童的期望。由此，我们看到一个互动仪式链，一种情境激发出下一种情境，情感和意识通过以前的际遇链而传递，而驱动仪式向前发展的也是不断累积的真诚情感，即对彼此的责任和喜爱。同时也要看到，在此阶段，情感共同体的构建还停留在个体的感性动机层次，也就是尽力把活动做好，维系双方的和谐关系（见图3-7）。

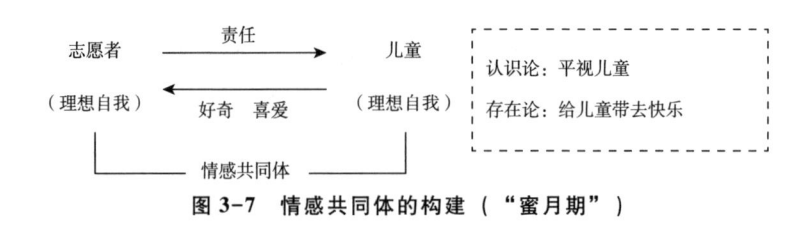

```
志愿者    ——责任——→    儿童        ┆ 认识论：平视儿童   ┆
（理想自我）←—好奇 喜爱—（理想自我）  ┆ 存在论：给儿童带去快乐 ┆
         └——情感共同体——┘
```

图 3-7 情感共同体的构建（"蜜月期"）

（三）"考验期"：服务双方主体意识的觉醒

随着志愿者和服务对象熟悉程度的加深，笼罩在志愿者头上的光环逐渐散去，部分儿童发生了态度改变。

上课过程中，虽然在一起进行口号性的喊话时大家反应都还不错，如讲到要看书验收成果时我问："大家有没有信心？"孩子们都会大声回答："有！"但我发现一旦没有激起他们热血的东西，总有一些中间的孩子会做自己的事情（大部分在写作业），不听我们讲话，由于是第一次站上六年级一班的讲台，所以不知道这种状况究竟是一种常态还是因为讲的大部分是无聊的规则性的东西，对孩子们没有吸引力，我觉得以后还是要找出一种适当的方法来集中孩子们的注意力，可能自己和孩子们交流的风格也需要变得更加有趣，和他们合拍一点才行，毕竟他们都是六年级的大孩子了，要克服一直把他们当成小朋友看待的心理。（年糕，2013）

说实话今天有点被小朋友们的表现挫伤到了。整节课都非常吵闹，有的小朋友在玩手机，有的在做作业，后排还有几个小朋友一直在打打闹闹。在问到我们要付出什么样的努力才能获得门后的物品时，只有前排几个小朋友在回答。后来我干脆走到后面去，问后排的小朋友有没有想到，不能总是让前排的回答，让他们出风头。我刚走到后排，他们吵闹的动静明显小了，有几个小朋友回答了几个，还有的小朋友告诉我，太吵了，都听不清前面哥哥姐姐们说话。看来，我们在前面介绍的志愿者要充分考虑到后面小朋友是否能听到我们讲话的内容，更好地参与进来，特别是在班上气氛特别混乱的时候。也许是因为天气热大家比较躁，也许是因为五年级下学期的小朋友已经不那么好控制了，但是更多的原因还是我们这次活动设计得没有那么大的吸引力，活动设计的是一直让小朋友们来说该如何做，也让场面比较难控制，以及在场面混乱的情况下一些小朋友不愿参与进来。这也是给我们的一次教训吧。（番茄，2014）

在渡过"自恋期"和"蜜月期"后（当然这两个时期仍旧发挥作用，并且作为接续发展阶段的基础），儿童已经脱离最初的好奇和羞涩，和志愿者处于熟识的状态。因为熟识，所以志愿者到来，他们也以日常的学习和生活状态应对。相较于"自恋期"和"蜜月期"的"仪式性"的情绪激发而言，儿童日常状态的恢复，实则对志愿者提出了更大挑战。这意味着，志愿活动必须十足有趣，才能将儿童从日常状态中激活。由此，综合看待上述两个案例，一是因为服务活动设计得不合儿童口味；二是志愿者未有效实施"空间照护"策略，没有顾及坐在后排儿童的回馈，造成儿童写作业、打闹、心不在焉，甚至是无视等消极参与活动的情况。这样一种情感情境必然对志愿者造成影响，志愿者开始产生负面情绪。

1. 志愿者理想自我的分裂

在此阶段，志愿者开始出现柯林斯所谓"情感能量连续统一体"中的末端情绪，即消沉、缺乏主动性与消极的自我感觉。

> 讲实话，我自己感觉有些倦怠了，虽然每次去见到孩子们的时候还是特别开心，但是感觉自己没有大二时那么积极和有热情了。我觉得这个不是好事，也一直告诉自己坚持。一年的支教经历，以为自己成长了，不论技巧有没有提高，至少心态应该摆正才对。每每想到孩子们没有积极参与进来，又想到自己的行动是不是真的（对儿童）有影响有意义之类怪圈的问题，就觉得很沮丧。想到也没有几次支教的机会了，很想好好珍惜，快快调整好心态吧，笨蛋姐姐！（白蛋，2014）

> 事实上这个问题困扰我们许久，孩子们的兴奋、难以管教、调皮捣蛋破坏活动，以及消极对待和逃避活动等情况，一方面使得活动难以顺利进行，活动主旨传达受阻，价值难以发挥；另一方面也极大地挫伤了志愿者的积极性。之前我们做过一些努力，但是收效甚微，然而这一次活动下来，给我的感觉是"前所未有"，这体现在整个过程和诸多细节中。（豌豆，2014）

志愿者被沮丧、失落等负面情绪围绕，甚至怀疑要不要坚持做下去。这种疑问意味着志愿者在"自恋期""蜜月期"中那种镜像式的统一认同出现了分裂，即镜中的理想自我与此互动阶段呈现的现实和反馈出现了分裂，从而陷入彷徨。当志愿者发现已无法把控活动场面，或者更确切地说，无法掌握儿童的意识时，他们发现那个理想自我（被儿童关注、依赖和喜爱）破灭了，陷入迷茫（见图3-8）。

在这种迷茫中，笔者以往观察到的志愿服务实践有两种：一种是中止志愿服务，草草收场或者消极怠工；另一种是以送礼物等讨好儿童的做法，重新获取儿童的喜爱和关注。从行动研究的角度看，这些都属于防御行为（defensive behavior），这种行为妨碍组织对其他的结构性选择、流程或行为的思考（阿吉里斯，1985）。当组织或团队受困于这种常规性防御的时候，就需要外部机构或咨询人员的服务，以教导组织如何学习和反思（reflection）。在这里，笔者从人类学的视角，扮演了行动研究中一个咨询人员或者说是外部督导人员的角色。也就是说，笔者在探究"主位诉求"的志愿服务方法和模式阶段，和其他"水果"志愿者一样，同为志愿者和研究者。那么在这个阶段，由于志愿者陷入不知所措的境地，笔者需要跳出这个志愿者-服务对象的情境，转变为外部观察者，协助志愿者发现问题的成因，然后承担起指导志愿者前行的评估者/督导者的角色。

笔者希望能够帮助志愿者跳出理想自我的裹挟，找寻真正的主体，而主体的呈现往往伴随着反身性（self-reflexivity，也称自我反射性）而实现。简单地说，反身性为"在背后起作用的理解方式，以及对现有理解方式的反思"（Clegg and Hardy, 1996，转引自艾尔维森、舍尔德贝里，2009：248）。根据笔者的理解，反身性包含两个层面的思考，即现实经验如何转回至主体的行动领域和解释的知识领域？

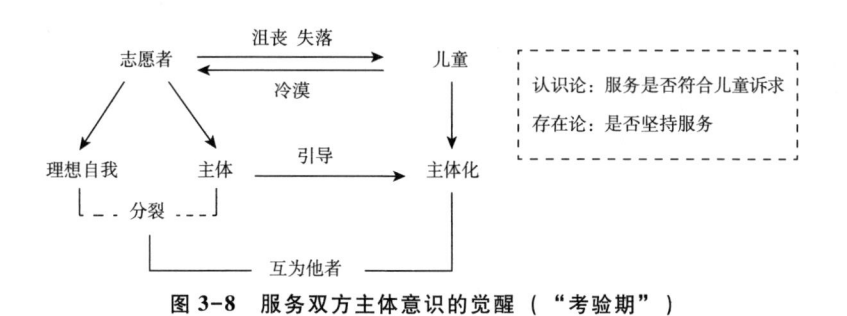

图 3-8　服务双方主体意识的觉醒（"考验期"）

首先，在主体的行动领域，志愿者在两个层面产生疑问：一是反问自身，那个理想自我是不是一种自己建构的幻象？二是省思行动意义，如白蛋所述"想到自己的行动是不是真的（对儿童）有影响有意义之类怪圈的问题"。既然志愿者都认为是个"怪圈"，那么之前的志愿活动，是不是真正以服务对象为中心来开展？我们到底要什么？我们应该怎么做？也就是说，在儿童作为他者的这一场域中，志愿者以儿童这一实体他者（而非形式载体/能指），完成了和自我的一场对话。对话的目的不仅意味着个体行动和发展的自由，更多的是获得了一种"间性"地看待自我的内省视角，体现为抛弃前述两个阶段中的自恋，重新认知自我和他者，重新思考志愿服务的意义等。笔者在引导志愿者开展反身性思考的同时，提出改善行动策略的建议：一是检视自己的志愿服务活动设计是否融入流动儿童的社会生活脉络中；二是如在脉络中则要坚持活动原则，但在活动技巧上需要改善。如包子所述"我们不能苛求孩子们的配合，还是要设计吸引人的活动才能让孩子们参与进来"。

其次，在解释的知识领域，反身性也是"一种研究方式的元理论反思"（Morrow，1994，转引自艾尔维森、舍尔德贝里，2009：285），即反思涉及解释的各种核心维度的互动和影响。反身性意味着对研究者解释思路中的主导因素进行自我反思。笔者在"考验期"的论证过程中发现，库利的"镜中我"概念着力于自我的社会性，且库利指出思想深邃的人才能在某种程度上感到这不是他们真正的自我（库利，2015：144），但真正的自我如何达致库利并未给出答案。在库利的视野中，社会的自我基本取代了"我"，缺少向内的自我反射性。拉康的精神分析虽然着力于内观，明确指出需在语言构成的象征秩序中寻找真正的自我（主体），但显然其理论精髓——无意识及支配其的"能指"（物）只是形式载体，即看似对话的他者实则构成了自我和自我对话的必要条件，他者与其说是寻找主体的必要条件，不如说是某种意义上寻找主体的必不可少的一件摆设。① 简言之，拉康强调象征符号中能指与能指的连接，是在文本秩序

---

① 拉康意义上的主体是一个说话的主体。与数个主体密切相关的主体间性虽然依靠现实层面的接触和互动，但这种接触显然是表层的，真正起主导作用的是语言当中隐藏的心理上的"四角游戏"。他认为，自我言说瞄准的对象——他者，因为"语言之墙"的阻隔和反射，最后传递的信息回到自我，变成和自我言说，他将这一现象称为言说主体的内主体性。同样，对于言语接受者来说，由于对方的言说无法真正到达他人主体，而由言说本身所带来的某种音信就会引发他人主体的内主体性，从而做出某种回应。在这个意义上，他者既是言说的对象，又是言说得以发生的必要条件；更进一步，他者不仅是一个场所，同时有关他者的话语是由语言表达的一种无意识（能指链）。也就是说，从现实来看自我是向他者，实则进行的是一场和自我的无意识（一个看不见的在场者）对话的过程。

中寻找自我、主体的关系，并不适合解释需要依靠不断延展的、志愿者和服务对象的实际互动关系来寻找的主体。显然，本研究中的主体，并不是由象征秩序所控制的主体，而更为偏重有思考力和决断力的行动主体。基于这种反思，笔者在"考验期"转而寻求另一种不同层面上的可供选择的解释可能性，即笔者在下文要谈的基于互动，且在某种程度上延展"镜中我"的一种"分离的主体性"。这也符合理论反身性所强调的第二个层面：不同理论层面发生冲突，也是发现它们可以共处和互渗之时。

2. 服务对象主体意识的觉醒

作为他者的儿童扮演了重要角色，他们在不同阶段的举止和态度发挥了"间性"作用：既作为精神分析中的"镜子"帮助志愿者获取理想自我，又作为互动的他人实体，帮助志愿者开展反身性思考，从而感知和挖掘自身的主体性。同时，在互动的过程中，儿童也以志愿者作为参照开启自己的主体化进程。

> 他们对我们是真的上心了，把我们交代的东西也是真的当回事在对待的。比如这次最后快下课时那几个六年级男生还在讨论他们的盒子要怎么分工制作的问题，这让我觉得非常感动，感觉这是他们对于我们努力的一种回馈。当时设计图纸已经交了，孩子们已经可以回班，连女生都陆续散了，那几个六年级的孩子真的给我留下很深的印象。所以我想在我们以后的活动中，从他们的角度出发，调动起他们的积极性，其实都能收到很好的反馈，得到很好的回应。（年糕，2014）

> 这次活动最深的感触就是，关于和小孩相处的"度"的把握。不能在所有时候都把他们当小孩，除了一些需要包容和理解的时候，更多的情况是，他们作为一个个独立、有主见、有判断力的个体，远比我想象的复杂，需要真正尊重和倾听。（栗子，2014）

从上述案例可以看到在此阶段，志愿者的真心帮助以及"苦口婆心"，儿童是可以感知到的，并予以积极反馈；这个案例也可证明志愿者跳出前述的第一、第二阶段中的"每每想到孩子们没有积极参与进来，又想到自己的行动是不是真的（对儿童）有影响有意义之类怪圈的问题"，开始真正以服务对象为中心，以真正尊重和倾听的态度来开展活动，笔者督导给予的行动策略调整奏效。此外，还有两个案例可以体现儿童的态度反馈。一个案例体现在"读书激励"的活动中：2013年末，志愿者带领流动儿童及其父母到天桥社区，与退休老人组成临时家庭开展新年联欢会。联欢会上，儿童需要将他们读到的有趣的故事分享给老人。当儿童被问及活动的感受时，一个六年级的女生回答："我们到这里，是来帮助老人的。"另一个案例同样发生在六年级一班。由于毕业班课业紧张，志愿者终止了在六年级一班为期两年的志愿服务活动。在最后一次活动中，志愿者收到一封署名"全班"的卡片："我们不会让你们对我们失去信心，我们会比现在更好。我们会一直记得你们的……"通过长期的志愿服务活动，儿童清楚地认识到自身所受到的结构性限制（比如异地升学），也渐渐领悟志愿者基于儿童预期社会化设计的活动理念和期望，并通过信件表达他们的感情和决心。

值得注意的是，在服务双方主体意识的觉醒阶段，儿童的主体化进程虽迟滞于志愿者，但在志愿者的引导下萌生主体意识，并开发他们的主体性，开展自我对话的进程，从而促成下一阶段的行动改变。

（四）"融合期"：主体双方互为中心的实现

正如笔者在前文所述，在沮丧、失落的"考验期"，很多志愿者有可能放弃志愿服务的原则，投其所好（比如送礼物、做游戏等），这不啻是回归到"自恋期"的自欺欺人。

> 可以看出来孩子们是真心喜欢我们，但是这种喜欢不能用来在课堂上打打闹闹套近乎，我们应该继续努力的不是让孩子们更喜欢我们，而是让他们在喜欢我们的同时认真听我们在课上讲的东西。（辣椒，2012）

从辣椒的自观笔记中看到，"水果"志愿者放弃了防御性策略，他们反倒是在笔者这个外部观察者的督导下，从经验研究出发，遵循学理应用，希望对儿童的发展有所引导。正如前文所述，流动儿童在社会结构中处于边缘地位，这也就意味着志愿服务策略要切实结合服务对象的现状，以及预期社会化过程中可能出现的问题，从儿童的"主位诉求"出发，步步推进。由此，志愿者开展"读书激励""亲子沟通""科学上网"等有利于流动儿童成长的活动，即使遭遇儿童觉得无趣，参与程度不高的情况，志愿者也不会改变活动主题，而会根据观察到的儿童特点改善沟通策略。比如在2021年春季学期的"科学上网"活动中，志愿者采用表演小短剧的方式对儿童开展网络安全教育。志愿者发现儿童有很强的表演欲、表达欲，就引导儿童从表演志愿者给定的剧本，再到由儿童自由创作、志愿者对照剧本即兴表演。活动效果十分理想，儿童的主体性得到充分表达，志愿服务活动也采用儿童喜爱的方式达到传输知识的目的。

1. 服务对象的改变

与"考验期"不同，儿童在此阶段的确发生了行动改变。他们转变了对服务活动的漠然态度，渐渐从活动中体会到在融入城市社会过程中需要一些技能、理念和规范，比如环保、读书等；更为重要的是，儿童对于主体意识有了更深层次的了解。

拍卖正式开始。拍品共有15件：偶像、假期、尊严、自信、外表、健康、美食、亲情、智慧、快乐、财富、爱情、权力、特长、友情。在拍第三件"尊严"的时候，感觉大家已经从闹哄哄的状态进入角色，开始认真思考要不要买，出多少钱买，甚至有的组的小孩想到出价不超过700元（起拍价300元，每组只有1000元可以使用），这开始成为一个严肃的拍卖会了。结果，外表、特长和权力流拍。让所有志愿者惊讶的是小朋友对最后一件"友情"的重视，几乎同时有五六个组站起来喊价，甚至有两个一下子就喊1000元。豌豆问："是因为没有东西买了，还是留到现在？"下面有小朋友说是特地留到了现在。因为男生们不断喊，所以豌豆取消了那一组的拍卖资格。后来那个男生就哭了，超级伤心地趴在桌子上。后来胡萝卜问："为什么愿意用1000元来买友情？"番茄问："你觉得朋友可以为你做什么？"下面有小朋友大喊："帮我们。"……后来有一个小女孩给出了一个让我们所有人点赞的答案:"因为有了朋友,我就可以和朋友一起分享美食、假期、快乐以及一切,这是最幸福的事情。"(蔺苣,2014)

儿童对于志愿者的态度,从最初的"偶像"而言听计从,到志愿者慢慢"走下神坛"而漠视活动,最后儿童明白志愿者是"帮助我们了解自己,希望我们快乐成长的朋友""给我们带来了快乐和道理"。比如上述拍卖活动,可以帮助儿童重新了解自我,挖掘自我价值。这种对于自我的挖掘,实则和志愿者在"考验期"寻找主体的过程是一致的。也就是说,儿童的真正自我,或者说是主体,同样也是隐藏着的,那么借助志愿者这个实体他者,儿童开始和"自恋期"和"蜜月期"中那个志愿者喜欢的理想自我进行对话:言听计从的我们就是理想状态吗?我们为何对大哥哥大姐姐的活动重燃兴趣?他们给我们带来何种与以往活动不同的体会?我们从活动中到底学到了什么?儿童在外在化的过程中,也和自我进行一场对话,并嵌入自身的社会脉络中开启主体化的过程。他们开始重视自身发展的公共性,比如树立公平意识,争取自己的权利——选举"小志愿者"出现选票多于实际人数的情况,同学们感觉受骗,集体喊"抗议";开始倡导行动的自主性,比如按照自己的兴趣设计志愿活动——儿童自己创作剧本,制作舞台道具,表演活灵活现等。儿童主体意识的萌生虽迟于志愿者,但在此阶段,在志愿者的带动下共同完成了主体化进程。

在此阶段志愿者-服务对象的关系建构中,双方的"互为中心"建立在理性思考的基础上,当然"理性"并非和"情感"相对;恰恰相反,抛开取悦对方的理想自我,而是站在对方立场上进行理性思考和行动,反而增强双方的公共性及其带来的情感能量(见图3-9)。在"蜜月期",志愿者和服务对象构建的"情感共同体"从顶端的自信、热情、自我感觉良好(志愿者和儿童均是),经历了"考验期"的中间平淡常态(儿童)以及末端的消沉和缺乏主动性(志愿者),最后到此阶段增添理性色彩,使得情感能量这个连续统一体重回顶端,当然这个顶端是经过双方冷静缜密的思考而选择的结果。由此,情感共同体的构建和发展充满了动态的张力,这也恰如柯林斯所言,互动仪式就是情感变压器,它把一些情感作为输入成分,然后把它们变成输出的其他情感(柯林斯,2009:17),并且为其后潜在的互动情境提供了想象空间。

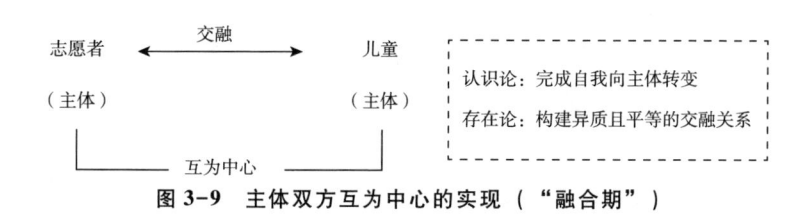

```
志愿者 ←—交融—→ 儿童        认识论:完成自我向主体转变
(主体)          (主体)      存在论:构建异质且平等的交融关系
     └——互为中心——┘
```

图 3-9　主体双方互为中心的实现("融合期")

2. 志愿者的改变

从前述活动设计中,我们不禁心生疑问:友情、智慧、尊严等可以拍卖吗?志愿者给予了下述回答。

> 豌豆哥哥:"我们其实给大家发的钱并不是真正的钱,大家也知道这个道理,代表的是你一生的时间以及精力,比如一天 24 小时,一周 7 天的时间,你可以用这些时间去追求一些东西。但是,你们是不是能够及时做出选择,比如在刚才的拍卖会中,你特别想要一样东西,可能你之前已经把钱花在其他地方了,所以你就买不成你想要的东西了。所以,我们可能得不断做出选择,你喜欢这样就不能够去追求那一个了。这一次有小朋友被取消资格,我也感到很遗憾。这个在课下我可以跟你道歉,但是在课上我们还是要遵守规则。"(莴苣,2014)

志愿者在综合考量儿童特点和以往活动经验的基础上设计上述活动。可以看出,志愿者调整策略,使活动更加生动有趣,希望重新引起儿童注意。更为重要的是,志愿者期望服务对象笑过、激动过之后,能够体会到活动背后深刻的理念。这也是志愿者从最初的做游戏、送礼物等"自恋型"活动类型走向反思的体现。与志愿服务越做越深相对的是,志愿者的心态越做越"小"。

◎ **志愿者自观笔记**

由饺子的自观笔记(见表 3-1),可以清晰地看到志愿者心态的变化。从服务初期的雄心壮志，想做得更多，作用发挥得更大，到逐渐觉得不能强求服务效果，再至一个细节、一句话能够帮助他们就好，志愿者的认知也逐渐趋于理性。由此，我们看到认识论与存在论相互形塑，即志愿者通过调研的不断深入，在服务情境的发展中不断厘清对于流动儿童的看法、反观自我（认识论），从而调整自身坚持志愿服务的理念和情怀（存在论），最终走向二者的统一。

表 3-1　饺子的自观笔记

日期	饺子的自观笔记
2013 年 10 月 16 日	看到已经经历了三代"水果"的孩子在被问到这事时脸上的微笑，我想志愿服务能够起到的作用已经如此大，未来将会更加大
2013 年 10 月 30 日	每次支教完，我总是要想想，我们现在所做的事情到底对这个社会中这群孩子所代表的群体能起到多大的作用。我觉得可以把我们现在的工作概括成收集资料的阶段，而我们将资料收集得更准确更具体，与此同时又能对自己所关注到的那群孩子产生正面影响的话，我觉得我们所做的就是有效果的
2013 年 11 月 13 日	希望我们能够为这群孩子做更多，为这个社会做更多
2013 年 11 月 27 日	这个年龄的孩子，外界可以吸引他们的东西太多了，我们给他们的书不一定会比其他事物对他们的吸引力大。那么我们也就不能强求他们会付出在这些书上我们想要他们付出的时间了
2013 年 12 月 25 日	我看到了当大嘴哥哥说"1，2"的时候，全班同学自觉不自觉地会说"安静"，然后整个班尽量安静下来，我觉得单是这样一个细节，就说明我们的支教对他们是有效果的，是有意义的。不管是一次深刻的经历，还是一句够他们受用一辈子的话，成长的过程就是这样的。谁又能说，整个支教的过程，我自己不是在成长呢？其实很感谢他们，从他们身上我看到了自己的影子，回味的同时，给我一个重新经历这一切的机会

整个一年多的过程，其实对我来说，心态有一个很大的转变，从原来的责任与同情到现在的真心、喜欢和惦念，这也是我非常有成就感的一个转变。他们对于我来说，已经从"流动儿童"这样一个生硬的名词，变成了一个又一个鲜活的生命。真心爱这些可爱的孩子。为他们付出的许多也真心觉得很值得！（土豆，2014）

这个阶段的志愿者，嵌入服务对象的社会和文化脉络，向内进行自身叙事和自我对话,并通过外在化的行动改变完成自身的主体性认知。而且,志愿者的改变带动儿童寻找其自身的主体性。需要强调的是,主体性在这里并非就程度和性质而言,而是指他们经历和分享了共同的成长取径和过程。他们作为不同的个体发展出一种共同认同的关系,成为理论背景部分所述的"关系性个体"。志愿者和儿童在不同阶段的互动中投入了情感和关怀,如志愿者从原来的"责任",转变为"'流动儿童'这样一个生硬的名词,变成了一个又一个鲜活的生命";儿童从原来的"我最怕志愿者了",转变为"他们对我们有帮助,增加快乐,说不出来的快乐",情感伴着反思累积成"你中有我,我中有你"的互动关系。"关系性个体"是人类学区别于社会学、精神分析的独有阐释。这种"你中有我,我中有你"可理解为列维-布留尔(Lucien Lévy-Bruhl)意义上的互渗(participation)①,亦可理解为斯特拉森(Marilyn Strathern)意义上的可分的人(partible person),他们均强调独立个体(individual)是可再分的,再分的路径是个体之间通过互动关系,成为彼此的一部分。② 放在志愿者和儿童的关系上,即他们回到各自身体进行自我对话时,发现他们在寻找那个自由主体的过程中,对方的印迹已经渗入并融为一体。从这个意义上说,志愿者和儿童分享了一种共同的主体性。尤值强调的是,即使双方日后分离,这种共性仍旧存在并内化于各自体内,对彼此双方未来的发展产生影响。很多"水果"志愿者恰恰是因为这段志愿服务历程,或寻找到未来的志业方向(比如从事公益、教育、非政府组织工作等),或与过往的自己和解(如也是流动儿童的经历、困扰自身良久的焦虑情绪等)。正是这种共性,使得具体而异质但彼此平等的个体之间,可跳脱理想自我并理性地视对方为中心,并且达成最终的、研究者乐见的交融。

---

① 列维-布留尔的互渗律,主要描述原始人用一种关系思维解释他们碰到的现象。比如,一个人在路上走着,看见一条蛇从树上掉到他面前,即使他明天或在下星期才知道他的儿子在别处死了,他也一定会把这两件事联系起来。这种前件拥有引起后件出现的能力,可描述为人和物之间的互渗,这作为一种集体表象存在于原始人的社会和思维中。详见《原始思维》(列维-布留尔,1997)。
② 参考阎云翔老师的说法,这里的关系性个体和自主性个体并非截然对立的。在特定社会中,二者更多的是权重谁大谁小的问题。笔者在这里使用可分性(dividual)不是否定个体(individual)的独立性,而是认为使用这个概念才可恰切地解释志愿者和服务对象共享的主体性。

在发生机制上，这种主体性是互动情境的不断发展所给予的。再回到柯林斯的互动仪式链。个体是以往互动情境的积淀，又是每个新情境的组成成分（柯林斯，2009：33）。实际上，在互动情境发展到不同阶段时，那一阶段的个体也是积淀以往情境基础上的新个体，并且不断创造和推动新情境的发展。比如，"自恋期"的个体是关注他者眼中的自我印象管理的个体，到了"考验期"的个体，则是彷徨无助，尝试从自我走入他者内心与之交流，站在他者的日常生活脉络中剖析诉求。那么发展到此阶段的个体，如借用特纳的仪式理论，则走出了"考验期"中模棱两可的阈限（liminality），实现了地位的提升（特纳，2006）。这个提升包含不可分离的两层意义：一是认知意义上的，比如"从原来的责任与同情到现在的真心、喜欢和惦念"，内化的平视视角提升认知，增进彼此情感，从向内的自我对话提升至外展的自信主体；二是结构意义上的，即从尚未开启服务时"二元对立"的供求关系，通过互动情境的发展实现互渗，并基于此完成"你中有我，我中有你"的主体化进程，实现一种"共同体"的新的结构关系。

基于上述内容，我们可以清晰地看到志愿者-服务对象关系建构的发展轨迹，可以简单归纳为四个阶段：自恋期、蜜月期、考验期、融合期。由此可见，"互为中心"在"自恋期"并未达成互动关系的实作，而是影射理想自我的幻象；在"蜜月期"，仅仅是互动实作停留在表面的初级阶段；在"考验期"，互动实作通过各自的自我反射性，才开始深入互为主体的层次；到"融合期"，才是真正获得"互为中心"的理想状态。志愿者和儿童沿着这四个阶段，递进地建构双方的互动，又因数代志愿者的重复实践验证了"互为中心"的分析和结论。

五 小结

"互为中心"是基于田野观察、资料分析和归纳得出的关于志愿者-服务对象关系建构的理论。"互为中心"是核心解释项，它指涉志愿者-服务对象在视对方为中心行动的过程中，"理想自我"向"主体"认知轨迹的转变。这种转变可分为四个发展阶段。第一阶段是"理想自我的呈现"（自恋期），指涉志愿者和儿童最初虽以对方为中心进行期望对方认可的实践，但陷入自我满足和愉悦的镜像中。这种镜像一直延续到第二个阶段："情感共同体的构建"（蜜月期）。在此阶段，志愿者和儿童延续对于彼此"理想自我"的认可和喜爱，尽量满足对方的愿望和需求，并通过情感夯实双方的信任关系。在第三阶段——"服务双方主体意识的觉醒"（考验期），儿童的好奇感消失，回归日常生活实践。志愿者的"理想自我"由于儿童的冷漠态度而陷入分裂，主体意识通过志愿者的反身性思考开始呈现，并带动儿童开启自身主体化的进程。双方的主体化进程最终在第四阶段——"主体双方互为中心的实现"（融合期），通过共享主体性的驱动，经由策略和实践调整而完成，双方构建异质且平等的交融关系。

在某种意义上，际遇制造了其际遇者，个体就是互动仪式链（柯林斯，2009：33~34）。志愿者作为志愿服务的主导方，不同的际遇会引发不同的互动仪式链效果。已有的大部分志愿服务中，志愿者从始至终站在伦理制高点，"标签化""病理化"服务对象，这种际遇在认识论上造就了他们表面化的志愿服务。在本研究锁定的志愿服务项目中，志愿者注重理解性的互动而非直接的服务活动，通过不断开展反身性思考，引导互动情境的不断深化和行动个体的不断完善。最初，志愿者对于流动儿童的认知也是个标签化的名词（认识论），他们实施志愿服务的目的是拯救这一弱势群体（存在论）。随着"空间照护"等策略的实施，志愿者开始视儿童为平等的行动个体（认识论），并逐渐抛弃使命感和责任感，希望志愿服务能为儿童带来单纯的快乐（存在论）；在从"理想自我"向"主体"转化的过程中，志愿者对服务策略是否符合儿童预期社会化过程中的"主位诉求"进行反思（认识论），并因儿童的消极情绪对是否坚持服务产生怀疑（存在论）；最终志愿者在现有社会结构中进行理性选择，其嵌入儿童社会和文化脉络中的诉求探究，融入情感能量的长久陪伴，以及在坚持服务主题的前提下加强沟通，唤起儿童隐藏的如权利、自主等主体意识（认识论），双方获取基于主体层次（而非理想自我）的理解和交融（存在论）。基于这种互动脉络，志愿者抛弃了已有志愿服务事先拟定的拯救者目标和计划，而是移步换景地视行动目标和行动策略互为建构；基于此，志愿者的认识论和存在论才可彼此作用、走向统一，并做到在行动中推进对于个体和社会文化的整体探究。

从上述内容不难看出，"互为中心"每个阶段的个体都是积淀以往情境基础上的新个体，这里面蕴含着服务双方共同成长的意义。然而，现有志愿服务往往将"利他"与"利己"对立起来讨论，显然回到了经济学的理性成本-收益模型。这是一种压缩的中观层次的理论，说明的是个体短期内在中观情境下将做什么事情（柯林斯，2009：241）。这种模型实则已将志愿服务直接视为从微观情境中割裂开来的一个利益化过程。此外，以往研究仅仅关注志愿者的单向成长，即使在理解他者文化的基础上，也是脱离服务对象变化和影响的另一种意义上的中观情境。"互为中心"恰恰着力于平视视角下，互动微观情境给予彼此的启发和嵌入彼此脉络中的共同成长。一个重要发现是在志愿服务的社会关系中，服务双方"你中有我，我中有你"的公共性，这是情感、理性等多重因素冲突和加以发展的共享主体性；这种主体性即使服务双方分离也已然内化，并在双方社会化进程中发挥潜移默化的作用。这种理论推进不啻是一个共同体的建构过程：情感是推动互动情境不断发展、维系双方理解与信任的能量；主体性是服务双方彼此影响和模塑、认知提升的成果；消除二元对立、实现交融是服务双方追求的理想目标。换言之，"互为中心"是志愿者和服务对象合作产生的，更进一步，是志愿者-服务对象这一共同体的理论成果。

第四章
教育权利：服务对象教育获得的结构性困境

在本章，笔者将视角转向了流动儿童教育获得的制度性困境，力图从志愿服务的实践折回至我国新型城镇化背景下，流动儿童教育难题的探讨。本章将涉及国家教育公平政策、国家新型城镇化政策、特大城市可持续发展、个体家庭背景及社会资本的综合作用，旨在对特大城市流动儿童教育获得的影响因素及动态关系，不同政策体系的实际演绎过程，以及教育困境的具体作用机制进行剖析和阐释。这种教育限制恰恰构成流动儿童在特大城市生存的困境之一，这是"水果"实施志愿服务的社会底色，也是在日后教育政策变革历程中回看这一问题的重要时空背景。

近年来，中央政府出台了一系列政策，投入大量经费以保障流动儿童的基本教育权利。根据国务院教育督导委员会办公室2015年发布的报告：2014年，全国流动儿童在校生达1294.7万人，在公办学校就读的流动儿童占到79.5%，流动儿童的入学问题基本得到解决。但问题是，这一比例在全国分布并不均衡，在人口集中的特大城市①，流动儿童进入公办学校面临更大障碍。本研究调研发现，在流动人口跨省流动比较集中的特大城市（北京、上海、广州等），一部分在民办打工子弟小学上学的流动儿童很难享受到"钱随人走"的政策福利，另一部分流动儿童则在公办小学的教育机会获得上面临重重阻碍。这些情况的发现，激发了本

---

① 按照《国家新型城镇化规划（2014—2020年）》的有关定义，特大城市是指城区人口在500万人以上的城市。

章的问题意识:何种因素以何种机制导致国家教育政策不能落"实"在流动儿童身上?

秉承这一问题意识,本章先对近年来的国家教育政策和城镇化政策进行简单梳理,这既为本章的论述提供重要的政策背景,又有助于厘清问题的分析脉络;再介绍流动儿童教育的理论背景,并结合本章的研究问题,纳入教育社会学和组织社会学的交叉视角;最后辅以经验研究的论述,提出本部分的学理贡献和实践意义。

一 政策的冲突

流动人口群体,是在20世纪80年代,农村经济改革释放出大量剩余劳动力、户籍制度逐渐松动,以及巨大城乡差距的背景下产生的。人口的大量流动带来了快速城镇化;同时,城镇化的相关政策也影响着人口流动。20世纪90年代中期以来,人口流动的家庭化特征日趋明显。在这一背景下,流动人口子女的教育问题日渐突出。从上述人口流动的经济社会背景不难看出,一方面,流动儿童教育问题需要放在城镇化这一宏观背景下加以考量;另一方面,流动儿童教育本身又是国家教育政策直接调整的对象。因此,对于流动儿童教育相关政策的脉络梳理,需要分别从教育和城镇化两方面入手,分析改革开放后这两大领域政策的演变轨迹及内在逻辑,在此基础上拼贴出流动儿童教育当前面临的政策困境。

(一) 国家教育政策的变化

针对流动儿童的教育问题,中央的战略规划和定位可分为三个阶段:①1986~1998年,从严格控制到流入地有条件接收;②2001~2006年,将流动儿童教育纳入流入地政府教育发展规划、列入教育经费预算;③2010年至今,保障流动儿童基本公共教育服务权利,并向"同城待遇"转变,促进城乡教育公平。在当前这个阶段,起指导作用的是《国家中长期教育改革和发展规划纲要(2010—2020年)》中提出的,"以输入地政府管理为主,以全日制公办中小学为主",即通称的"两为主"政策,其意义在于中央逐渐把流入地政府对流动儿童的教育投入与管理责任细化和固定下来。

基于"两为主"政策，中央近年又出台一系列相关政策，以保障和促进教育公平目标的实现。首先，教育部于 2013 年印发了《中小学生学籍管理办法》，从此前的分省学籍管理转为建立全国统一的中小学生学籍管理制度，确保学生学籍全国统一、终身唯一、（学）籍随人走。统一学籍制度的建立，加之电子信息平台的构建，为流动儿童跨区域转学接受教育提供了便利。其次，教育财政政策的发展也为流动儿童接受教育提供了更多支持。2015 年，国务院发布了《国务院关于进一步完善城乡义务教育经费保障机制的通知》，提出统一城乡义务教育的"两免一补"政策[1]，同时统一城乡义务教育学校生均公用经费基准定额，实现"两免一补"和生均公用经费基准定额资金随学生流动可携带（简称"钱随人走"政策）。这些措施的出台，将推动流动儿童教育问题的进一步解决。

（二）城镇化政策的变化

作为流动人口的一部分，流动儿童的教育问题，不仅受到教育政策变化的影响，在很大程度上也受到了城镇化政策，尤其是新型城镇化政策[2]的左右。新型城镇化政策的一个重要内容，是改变传统城镇化追求的城乡二元分割的单向式发展模式，探索建立城乡一体的，在人口、土地、经济、文化和保障等层次交互进行的，嵌套式的整合发展战略。特别需要指出的是，在这些发展战略之中，人口、资源、环境矛盾突出的"大城市病"，也成为新型城镇化政策试图解决的重大难题。在应对"大城市病"的具体策略中，无论国家还是地方，严格控制人口规模都成为有效缓解"大城市病"的首要措施。在国家层面，《国家新型城镇化规划（2014—2020 年）》明确提出，严格控制城区人口 500 万以上的特大城市人口规模。在地方层面，严控人口相继成为北京等特大城市"十三五"规划的

---

[1] 对城乡义务教育学校（含民办学校）给予补助，免除学杂费，免费提供教科书，对家庭经济困难的寄宿生提供生活费补助，并由农村全面扩展至城市地区。

[2] 这里所指的新型城镇化政策，是指以 2014 年 3 月颁布的《国家新型城镇化规划（2014—2020 年）》为核心的一系列政策。

重要内容。在《中共北京市委关于制定北京市国民经济和社会发展第十三个五年规划的建议》中，明确提出："总结推广以业控人、以房管人、以证管人的成功经验，综合运用经济、法律、行政等手段调控人口规模。"

在新型城镇化政策的指引下，教育在现实中可能成为除就业、居住之外的，特大城市人口控制的第三种手段。这点在流动儿童义务教育过程中已初露端倪。例如，在北京申请公办学校入学时，流动儿童须由其家长或监护人持俗称的"五证"，即在京暂住证、在京合法住所居住证明（如房屋产权证、住房租赁合同等）、在京务工就业证明（如劳动合同、受聘合同、营业执照等）、户籍所在地街道办事处或乡镇人民政府出具的在当地没有监护条件的证明、全家户口簿（可以是复印件）等证明、证件，向暂住地的街道办事处或乡镇人民政府提出申请。如果办不齐这"五证"，则无法获得公办学校学籍。可以说，"五证"已成为流动儿童入学的一道"门槛"，由其带来的"入北京学籍难"[①]的问题更是阻碍流动儿童在公办学校获得接受教育的机会。相当一部分因经济、就业等处于弱势地位的流动人口群体难以办齐"五证"，又因生计发展在流入地，不得不选择让"无北京学籍"的子女在打工子弟学校暂时借读，这进一步导致流动儿童家庭的分化，并引发种种社会问题。

如果将中央的教育政策与新型城镇化政策进行对比，可以清晰看到：一方面，特大城市快速发展导致的"大城市病"使落户政策日趋收紧，严格控制人口成为必然；另一方面，"两为主"的教育政策又将责任落到了流入地政府，这对城市发展承载能力提出了进一步的挑战。在城镇化与教育发展的两条脉络中，人口控制和教育政策之间的张力与冲突得以显现，造成了特大城市流动儿童目前存在的就学难题。在这一背景下，亟须对特大城市流动儿童义务教育的现状展开研究，寻求相应的破解之道，以实现教育公平和城镇化的协同发展。

---

① 流动儿童家庭通过"五证"审核，可凭借正规的借读证明到公办小学办理入学手续，其信息纳入北京市学籍管理系统内；在义务教育阶段，如果学生回到户籍地上学，其学籍将划入户籍地学籍管理系统。

二 理论背景

社会分层与教育公平一直是社会学关注的重点领域。教育获得或个体的教育成就与社会分层之间的复杂关系，往往围绕着一个"双刃剑"的经典问题：冲突论层面的教育作为代际传承的主要机制，和功能主义层面的教育作为至关重要的社会流动机制（刘精明，2005：7~8）。在这一问题上，研究者往往将重点放在地位获得更为关键的高等教育，即"寒门能否出贵子"取决于大学甚至高中的优质教育资源获得上（吴晓刚，2016；吴愈晓，2013；杨东平，2006）。这些精彩研究论述的一个基本前提是，无论国内还是国外，政府通过教育资源增加和教育扩张，推进并实现了小学和初中基础教育的普及，从而使人口总体的平均受教育水平迅速提高。而最低限度教育的平等，无疑加强了较高阶段教育的精英地位取向意义。

在关注精英教育对社会分层结构变化影响的同时，一些学者也发现教育的延续性和累积性导致升学竞争下移，教育获得的阶层分化不断提前。从教育体制来看，教育分流存在于初中毕业的升学考试；但由于重点学校制度的存在，隐性的教育分流从小学甚至幼儿园就开始了（洪岩璧、钱民辉，2008；吴晓刚，2016；李忠路、邱泽奇，2016）。李忠路和邱泽奇（2016）已关注到这种教育累积性的过程研究，探讨家庭背景通过什么机制和路径影响义务教育阶段儿童的学业成就。需要指出的是，上述研究中的基础教育，已超越个体适应社会基本生存的"生存教育"意义（刘精明，2005：12~23），而是国家作为利益主体选择精英的教育技术策略，和文化资本意义上"精英教育"资源的前移争夺。然而，针对生存取向的基础教育获得的阶层结构，甚至是阶层内部分化的研究十分稀少，而在其意义上的教育机会和最基本教育权利的平等，不仅是阶层结构中较低层级群体发展的基本诉求，更是国家教育政策维护社会整体秩序的治理需求。

在我国当前的教育制度框架中，除职业技术教育之外，一般意义上的"生存教育"是指每个儿童都应接受的九年义务教育。在上述理论背景下，在城市适龄儿童义务教育已然普及的今天，数量庞大的流动儿童成为在我国讨论"生存教育"的重要主体。目前针对流动儿童教育的社会科学研究多停留在户籍制度分割、教育资源配置不均、借读费负担重等传统问题的宏观描述上，这些"现状"已然因为前述"两为主"等政策的实施得到有效缓解。然而正如本章第一部分所示，在政策利好的背景下，生活在城市，尤其是特大城市的流动儿童，在有教育机会、有经费支持的情况下，部分儿童却很难享受到基本的教育权利。这实则需要在宏观背景下，探讨流动儿童教育获得的微观动力，以及"以小博大"地探讨国家/地方、群体/个体各方力量相互博弈的微观机制，这是目前研究亟待关注和解决的难题。

在流动儿童教育获得的机制层面，经验研究比较匮乏。邵书龙的研究从思辨的教育政治学角度，提出政府的教育决策和执行过程是一个府际关系与利益的博弈及其副产品——城乡二元结构下社会阶层的再生产过程（邵书龙，2010：58）。这种"政策群"的思路恰恰是探讨博弈性的结构机制的进路，然而邵书龙的研究从解析"两为主"政策入手，引入"contain"概念，走向了国家利用流动儿童的教育需求，进行对流动人口"由堵转疏"的治理术的转变分析。笔者对邵书龙的研究"结论先行"论述的存疑之处在于：笔者虽然赞同将流动儿童的教育纳入城市化进程，和国家处理与农民工全局关系的双向脉络，但其将国家与地方混为一体，也就是说，将国家视为"政策群"的主体，这里面其实忽略了国家和地方作为不同利益主体之间的矛盾。在笔者看来，这恰恰是论述应该关注的一个核心问题，流动儿童的教育绝不仅仅限于流入地、流出地的府际矛盾，而是嵌套在更为复杂的、科层组织的水平体系（中央部委机构）和垂直体系（上下级政府）下的多种权力机构的关系运作。

此外，以往研究在论及流动儿童的学业适应和社会融入问题时，均将流动人口和城市居民对立而论，这其实潜在地将流动人口视为一个同质群体，忽略了群体的内部分层以及相应的争取教育机会的资本调动和应对策略。

综上，本章试图了解流动儿童教育获得的社会影响因素，并将教育社会学实证研究关注的"校内过程"机制，前移至"求学过程"的经验性解释机制；除家庭背景这一重要自变量外，我们看到"求学过程"卷入更多外生变量，包括国家和地方的教育政策和城镇化政策执行所形成的错综复杂的权力关系与个体的教育选择，这需要纳入组织社会学的视角，讨论政策（及其制定者）与政策受体之间的动态关系。从教育社会学和组织社会学的交叉视角讨论特大城市流动儿童的教育获得机制，也是本章力图开拓的理论创新之处。

三 研究方法

基于上述背景，本章以北京为例，在原有的 X 校田野基础上进行了扩展，旨在对特大城市流动儿童的教育现状进行整体性调研。研究时段为 2015 年 11 月至 2016 年 6 月，以定性研究为主，并辅以少量量化数据分析。调研依据田野中呈现的问题，递进式地扩展样本以获取深入且全面的信息。

（一）样本概况

研究采用非概率抽样中的判断抽样方法，即根据抽样框中的个体特点进行判断，选择有代表性的样本[①]。本研究将儿童户籍性质和就学年级作为判断筛选基准，流动儿童样本量为 68 人。首先，选取"水果"最为熟悉的 X 校四年级的 27 个流动儿童进行入户访谈。从 2013 年开始实行全国电子学籍制度以来，X 校这一打工子弟小学 900 名在校学生中有 500 名无北京学籍。在此基础上，我们将样本扩展至流动儿童拥有北京学籍的朝阳区某公办小学（非京籍学生约占 80%），选取二年级（17 人）和六年级（8 人）共 25 名流动儿童进行入户访谈，围绕入学审核、教育资源等问题展开对比研究。之所以选择二年级和六年级，一是和打工子弟小学的四年级样本有所区别，二是这样两校所选样本基本涵盖了小学中从低年级到高年级的不同阶段。

[①] 2010 年人口普查数据显示，昌平、大兴、朝阳、海淀和丰台这五个区中，5~14 岁流动儿童在总人口中所占的比例均超过了 1.5%。2011 年北京市教委的数据显示，北京市 70% 的流动儿童在公立小学就学。根据上述结果，本研究在区域选择时将朝阳和海淀作为田野点；在学校类型上，研究既包括公办学校，也包括打工子弟学校。通过这一研究对象确定过程，使所选取的样本具有代表性，能反映出那时时段北京市整体流动儿童的就学概况。

研究重视知情人访谈，分别访谈了两个学校的校长、教导主任及所访儿童班级的班主任和任课老师等，共计10人。此外，本研究还选取公办小学4个京籍儿童家长进行访谈，以了解京籍儿童家长在入学问题上的经历、态度以及其与流动儿童家长的区别和联系。

（二）研究方法

本研究除了前几章所采用的参与观察和深入访谈等定性研究方法外，主要发展出一种可称为"生命地图"的资料整理和分析方法：①借鉴人口学研究生命历程的列克西斯图，从时间和空间变动两个角度呈现流动儿童及其父母的迁徙经历；②采用照片，直观呈现流动儿童目前居住的空间环境和区位；③采用社会人口学信息表格，呈现流动儿童家庭包括父母受教育程度、收入等在内的社会人口学特征；④采用对话体文本，真实呈现访谈情境，从而透视流动儿童父母对于教育状况、亲子关系和社会适应等状况的叙述。本研究将以上四个方面的丰富内容呈现在同一份文档中，无论从历时还是共时层面，均可获得流动儿童从出生到现在的整体性信息，从而提供更为恰切的分析和解释（见表4-1）。

在定量研究方面，上述①的资料进行分类统计并做可视化表达，绘制流动儿童家庭的迁移路线图；上述③的资料整理等同于开放式问卷，采用后编码的方式将定性文本转化为定类数据，并做基本的数据统计分析。

◎ "生命地图法"范例

表 4-1 流动儿童教育状况访谈资料

流动儿童教育状况访谈资料			
资料编号	CH01	访谈人	杏仁、猪猪
家庭空间观察		社区空间观察	

续表

生活空间描述

张小娟家住在恩济西街，和其他的孩子相比，她家距离学校较远，周围的同学也不多。她家临马路，马路边是一些破旧的五金店和小餐馆，还有一个特别脏臭的厕所。去她家先得走进一条小巷子，一开始巷子还比较宽敞，走到后面就越来越窄，四周堆满了各种瓶瓶罐罐。顶上铺满了彩钢瓦的板，由于前几天刚下过雪，所以巷子里到处都在滴水。

拐了三四个弯就到了张小娟的家，家里的门非常矮，我们走进去都必须低下头，进去之后屋子里还有一股霉味儿。屋子估计最多也就十平方米，摆着一张一尺五左右的床，一个衣柜，一个储物柜，还有一个煤气炉。四个人站在一个屋子里显得十分拥挤。四周的墙都贴上了橙色的海报，家里比较值钱的东西可能就是一台背投电视，放在储物柜的上方。储物柜的台子上还放了一些黑枣等水果。

基本信息		姓名	职业	原籍
	父亲	略	后厨洗菜 地铁保洁	陕西汉中
	母亲	略	保洁	陕西汉中
		年龄	收入	下班时间
	父亲	40岁	2000元	洗菜：2:00，8:00 地铁：凌晨1:00
	母亲	35岁	2000元	下午5:00
		姓名	性别	出生地
	长子/女	未知 （哥哥）	男	陕西汉中
	次子/女	张小娟 （调查对象）	女	陕西汉中
		年龄	兴趣爱好	学习成绩
	长子/女	15岁	身体有疾病 在老家	
	次子/女	9岁	跳舞	全班前五名

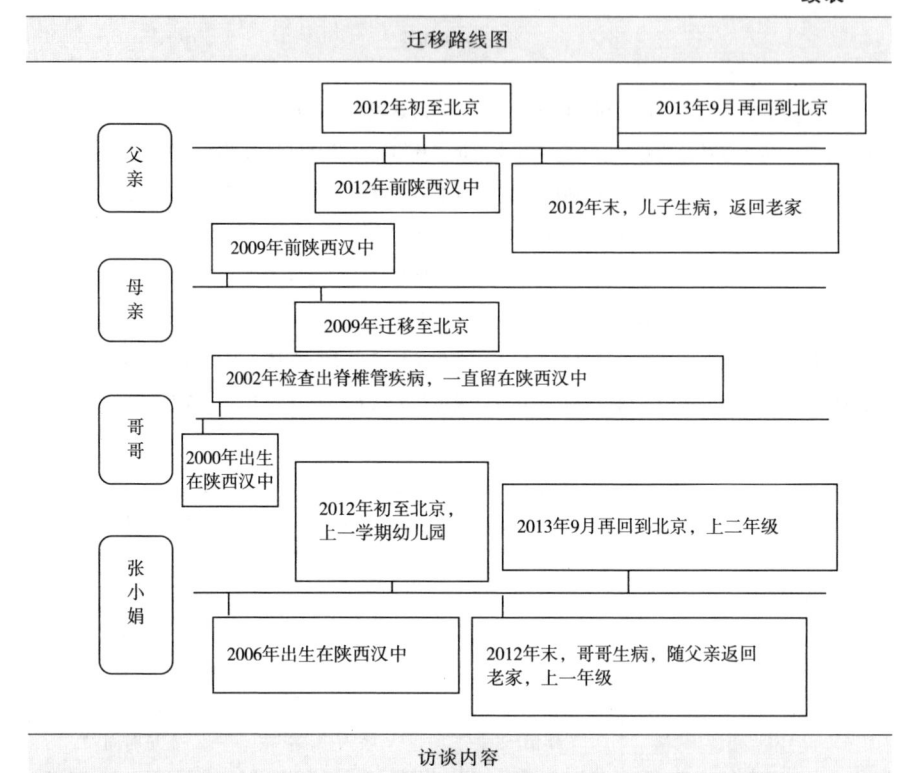

迁移路线图		
父亲	2012年初至北京 → 2012年前陕西汉中	2013年9月再回到北京 → 2012年末，儿子生病，返回老家
母亲	2009年前陕西汉中 → 2009年迁移至北京	
哥哥	2002年检查出脊椎管疾病，一直留在陕西汉中 2000年出生在陕西汉中	
张小娟	2012年初至北京，上一学期幼儿园 2006年出生在陕西汉中	2013年9月再回到北京，上二年级 2012年末，哥哥生病，随父亲返回老家，上一年级

访谈内容

以下访谈实录中：

陈：杏仁　杜：猪猪

张：张小娟　爸：张小娟爸爸

一　流动路线

1. 您老家是哪里的？您是哪年生人啊？多大离家外出打工的啊？第一个地方去的是哪里？哪一年呢？做的什么工作？之后又去了哪些地方？

（1）老家

爸：你们是这里人吗？还是外地人？

陈、杜：我们都是外地的。

爸：你们是哪里人啊？

陈：我是浙江来的。

杜：我是辽宁的，因为我们都是人大的。

爸：哦，我是陕西的。我们那里是，说白了一句话，山区，知道吧？

陈：陕西哪儿啊？

张：汉中。

续表

（2）迁移历史

陈：您以前去过其他地方吗？

爸：没有。

陈：您是什么时候来的呀？

爸：她（小娟）和我是一块儿来的。

陈：哦，在这儿也没几年吗？

爸：嗯。

（3）年龄

杜：您今年多大了呀？

爸：我今年40岁。本身我结婚就迟，家里面那个就已经是15岁了。

杜：那妈妈今年多大了？

爸：她妈小我5岁。

杜：哦，那也35岁了。

2. 您是哪年来的北京？当时为什么选择北京而不是别的城市呢？（主要看来北京的方式，也许是老乡带来的？）做的什么工作？那时有没有这个小孩？小孩从小和谁生活在一起？如果孩子从小和爷爷奶奶或是姥姥姥爷生活在一起，您多久回家一次？

（1）爸爸迁移情况

陈：那孩子一开始是什么时候到北京的啊，跟着你们一起来的吗？

爸：嗯，2012年吧。

（2）妈妈迁移情况

杜：那妈妈也是一起来的吗？

张：我妈来得比较早。

陈：你妈什么时候来的呀？

张：反正比我们早好几年。

（3）来北京原因、多久回家

陈：您是在北京有人认识所以过来的是吗？

张：我妈先过来的。

爸：对，她先过来，认识这里一个收垃圾的，那个小伙子还可以，和我们关系不错。就在这儿待着呗。再一个当时我们过来的时候她（小娟）年龄特小，刚过来的时候都是锁在屋里面，不让出去。人家谁下班了，给人家这个说，哎，今天下午你帮我看一会儿，明天那个下班了，跟人家说，是吧。

杜：对。

爸：她渐渐大了还好一点。她现在跑，就是说我现在还有点把握。

续表

张：我现在自己过马路，自己去公园。

陈：那你们现在多久回一次老家啊？

张：清明节的时候回去一次。

爸：现在我一般都不回去。

陈：过春节的时候会回去吗？

爸：过春节的时候回去了费用多高啊。今年我们三个人清明节的时候回去了一趟，然后她妈单独回去了两次（张：我后来也回去了，我暑假的时候也回去一次），三次加起来总共花了一万元，你想想我一年才挣多少，回家花了一万元。

陈：为什么回去要花这么多？路费还是什么？

爸：刚才你到我这儿来，我们还是初次见面，这点东西你多少还是要花点钱，不可能别人白给你吧。

陈：哦，你回去也要送礼是吧？

爸：你有好长时间没见的亲戚朋友，你不给别人买一些东西？现在这个东西几十块钱的又拿不出手，起码都是一百多两百的。清明节选的那个时间，感觉汽车车上不挤，票好买。

（4）父母学历、继续迁移意愿

陈：您的学历是啥呀？

爸：我是初中。

张：妈妈也是初中。

陈：那以后是想继续留在北京还是想继续迁移到其他地方？还是走一步看一步？

爸：这个我还是想留在这儿，不想往别的地方迁移。我这个年龄的人，就是从封建迷信的角度来讲，挣钱也好，干啥也好，一定要有一方有利于你。不利于你，你跑那个地方去，白搭，挣不到钱。来这个地方在我心里感觉还是可以的。

杜：如果以后小娟不能在北京读高中，那你们还是得回去。

爸：那还是得回家。

陈：还是说自己和孩子妈妈在北京，让孩子一个人回去呢？

爸：那肯定要回去一个人，你把她一个人留在家里，那时候就是骗你了，你问她干啥，她跟你说，哎我在干吗干吗。

……

四 "五证"审核与政策落实

通过调研发现，政策部分提到的"五证"审核成为流动儿童在北京上学的关键步骤，最终决定流动儿童能否进入公办学校接受教育。在实际操作过程中，"五证"只是代表了证明范围的大致说法，调研对象表示相关材料有"七证"甚至"二十证"之多。办证给很多流动儿童家庭带来了巨大困难，并且在办证的过程中也可看到流动儿童家庭呈现的不同类型。

（一）"五证"审核

"五证"中相对难办的是"在京合法住所居住证明"和"在京务工就业证明"，具体困难集中表现在以下方面。

1. 在京合法住所居住证明

此证"外延"最广，难度最大，直接反映了受审核流动儿童家庭的经济和社会状况。难度主要集中在以下几个方面。

A. "非法"租房

> 在违法建设及违反国家和北京市房屋租赁规定的建筑上出具的居住证明无效。按有关规定在不得转租的公有住房、保障性住房、军产房，以及办公用房、地下室等非居住性质的房屋证明无效。（2015年非本市户籍适龄儿童少年在海淀区接受义务教育证明证件材料审核细则）

通过调研发现，在打工子弟小学 X 校上学的流动儿童家庭，往往选择棚户区盖房、无房产证的群租房甚至地下室居住，这样可以节省一笔不小的家庭开支。流动儿童家庭一旦选择了这些属于"违法建设"的住房，也就意味着放弃了通过"五证"审核的机会。相比之下，公办小学的多数流动儿童家庭租住的是公寓房，少数家庭租住的是城乡接合部的自建房。也就是说，公办小学流动儿童家庭租住的基本为符合"五证"规定的住房。这种差异，实际上是由流动儿童家庭的经济收入决定的。

对于流动儿童家庭的经济收入，我们将父母双方的合计月收入作为家庭月收入做了计算。结果显示，对所有 52 户家庭的收入从低到高进行排列，家庭月收入的四分位数分别为 4500 元、7000 元和 9000 元。图 4-1 是以这三个四分位数为分界点制作的直方图，每个类别都有 13 户家庭。如图所示，在中位数左侧代表的收入较低（7000 元以下）的 26 户家庭中，打工子弟小学的家庭占比为 69.2%，在右侧代表的 26 户较高收入（7000 元及以上）家庭中，打工子弟小学家庭占比为 38.5%。这一结果表明，打工子弟小学的学生家庭月收入明显低于公办小学的学生家庭月收入。调研中我们还发现，就房屋租赁费用来说，打工子弟小学 X 校所在城区，2015 年群租房或棚户区的平均住房开支为 1000~2000 元/月，一居室租房开支约为 3000 元/月。对比图 4-1 的家庭经济收入，群租房是他们在北京谋生唯一可以负担得起的住房，这样一种无奈选择的"违法居住行为"，在当前的现实下却影响着下一代人的教育权利。

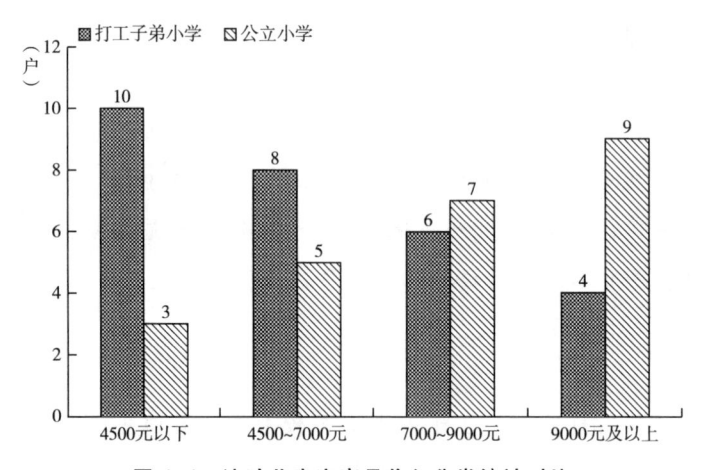

图 4-1 流动儿童家庭月收入分类统计对比

B. 房产证

即使是此类人群租住了"合法"的房屋，部分房东的行为也会影响流动儿童家庭拿到"五证"之一的房产证及相关材料。

> 要提供规范有效房屋租赁合同，房主房产证原件、房主身份证原件、半年以上的租房完税证明。房屋适宜居住（使用面积人均不低于 5 平方米），能保障适龄儿童少年安全，必要时提供安全责任书。

(2015年非本市户籍适龄儿童少年在海淀区接受义务教育证明证件材料审核细则）

首先，房东的完税证明难以取得，这与房东的个人交税状况（房产税、营业税、个人所得税）有关。对于有逃税、漏税现象的房东，即使能够通过各种"关系"补缴税款，这部分税款也往往是由流动儿童家庭代付，这无疑造成其额外的经济负担。

> 我觉得这两个是最主要的，一个是房产证，一个是房东的一些手续。房东假如说把这些费用完成了，那就可以。我听说有的时候为了让小孩子读书，比如我想让我的小孩进公立小学，房东欠的税就要我给垫上，你不垫人家凭啥缴？(ZM，男，40岁，2015年11月)
>
> 房屋就是要缴税，按照房屋在市场上的租金价格，像我4000元的房租，就是要缴1200元吧。我们的房子是朋友免费借我们住的。房屋都免费借我们住了，不可能税还要替你缴吧。很多房东就是我不替你缴税，你要缴自己缴去。所以基本上租房缴税证明，99.9%都是租房的自己去缴的税。(ZN，男，35岁，2016年4月)

其次，按照海淀区教委规定，同一房产六年内只提供一个就近入学学位。也就是说，流动儿童家庭租户很有可能会占用房主的学位名额。此外，通过"五证"审核还需提供房主的房产证原件和身份证原件，且当地街道还需进行"家访"，即实地考察房屋居住条件，这一方面在程序操作上增大了"五证"通过的难度，另一方面无疑提供了权力寻租的空间。

> 我们那年（2014年）就是特别严，就是什么都特别严，我也是跑了好久……老要房东过来，老要用人家的房产证和身份证（原件），这种东西就是人家是不会愿意交到你的手上的，要本人过来，本人过来我就要协调什么税务所的啊，什么老师审核的啊，你得协调这个时间，比如说人家只11点接待，但是房东这个点儿得能走开啊，人家也上班啊，挺麻烦的。(LM，男，39岁，2016年4月)

> 房产证！反正主要就是房产证！房产证这一项就没有！暂住证，这好办，主要就是那个房产证！房东有（房产证），但他不让你用呀！还要正联儿（原件），不要副联儿，复印的都不行！人家正本的房产证会给你拿着一气儿跑吗？不可能的！（ZA，男，40岁，2015年12月）

> "五证"过了的都还有些是上不了学的，还有个家访。就是到你家去看看，你是不是真的在这儿住着。如果我去了你上班不在家，那这就去掉了（审核不通过）。（打工子弟小学校长，2015年12月）

可以看到，住房情况可以体现出流动儿童家庭的分化，那些有经济能力承担正规渠道住房开支的家庭，与那些不愿或无能力承担的家庭由此被"筛选"成两个群体，决定着流动儿童不同的教育路径。

2. 在京务工就业证明

在京务工就业证明涉及的事项集中在工作领域，其困难核心在于"申请人或其配偶按相关规定在北京市缴纳社会保险并提交的北京市社会保险个人权益记录"，即"社保"。从单位性质和缴纳社保的比例来看，44位在业的公办小学家长，有3位是企业法人，25位与单位签订了正规的劳动合同，两者合计占比为63.6%；长期缴纳养老保险的人数为31人，占比为70.5%。40位在业的打工子弟小学家长中，这两个比例分别为20%和22.5%，差距比较明显。从职业来看，打工子弟小学家长多从事保洁、市场商贩、保安等低技术性工作，并且在家待业的家长人数远多于公办小学家长，因此常常会出现弃缴或所在单位不按规定缴纳社保的情况。

> 当初不是要去那个LJD小学嘛，办不下来啊。最主要的就是没缴社保。税、医疗保险什么的都没缴。要缴得一千多吧，咱挣这些钱还不够缴的呢。在老家都缴了合作医疗。你没看前一阶段，开学那阵，家长去教育局那闹嘛，都上电视了。（ZA，男，40岁，2015年12月）

将"缴纳社保"明确写进《非本市户籍适龄儿童接受义务教育证明材料审核程序和标准》文件中是在2015年。2015年前，各城区根据自身实际情况，可制定适合本城区发展的审核细则。通过调研发现，在2014年朝阳区社保材料的审核中，出现了值得思考的现象，那就是"异区社保"问题①。流动儿童要在某学区上小学，需要父母双方均在同一城区内连续缴纳一定时间的社保。

> 就是我们上的时候对社保要求好像三个月就行，我们那时（2014年）是第一年实行，我女儿上的时候。之前（其他人）好像是只要你有劳务合同就行。然后等我们上的时候就是你只有劳务合同不行，得你所在的单位给你缴了社保才行，否则他会认为你是虚拟的嘛。还有他要求你，孩子在朝阳上，你社保必须缴到朝阳，那好多外企的我在朝阳住我可能在海淀上班，那我单位在海淀社保肯定缴在海淀啊。反正挺多不合理的。（LM，男，39岁，2016年4月）

也就是说，父母双方都必须在朝阳区缴纳超过一定时长（3个月）的社保，但在实际操作中这一规定造成了很大困难。首先，父母双方并不一定均有正式的稳定工作，如一方（通常为女方）为"全职妈妈"，无法出具；其次，如父母双方都有缴纳社保的证明，但不在同一城区，其子女则无法取得朝阳区的入学资格；最后，城区的划分较为严格，可能出现工作地点相近但分属于不同城区，导致"异区"缴纳社保的情况。如此一来，诸多父母均缴纳社保的流动儿童却无法取得朝阳区公办小学的入学资格。

从社保缴纳的要求来看，取得"在京务工就业证明"难度很大；但从实际情况来看，公办小学的流动儿童家庭仍旧顺利地拿到这项证明并通过"五证"审核，这实际涉及流动儿童家庭的进一步分化，具体原因笔者将在后面部分予以呈现。

---

① 2015年后，朝阳区有关缴纳社保的审核细则调整为：适龄儿童少年父母（或其他法定监护人）受雇于用人单位的……社保应处于正常缴费状态，到2015年5月1日连续缴纳6个月以上（含），且至少一方在朝阳区缴纳，缴纳单位与劳动合同单位名称一致，补缴的不算连续缴费。

（二）"五证"与"钱随人走"政策的联系

从上面的论述不难看出，"五证"成为流动儿童在特大城市接受义务教育的入学门槛，然而其意义不仅仅于此。

1. "五证"与《中小学生学籍管理办法》

> 原来的话你在北京上学，我们就把学生名单、学生信息给上报了，上报了就有学籍了。从全国统一学籍号以后就不允许这样报了，就是户口所在地办学籍。因为"五证"跟这个有关了……（没有北京学籍的学生）有二百多是今年一年级升上来的，一年级都是在老家办学籍的，在北京办不了啊，没有"五证"啊。有"五证"了，没有缴社保的，政策把他卡住。之前五百多学生的学籍之所以能转过来，是因为（2012年）以前北京市办学没有那么多的政策，是以前办的学籍，还有一部分是从（老家）转来的。（打工子弟小学校长，2015年12月）

在北京，"五证"办法于2004年开始实施，来京务工群体可持"在京借读证明"，到暂住地附近的公办小学、初中或经批准的民办学校为孩子联系就读事宜。① 调研显示，2004~2012年，在政策把控相对宽松的情况下，即使没能通过"五证"审核，流动儿童也可通过某些方式（如所在打工子弟小学联系教委取得），辗转获得在京学籍。

> 因为孩子太多了，这几年不光我们一个学校在扩，城区整体发展，外来人口增多。从2015年开始，咱们实施电子学籍、就近入学，严把一些东西，从这儿开始人数往下走了。在之前这两年，一年扩一个班，扩两个班，连着三年扩，扩到20个班了……从2015年那拨孩子入学开始，所有这些审核，这些把关，都是由政府、招办统一，协调有街道、社保什么的都协调好了，分别审核完了，这些孩子材料过

---

① 具体参见北京市教委等部门《关于贯彻国务院办公厅进一步做好进城务工就业农民子女义务教育工作文件的意见》，2004年8月25日。

关了，由教委这儿网上登记，一个纸质的登记，都做完了，按照就近入学这种方式，是哪片的，就把孩子按片儿分了。分完了之后，到时候我们统一一个时间，我们到招办去把分给我们的孩子档案领回来，然后我们才通知孩子们、家长见面。在之前我们都没有接触。（公办小学校长，2016年4月）

2015年以后，"五证"直接与全国统一的《中小学生学籍管理办法》挂钩。新的学籍管理办法旨在清查和统一学籍，也在一定程度上达到了其"标准化、规范化"的管理目的。但这也意味着，无法通过"五证"审核的流动儿童，只能回到户籍所在地办理当地学籍，其在统一的电子平台上显示的是户籍所在地的学生身份。在这种情况下，流动儿童如果想继续留京上学，只能在打工子弟小学暂时借读，做"无北京学籍"的学生。由此可以看到，原有的"五证"决定的是"学生能否进入公办学校"，现在的"五证"则直接决定了"学生能否获得北京学籍"。是否取得北京学籍，将和流动儿童的教育权利，以及国家教育政策的落实紧密相连。

2. "钱随人走"政策的转义

2015年，国务院出台"钱随人走"政策，主要目的有两个：一是在国家层面，尽可能缓解北京等流入地因流动人口涌入带来的教育财政压力，以在流入地和流出地之间实现教育经费资源的合理配置；二是从流动人口角度，国家希望教育经费"可携带"，即随儿童流动纳入流入地的教育经费支出中，从而切实保障流动儿童的教育权利。

书费不用交、学费不用交，所有的费用基本上都不用交，包括现在孩子们的社会实践活动，这一块儿材料费什么的都给了大力支持。每年年初我们把学生人数报上去，报完之后剩下的都不用我们考虑的。所以这两年我们欣慰的就是，不像他们之前的校长说的，我们又得愁这又得愁那，又得愁着老师又得愁着学生，还得愁经费，还得想办法自个儿去"创收"去，我觉得我这几年在这块儿还挺幸运的。（公办小学校长，2016年4月）

对于通过"五证"审核,在公办小学上学的流动儿童来说,"钱随人走"政策在中央财政和地方财政按比例分担的基础上,可以至少将中央承担的部分随着流动儿童的学籍获得而转到流入地,这等于真正实现了"钱随人走"。但是针对打工子弟小学的"无北京学籍"学生,"钱随人走"政策很有可能变成"钱随籍走",即虽然流动儿童实际上在流入地接受教育,但由于其学籍不在流入地,用于其接受教育的中央财政支出也无法转到流入地。

> 这个实现不了。你不要看国务院弄这个,我是河南的,这孩子你要转走,我绝对不让你转走。农村弄什么补助(两免一补),现在农村好多学生在北京上学的,学籍转不过来的原因就是这个。他要是转走了,以后对他们的补助就没有了,更不用说那个经费(生均公用经费基准定额经费)了。谁家经费宽裕一点事情不就更好办一点?(打工子弟小学校长,2015年12月)

> 国家除非是这样,你这个学校有多少人,给多少经费,这样的话才能有用。比方说,今年你把名单报上来,就这么多人在这里上学,经费就按照这个人头给你拨。要不然,最有可能的(情况)是你说让他携带着,他不让你带走。转学才能带吧?你落不上(北京)学籍你就带不走,我就不让你转学……对我们还是没啥意义,就是给他们(公立小学)准备的。(WM,女,打工子弟小学班主任,2015年12月)

也就是说,流出地政府为了保护地方教育的利益,面对从2001年开始实行的"两免一补"政策,实际上采取了一些应对措施,以阻碍流动儿童的学籍向外迁移。阻碍的方式有很多,如拖延时间、不开具某项证明,这都是在农村地区推行"两免一补"政策中存在的问题。而且,2015年教育新政之后涌现出的"无北京学籍"学生,其父母按政策要求先在老家为孩子办理学籍,然后让孩子在京暂时借读。也就是说,这批孩子的相关教育经费,也很难随孩子流动到北京,而是"钱随籍走"地留在流出地财政经费中。

从社会学角度分析，教育资源的分配机制与社会排斥和团结紧密结合在一起。国家作为葛兰西意义上的力量主体，在对群体竞争或群体垄断进行干预的过程中，形塑和规范着阶层结构框架（刘精明，2005：73~75）。在流动儿童教育这个问题上，国家面对已有的"城"对"乡"的资源垄断和排斥，显然持有保护和支持弱势群体，力求社会团结的态度。然而"钱随人走"，这一保障公民基本教育权利的国家政策，却在实际操作过程中遭遇两方面问题。一是"人、（学）籍分离"。在国家层面，建立全国统一的电子学籍，理论上是希望"人、（学）籍统一"，即通过注册学籍掌握儿童的流动状况，并且将相关教育经费拨付到学籍所在地。然而在快速城镇化的背景下，"人、（学）籍统一"变成了中央政府最不想看到的"人、（学）籍分离"。而这一情况的出现，引发了第二个问题：国家教育政策与地方政府及府际的功能和利益的冲突。在流出地层面，其和流入地的府际矛盾清晰可见，基本的做法是到了手的钱（如"两免一补"经费）不愿再拨出去，因此在实际操作中会设置种种障碍阻挡学籍的外迁。在流入地层面，我们看到"五证"收紧的时段是在 2014~2015 年，这正是北京等特大城市"十三五"规划出台的时间，严控人口成为这些城市推行新型城镇化的重要内容，这也的确是特大城市均衡发展的必然诉求。而且，严格控制城区人口 500 万以上的特大城市人口规模，在 2014 年 3 月颁布的、由国家发改委等部门提出的《国家新型城镇化规划（2014—2020 年）》中也有明确表述。然而，教育部等部门倡导的教育平等理念又不得不执行，因此我们看到，地方政府以一种非常微妙的姿态，呈现在国家不同的行政系统之间，以及国家与地方之间的博弈关系中。

这样一种国家和地方的博弈，恰恰体现了决策一统性与执行灵活性的动态关系，这是国家治理的核心过程（周雪光，2011：74）。在周雪光等学者看来，基层政府在贯彻实施中央政策指令的过程中，会根据当地情况对政策做不同方向上的偏移，以增强其解决地方实际问题的能力。北京等特大城市近年来"五证"和类似"五证"办法的出台，恰恰提供了一个现实的清晰例证。一方面，针对流动儿童的义务教育问题，中央政府通过 2015 年"钱随人走"这一教育新政，希望将流动儿童的"两免一补"和生均公用经费基准定额经费的中央负担部分划入流入地财政,① 以做到属地事权与财权的统一,但由于中央支持水平同地方支出水平之间存在不小的差距,即使实施这项政策,落实"两为主"政策也无疑会为流入地政府带来不小的财政负担;在这一背景下,流入地政府落实"两为主"政策的积极性就会大打折扣。另一方面,对于诸如北京这样的特大城市,基层政府近期关注的首要问题,是如何克服城市不断膨胀引发的"大城市病",以获取进一步的经济社会发展动力;在这一背景下,"功能疏解"和选择性的"严控人口"成为这一城市发展中的必然选择,并且《国家新型城镇化规划(2014—2020年)》中"严控人口"的指导意见,无疑为相关措施的出台提供了最直接的支持。上述背景两相交叠,我们看到流动儿童的教育权利和防范城市发展中的"大城市病"发生冲突,地方政府进行基层治理意义上的"趋利避害"的理性选择,但这一选择造成了流动儿童教育获得的现实困境。身处现实困境中的流动儿童家庭,又是如何应对的呢?

五 "弱者的武器"

面对严苛的"五证"审核,尤其是"异区社保"问题,朝阳区部分家长的解决方法值得深思。

(一) 流动儿童家庭的应对措施

笔者团队在朝阳区进行调研的时候发现,在公办小学就学的部分流动儿童家长采取"假离婚"和"买社保"的方式通过"五证"审核,进而

---

① 根据《国务院关于进一步完善城乡义务教育经费保障机制的通知》(国发〔2015〕67号),在财政机制上,中央和地方对城乡义务教育将实行统一的"分项目、按比例分担"。具体而言,国家规定课程的免费教科书资金由中央全额承担;寄宿生的生活费补助由中央和地方按5∶5比例共同分担;公用经费中央和地方的分担比例,在西部地区为8∶2,在中部地区为6∶4,在东部地区为5∶5。此外,2016年中央统一确定的城乡义务教育生均公用经费基准定额,中西部地区的小学是600元,初中是800元;东部地区的小学是650元,初中是850元。统一公用经费基准定额和"两免一补"政策,固然可以促进教育公平,减轻流入地政府的财政压力,然而流动儿童大部分的教育经费仍需流入地政府承担。

使孩子获得进入公办小学读书的教育机会。

1. 假离婚

> 现在（2014年）政策要求，比如孩子在朝阳区上学的话，要求你的社保也在朝阳上。我们公司，我是在朝阳，我老公是在怀柔。如果这样的话我们要"假离婚"。因为我们社保不在一起，政策这块是不好的。因为我在朝阳是符合朝阳的条件的，他在怀柔就不属于朝阳区，这样的话孩子就不能在朝阳上学，在怀柔也不行。好几个家长都是假离婚的，都是有一方的条件不符合。（GM，女，33岁，2016年4月）

> 好像要的证件挺多的，夫妻双方的，我当时做兼职，所以就没有保险，我们俩先离了婚，孩子户口在爸爸那边正好，他爸爸有工作，有保险什么的，他都有。（JM，女，33岁，2016年4月）

通过"假离婚，再复婚"，部分流动人口成功地将自己孩子的身份变为了"单亲家庭子女"。这种身份的变化带来的是审核标准的变化，单亲家庭自然不需要提供父母双方的社保缴纳证明。但是，与其说他们"钻政策空子"，不如说是2014年政策突然严控之后，流动人口情急之下的权宜之计。流动儿童在不知情的状况下，以"单亲家庭子女"的身份开始学校生活。对于这种成规模的"单亲家庭子女"现象，学校表示了担忧。

> 这一政策设立的初衷一定程度上也是为了保障在公办学校上学的孩子都有稳定的家庭环境。比如这里面很多孩子的家庭是离异家庭，爸妈都离婚了。爸妈连稳定的家庭环境都没有，孩子怎么安心学习？（公办小学教导主任，2016年5月）

可见，学校老师并不了解家长"假离婚"的情况，家长也不可能让老师去了解。但是，家长会担心老师在无意中透露出孩子父母离婚的"事实"，"怕孩子知道"成为采用这种方式通过社保审核的家长的共同担忧。

访谈员：当时是谁建议您采取"假离婚"这种方式的呢？是您还是……

家长：就很多家长一起交流嘛！

访谈员：你们还会为这个事交流啊？

家长：那肯定的嘛，孩子上不了学，没办法，就走这一步。

访谈员：那后来是去哪儿办的？

家长：就回老家呗！

访谈员：那回来之后怎么审核？有家访吗？

家长：没有。

访谈员：那当时走这个过程会不会对您的生活产生什么影响啊？

家长：就怕孩子知道呗，孩子那么小，知道了肯定心里不舒服。

（JM，女，33 岁，2016 年 4 月）

2. 买社保

有些家长没有选择"假离婚"，而采取"买社保"的方式。由于审核只要求连续三个月的社保缴纳记录，所以某些提前知晓政策要求的流动儿童家庭就可以"挂靠"某单位进行社保缴纳。

> 应该是跟那种机构吧，代缴。就是买了之后给你公司下面挂一个名，因为我也没有缴过，不太清楚这个事，他们说好像是，买三个月。有的人就继续缴下去了，有的人买完这三个月就不缴了……你说你要是去现找工作缴社保也不可能，找工作还有一个试用期呢，一个月，到时候孩子上学基本不可能了。（JM，女，33 岁，2016 年 4 月）

> 当时社保是在我一个朋友公司上的，现在还在上呢，一个月给人家点那个什么……不额外收钱，朋友的肯定就不用，你要是外面的肯定就得收钱，管理费什么的。一个月以前是一千二百块钱，现在不知道……能享受（社保待遇），都能享受。但是以后咱们就不知道在北京还是回老家领呢，这个政策就不知道了。政策一时一个变化。就是不一定能用得上，但是为了孩子上学这个东西必须缴。（ZM，女，36 岁，2016 年 4 月）

(二) 弱者的反抗与诉求

我们看到，社保审核中的城区划分背离了其希望流动儿童家庭收入稳定，可为儿童提供良好教育环境等设计初衷，在实际操作过程中却被转化成了权力寻租的反转空间，这俨然是阶层较低群体对于教育排斥规则的反抗。按照詹姆斯·斯科特的说法，这种反抗可被称为弱势群体的"原始"的反抗。这种反抗对改变宏大的国家结构没有兴趣，也没有组织化的社会运动，它只是在困难条件下的从属阶层的日常策略（斯科特，2011）。因此，就如斯科特研究的马来西亚农民采取消极怠工、规避和破坏收割机等手段来达到自利的目的一样，流动儿童家庭采用"假离婚""买社保"等方式，使自家孩子可以享受到和京籍适龄儿童相似甚至是相同的教育待遇。

从社会学的角度，与对利益的控制和反控制的物质冲突不同，符号性冲突则是对排斥规则的合法性的攻击与维护（刘精明，2005：63）。显然，流动儿童家庭的反馈属于符号性的，他们以"假离婚""买社保"戏谑式地表达了对现有规则的不满和反击。然而这种符号性冲突，用斯科特的话也可叫作象征性反抗，却将反抗与社会学意义上要革命、无自利的"真正"反抗做出割裂化的二元处理（斯科特，2011：353~355）。斯科特更倾向于将满足基本生存需要的自利与反抗融合在一起，认为这是农民的日常政治和日常反抗的关键动力（斯科特，2011：358），这也恰恰是调研对象没有说出，甚至并未意识到，却用行动表达出来的诉求。

> 因为我们现在很担心的一个问题是我们将来如果在北京考不了试，中考或者高考之类的，面临我们必须回家的问题，回家的话家里学的东西要比北京多很多，所以这方面我们孩子真是废了。我们主要是担心这个问题，我们现在就希望这个教育改革能快一些。这个问题我觉得你们也应该给上级有一些反映，因为这是每个外地家长的心声。（GM，男，32岁，2016年4月）

调研对象用语言表达出来的需求，聚焦在北京参加中考或高考，这也是目前制度下，流动儿童在京生活学习多年后所必然面临的教育选择。在对流动儿童约占在校生80%的海淀区某公办中学的延伸性调研中发现，学生不断流回原籍，不仅对流动儿童自身，而且对教师和京籍学生都造成了负面心理影响。回到户籍地后，流动儿童还将面临"流动"变"留守"的另一重教育和社会困境，这也是家长的担心所在。

（三）社会资本对教育获得的影响

此外，笔者关注到弱势群体反抗行动的自助形式，他们缺乏正式的、系统的组织，避免直接与权威对抗，但又保持行动的默契。在流动儿童教育机会获得的过程中，恰恰是家长们的信息交流发挥了重要作用。这种信息交流基于经济、地位同质化个体所组成的社会网络，在本研究中呈现为以下三方面特征：①从职业声望角度，相较于打工子弟小学而言，公办小学的流动儿童家长较多从事专业技术、商业等受教育程度要求较高、职业声望较高的行业；②从流动起始时间角度，80%的公办小学的流动儿童家长在2005年以前就开始流动，这一比例远高于打工子弟小学学生家长的55.6%，那些更早开始流动的家长在流入地生活的时间更长，对于流入地各方面的情况了解得更为透彻；③从流动路线的差异角度，公办小学的流动儿童家长的流出地分布较为分散，从东北到华南均有分布，而打工子弟小学学生家长的流出地集中在北京周边的几个劳动力输出大省，其中来自河北和河南两省的流动家庭数量最多。20%的公办小学的流动儿童家长有多次流动的经历，而在打工子弟小学的学生家长中，这一比例仅为7.4%，丰富的流动经历意味着更为丰富的阅历和更广的交往渠道。

以上三个特征呈现了流动儿童家庭社会网络的差异性，打工子弟小学学生家长的生活比较封闭，虽然生活在北京，但社会网络局限在亲缘、地缘等"强关系"上；公办小学的学生家长在京居留时间长，社会阅历广，职业声望高，社会网络更具"弱关系"的延展性，而基于网络的社会资本产生的各方面利益也就更大。因此我们看到，正是由于公办小学学生家长的信息通达，再加之彼此交流频繁，才找到"钻政策空子"的时机和空间，将制度加诸个体身上的不利降至最低。或者说，除了家庭经济收入之外，社会资本造就了流动儿童家庭的进一步分化。

六　返乡后的再社会化

本章还想提及流动儿童教育权利这一主题的延展性调研结果。2017~2019年，"水果"团队①跟随5个五年级的X校学生离开北京，继续追踪调研他们离开北京后的教育和生活状况。这5个儿童由于前文提到的教育结构性困境，不能在北京继续升学，又因其中4个流动儿童家庭所居住的房子面临拆迁问题，返乡成为流动儿童及家庭的必然选择。2017年的暑假，5个流动儿童相继离开北京，"水果"团队跟随他们回到河北、湖北和安徽三地，这也是X校学生的主要户籍来源地。

返乡的儿童往往会在当地县小或村小读六年级，这帮助儿童提前熟悉家乡的教育体系，并会相对容易地通过当地初中的"入学测试"。他们在北京X校上学时，学习压力比较小，课堂相对轻松，课后作业也不多，教师也较少采用强迫式的教学方式。但回到教育竞争更为激烈的中部地区后，儿童需要立刻面对不同版本的教材（北京通常采用人教版的教材）、教育节奏更快的课堂、更多的课后作业和更高更严的学习要求，这对他们来说不太容易在短期内就能适应。如小平在X校学习成绩是班级前几名，但回到湖北省后发现，小升初都伴随着不小的竞争，各类校级、市级甚至省级的模拟考都会在六年级进行，小平的排名出现了下滑，成绩也不稳定。类似的情况给流动儿童造成不小的学习压力。

"流动儿童"变成"留守儿童"的确是不争的事实。"水果"团队追踪的5个儿童中的大部分父母仍旧留在北京，家族血亲"替代母职"，帮助儿童重新适应乡村的生活和学习，为流动儿童提供竭尽全力的支持。儿童很想念北京的同学，会要求"水果"志愿者翻看以前志愿服务活动的照片，询问现在X校和同学的情况。初回家乡，儿童免不了孤独，他们也在重新寻找自己的小伙伴，慢慢建立起各自的人际网络，重新适应乡村的社会生活。

---

① 调研的学生有陈锐、何奕霖、朱绮雯、吴晓瑶、杨镓萁。

表 4-2　小珍的档案

	小珍的档案
年龄	出生于 2006 年，现 13 岁
性别	女
年级	初中一年级
父母职业	父母在北京开了个小便利店
流动经历	2006~2012 年，在河北 G 县/甘肃与外婆一同生活 2012~2017 年，父母接其到北京念小学，三年级时转入 X 小学 2017 年至今，被父母送回河北 G 县 H 学校念书，与外公外婆及姨妈们一起居住
目前所在地	河北 G 县
目前被谁照顾	外公外婆、大姨、三姨、小姨
照顾者职业	外公外婆退休在家照顾孩子们，姨妈们一起做服装生意
家乡	安徽
家庭关系图	在京时：父亲—小珍—母亲；离京后：外公外婆—小珍—母亲；大姨—大表弟（初一）、三姨—三表弟（四年级）、小姨—小表弟（3 岁）；在外打工/从未露面的姨父们

图 4-2　返乡儿童在河北村庄玩耍
（2017 年 11 月 11 日）

图 4-3　返乡儿童所住 J 小区楼道环境
（2018 年 12 月 15 日）

七 小结

  教育作为社会所有成员的基本权利,以国家职能的方式加以保障,是20世纪之后在全球越来越多国家中出现的现象。教育权利最基本的构成,是以生存为取向的"生存教育",在我国则主要是以义务教育的形式得以普及和发展。这种国家优先保障,旨在促进资源与机会平等分配的"团结"策略,显然与旨在"筛选"或者"排斥"的精英教育和社会分层策略并不一致。社会学讨论中国社会的教育机会不平等,往往集中在中、高等教育的精英选择机制上,而家庭背景、高校扩招制度、重点中学等多元利益主体的共同作用,使得教育选择与国家意志之间的关系变得复杂且动态(吴晓刚,2016;郝大海,2007;刘精明,2005)。耐人寻味的是,在教育政策和教育经费有力保障的前提下,生存教育均等化的进程中却出现了阶层分化和社会排斥的情况,且这种情况受国家教育公平政策、国家新型城镇化政策、特大城市可持续发展、个体家庭背景及社会资本综合作用的影响,这是本研究得出的主要结论。

  从国家和地方的关系来看,教育具有资源分配物与资源分配体制的双重特性。在本研究中,资源分配物说明教育作为城市提供的公共服务产品,被纳入基层治理体系。资源分配体制代表科层组织内部,从中央到地方的制度安排和政策执行,以保障教育作为公民基本权利的实现。在实际操作过程中,可以预见"钱随人走"政策在公办小学借读的流动儿童群体中能够得到落实,然而在打工子弟小学就读的"无北京学籍"的流动儿童中,因其"人、(学)籍分离","钱随人走"演变成"钱随(学)籍走","两免一补"和生均公用经费基准定额资金很难做到"可携带"。虽然在公办学校上学的约80%流动儿童享受到政策福利,然而政策设计初衷与政策执行的偏差现象不容忽视。城市发展的自身利益诉求,在获得新型城镇化进程中"严控人口"这一指导原则的支持后,促使地方政府在执行中央不同部门出台的"确保流动儿童教育权利"和"预防大城市病"这两套政策体系的过程中,进行了趋利避害的理性选择。而这一选择,不啻为通过教育政策的执行,形成国家和地方一种新的"拉""推"张力,也给作为政策受体的流动儿童家庭带来了直接影响。由此可见,政策执行本身是一个各种机制交织互动的过程。

"五证"在国家-地方关系中扮演了非常重要的角色,在不同情境中具有不同含义。①在教育机会获得上,"五证"从2004年以来,决定适龄流动儿童能否进入北京公办小学的基准,转变为2015年以来,决定适龄流动儿童能否获得北京学籍的标准。"五证"成为流动儿童在城市获取义务教育机会的中间机制。②从国家-阶层群体的关系模式来看,在既存不平等基础之上,"五证"有助于阶层结构中较高地位的群体,对地位较低的进城务工群体进行再次分化,也就是说,通过"五证"筛选出一个新的阶层群体,即我们看到的通过"五证"审核,可就读于公办小学的流动儿童家庭,并将他们视为新市民群体,对其开放原本封闭的社会资源。这不啻是在新型城镇化过程中,通过教育完成了一轮新的社会筛选,并重新调整了社会阶层秩序。

教育获得研究的一项中心议题就是分析个人的家庭背景对教育获得的影响。以往的讨论集中在家庭背景对于精英教育获得,加之学业成就的"学校过程"的影响,而在本应无差异的义务教育(生存取向,而非精英取向)入学机会上关注甚少。在本研究中,流动儿童家庭不同的社会经济地位,影响了儿童就读学校的质量,从而促进流动儿童群体的进一步分化。经济收入较低,租不起政策规定的"合法"房屋,无社保的流动儿童家庭,如果不回户籍所在地,则只能选择让孩子在"无北京学籍"的打工子弟小学暂时借读。经济收入较高,可租住合法房屋,但出现"异区社保"情况的家庭,则动用日常社会网络累积的社会资本,通过"假离婚""买社保"等信息渠道满足"五证"审核标准,从而让孩子就读于有北京学籍且教育质量更高的公办小学。这种社会资本倚赖流动人口群体的职业、阅历和交往,从而成为除家庭背景之外,影响流动儿童教育获得的重要变量。

从社会治理的角度,"假离婚""买社保"应予以整饬;然而从受教育主体的角度,面对越来越严苛的规定,这些行为实属争取教育权利的无奈之举。除公开呼吁教育权利的群体性行动外,本研究中的流动儿童家庭避免直接与权威对抗。他们使用"隐藏的文本"[①]，在生存教育的权力关系中悄悄地完成了自助。在某种程度上，他们以一种低姿态的努力，依靠非正式网络，实现了权力关系的反转，社会资本在自组织过程中发挥了重要作用。针对这种状况，有关区县对"五证"审核要求更为严格，比如海淀区规定"2016 年 3 月至 5 月期间的社会保险缴费记录为补缴的不予通过，且申请人子女获得入学就读资格后，如不按月正常连续参保和缴费，将对升入初中产生影响"。然而，为适应形势变化，一些新的谨慎的反抗手段也很有可能出现。这种反抗行动恰恰通过教育，反映出流动儿童在日常阶层关系中的特殊位置。

2020 年，新冠疫情在全国肆虐，很多回家过寒假的流动儿童再也未返回 X 校。政策、瘟疫等种种不确定性因素，在某种程度上会加大流动儿童返乡比例。如果选择回户籍所在地读书，流动儿童会面临"村小撤并、集中办学"，"流动"变"留守"的困境，这都是需要我们将教育置于国家经济转轨、社会变迁与发展的宏观背景下予以考量的现实难题。同时根据《"十四五"新型城镇化实施方案》，逐步将农业转移人口纳入流入地中等职业教育、普通高中教育、普惠性学前教育保障范围，我们也要看到这是国家未来强化随迁子女/流动儿童基本公共教育保障的发展方向。

[①] 斯科特意义上的"隐藏的文本"，是指在面对强权时，相对弱势的群体的完整文本只能展现其安全的和适于展现的那一部分，其真实意图被很好地隐藏起来。详见《弱者的武器》（斯科特，2011）。

第五章

文化互动：非嵌入式组织的发展和延续

在本章，笔者将着墨于"水果"作为一个组织，何以建构、发展和延续。笔者见证了"水果"从志愿团队发展成志愿组织的全过程，提出"非嵌入式"组织这一新概念来分析"水果"的组织形态，并和嵌入制度网络中的组织实体进行对比分析。笔者同时提出并使用"层级互动分析框架"，基于组织日常生活情境，通过人际互动实现个体所嵌套的不同层级的文化互动，由此探讨组织的形态、边界和运行。这种理想类型意义上非嵌入式组织的探析，将为现有的组织研究提供新的经验和方法维度。

组织性是志愿服务的重要特征之一，志愿组织作为社会组织中重要的基础力量，一直得到学界的即时关注。从学界视角，包含志愿组织在内的社会组织，一直是改革开放后检视社会转型的重要切入点。多数研究从"国家-社会"关系角度，或围绕"新托克维尔主义"和"法团主义"等解释框架展开讨论（White，1993；Ho，2001；顾昕、王旭，2005；Unger，2008），或揭示转型时期中国社会组织与国家之间独特、复杂、动态的关系（康晓光、韩恒，2005；Spires，2011；Teets，2014）。此外，还有一些研究采用组织社会学等不同视角，聚焦社会组织与市场、媒体、国内外公益组织等"非国家实体"的关系（Shieh and Deng，2011；赵小平、王乐实，2013）。值得注意的是，上述主流研究往往聚焦嵌入制度性组织网络中的社会组织，它们与制度环境中其他"实体"或"行动者"（如国家、市场、公众、媒体等）进行大量的、直接的互动。研究者往往延续国际学界的第三部门研究和组织社会学的范式，将这类社会组织视为"实体"或"行动者"，探讨其与其他"实体"或"行动者"的关系。

以"水果"为代表的组织则是中国社会一种数量很少、较为特殊的社会组织,笔者将其界定为"非嵌入式志愿组织"。非嵌入式志愿组织与前文提及的嵌入制度性组织网络中的社会组织(以下简称"嵌入式组织")有很大差异,因为其在很大程度上脱嵌于或较少嵌入制度环境,很少受上层管理机构控制、不加入横向的组织网络、不与类似组织联系与合作、不突破地域限制、不采用严格的规章制度、不模仿其他组织开展工作、无须与政府和企业直接接触、没有全职员工、几乎不产生或产生很少的运营成本。以往研究中,与这种非嵌入式组织最为接近的是趣缘性的草根组织和青年公益自组织,这类组织在决策制定、经费控制、人力控制等方面,政府基本没有直接干预,组织有最大限度的自主权(朱健刚,2004;童潇,2015)。但是,常见的草根组织和青年公益自组织与非嵌入式组织依然存在差别,因为在实现目标的过程中,前者依赖与制度环境中的其他实体,如企业或同类组织等的直接互动,而后者就很少存在这种互动。基于这些明显的差异,笔者认为,非嵌入式志愿组织与其环境的关系需要从另外的角度和思路加以探讨,而不是简单地将其作为普通社会组织和志愿组织的一类,采用主流社会组织研究的理论框架和研究范式,从"实体-实体"关系的角度审视这类组织与其环境的关系(陈天祥、徐于琳,2011)。

非嵌入式志愿组织呼唤新的解释框架,可将这类组织的生命力和独特理论意义阐发出来。本研究开创并使用"层级互动分析框架",基于组织内人与人互动,以圈子、组织、制度所代表的微观、中观、宏观三个层面的文化交互,解释组织生存和延续的逻辑。这一框架也揭示了非嵌入式志愿组织的独特理论意义,即为从另一角度检视组织与其所处环境的关系提供了一种理想类型:强调组织与其环境的互动是一种文化层面互动,通过组织内部日常生活就可以完成,而组织无须作为"实体"嵌入制度性组织网络中,也无须与制度环境中的其他"实体"进行接触、合作、竞争等直接互动。

在此视角下,非嵌入式志愿组织如何长期存续并维持生命力是本章需要解答的研究问题。以大学生为代表的青年是参与志愿服务的主力军,学生志愿组织主要由在校大学生组成,面向社会开展志愿服务。"水果"作为一个生存了11年且还在延续的志愿组织,是校园场域中完全意义上的非嵌入式志愿组织。本章将回到非嵌入式组织的日常生活本身，运用"层级互动分析框架"，从组织整体的剖面结构、组织对外边界的划定、组织内部的活动运行三个部分来分析和解答。这种动态的、探讨组织内部生态和长期存续机制的志愿组织研究，在学界尚属少数。本书希望从文化互动出发，为以研判组织与外部制度环境关系为主的组织研究，提供另一维度的经验视角。

一 理论背景

引言部分提供了涵纳志愿组织在内的、中国社会组织研究的已有框架，本部分遵循引言思路，将在国际学界视野中深化讨论研究主题，力图为本研究寻找到一个精准的理论锚定点。

（一）组织与环境的关系

几十年来，主流的组织理论与实证研究高度关注组织与其嵌入的社会环境之间的关系，即组织与其社会环境中其他实体之间直接的合作、交换、竞争、对抗、信息传递等关系（Scott，2003）。不论是关注组织对外部关键资源依存的资源依赖理论（Pfeffer and Salancik，1978），将组织的集合类比为生态系统的组织生态学框架（Hannan and Freeman，1977），研究组织之间互相模仿以获取合法性的新制度主义视角（Meyer and Rowan，1977；DiMaggio and Powell，1983），关注组织所嵌入社会网络的组织网络范式（Podolny，1993；Mizruchi，1996；Uzzi，1999），还是强调组织所在领域的权力与结构性特征的组织场域理论（Dobbin and Dowd，2000；Fligstein and McAdam，2012），学者们对组织与环境关系的阐释，都从不同角度阐释组织与其嵌入的环境中其他实体之间的直接互动关系。这些关系的前提是组织本身嵌入由制度性实体（如政府、企业或其他组织）组成的实体性组织网络中。这样的网络将不同的制度性实体连接起来，使他们互为利益相关方。然而，一个被经典组织研究忽视的问题是，对于那些没有高度嵌入上述网络的组织来说，组织与环境的互动又是如何实现的呢？换言之，如果组织与环境中其他实体之间极少存在直接、可见的互动与交往，那么组织与其环境之间还会发生怎样的复杂、深刻但间接的关系？为了回答这一问题，研究者需要关注那些极少与环境中其他实体发生直接互动的组织，并将目光着眼于组织与环境之间超越实体性的、文化意义上的互动。较少被学界讨论的非嵌入式组织是探讨这种特殊的组织与环境关系的理想类型，这类组织的着眼点在于内部，即从组织内部成员的互动和聚合来看环境中的组织。

长期以来，组织内部的互动和聚合得到了西方组织研究的一个分支——一些带有政治与文化社会学视角的工商业组织研究的关注。例如，古德纳的经典研究生动阐释了科层制是如何被工人与领导层的日常互动重塑的：在那里，科层制不仅是韦伯所称的"铁笼"，还是基于组织内部成员合作、妥协、对抗而形成的多种形式的管理逻辑（Gouldner，1954）。类似地，布洛维对资本主义劳动过程的解读也是基于对工厂内工人之间以及工人与雇主之间的互动得出的（Burawoy，1979）。类似的还有对高科技公司中"工程师文化"的研究（Kunda，1992）、对女性空乘"情感劳动"的研究（Hochschild，1983）等。这些研究虽深入组织内部的互动场域，但意在由这些内部互动引申探讨组织与外部制度环境、社会结构的关系，深刻呈现组织与其环境的复杂而多变的关系。然而，以上研究的发生条件与非嵌入式组织存在差异。第一，研究选择的多是典型的嵌入式组织，如工厂、企业等，这些组织往往高度嵌入制度性组织网络，产出目标明确，规章制度清晰。然而现实中存在不符合上述特征的非嵌入式组织，它们没有嵌入制度性组织网络、产出目标模糊、规章制度松散。这些组织"非嵌入式"的特性会如何影响组织内部互动和文化，进而影响组织与其环境的关系，仍然是个未知数。第二，由于带有阶层不平等和性别不平等视角，上述工商业组织内部互动与文化的研究往往集中关注组织与环境关系的一个面向，即组织与环境如何塑造社会不平等，而相对淡化了组织与环境互动的其他面向。其中很重要的一个原因是，这类研究往往取材于拥有正式雇佣关系的工商业组织，因而不可能对因雇佣关系产生的不平等视而不见；而此类研究对缺乏正式雇佣关系的志愿组织关注不足，其中的中国案例更是少之又少。

（二）志愿服务与志愿组织

改革开放以来，中国的志愿服务事业经历了多个发展阶段，取得的成就有目共睹（邓国胜，2002；谭建光、周宏峰，2009；魏娜，2013）。国内外学者对于志愿服务的实证研究，多集中于对"志愿行为"的探讨，即志愿服务参与者的背景、动机、行动、产出等方面（Clary and Snyder, 1999; Wilson, 2000; Thoits and Hewitt, 2001；吴鲁平，2007；罗婧、王天夫，2012）。然而，这些研究往往是将志愿服务的参与者"截取"出来，独立地探讨志愿者个人层面的特征，而忽视了不同的志愿者之间，以及志愿者与志愿组织之间产生的复杂而深层次的互动对志愿服务本身的影响。事实上，由于个人每时每刻都嵌入不同的社会关系中，志愿组织中人与人之间关系的搭建对于志愿服务和组织发展都会产生深远、动态、难以预测的影响，而这些关系和影响在"截面式"的志愿者调查研究中是难以被发现的。因此，一方面，在方法上，研究者需要对组织进行长期、深入的参与观察，以获得人与人互动方面的可靠经验资料；另一方面，在分析时，研究者需要厘清志愿组织的成员所嵌入的不同社会关系、产生的不同互动现象对于志愿服务和组织发展的意义。

基于民族志方法和互动视角的西方志愿服务与志愿组织研究已经开始关注志愿项目/组织内部人与人之间的互动对于志愿服务的目标、过程、产出等各方面的影响（Lichterman, 1996; Eliasoph, 1998; Sanyal, 2014; Lee et al., 2015）。例如，在《制造志愿者》（*Making Volunteers*）一书中，伊莱索芙（Eliasoph）通过对美国志愿服务项目中的人际互动进行民族志研究，指出这些短期的志愿服务项目为了迅速创造可视化服务成果，避免深入的讨论和实践，进而创造了新的不平等，违背志愿服务的初衷（Eliasoph, 2011）。这样的研究对于中国志愿组织的经验研究具有启发性意义。尽管如此，这些研究仍聚焦西方社会组织和志愿服务研究的经典议题，即在探讨志愿组织内部互动的意义时，聚焦在其是否训练公民素质、尊重民主过程、促成公共领域等，而不关注志愿者的互动在非西方社会中可能带来的其他意义；而且由于缺乏长期历时性的视角，这些研究对志愿组织的长期存续、代际更替、文化传承等重要问题关注不足。此外，如同关注内部互动的工商业组织研究一样，他们虽着墨于组织/项目内部的人际互动，研究对象却依然是嵌入式志愿组织或志愿项目，使得对非嵌入式志愿组织的探索依旧相对空白。

深入探讨中国的志愿组织，需要进一步吸收西方志愿服务和组织研究的互动视角，并重视中国志愿组织的特殊性。国内的志愿组织研究政治站位很高，从最初的雷锋精神、重大公共事件、第三部门，再至当下的社会建设、社会治理、第三次收入分配，均是志愿服务涉足的重要领域。然而，如引言所述，富有特殊性和生命力的非嵌入式志愿组织，虽是反映组织与其环境深层次关系、研究特殊条件下组织何以存续的理想类型，却并未获得系统的理论探讨。本章将通过对非嵌入式志愿组织内部互动的理论解读，阐释这类组织何以长期存续并实现文化传承。本章将同时为以下三个理论问题提供本土化的经验与阐释：①如何跳出组织与外部实体的直接互动来思考组织与其环境的复杂关系；②如何脱离经典社会组织解释框架来看待中国草根志愿组织的存续；③如何将人与人的互动及其意义纳入志愿服务研究。这样一种非嵌入式组织的理想型分析，也将为国际学界提供借鉴和参考意义。

2018年前，"水果"组织未在校团委系统注册，常年单打独斗；2018年，"水果"将组织关系挂靠在校团委管辖的某学生组织，以帮助志愿者获取志愿时数，这种"挂靠"并未影响"水果"的独立运作。因相对脱嵌于学校的制度性管理，"水果"组织志愿者没有如保送研究生等任何制度性福利。11年以来，"水果"几乎零成本运作，曾接受少量社会公益基金支持开展活动。

"水果"从成立之初，就开始实行"代际"负责人制，即以一个自然年度为单位，如2011年加入"水果"，即第一代，第一代的负责人是葡萄。2012年加入为第二代，负责人是大嘴，以此类推。每代会有一位负责人和一个核心志愿者群体（通常为3人）负责组织运行。11年以来，每代志愿者至少服务一年，有一半志愿者可服务2~3年。截至2022年6月，"水果"组织有十一代志愿者共144人。可以说，"水果"组织是一个研究型志愿组织，有其高度的独立性和独特性，符合非嵌入式志愿组织的所有特征，本章在此基础上进行分析，得出和扩展研究结论。

二 研究方法与框架

（一）研究方法

本章与本书其他章节的研究方法相似，本章的研究发现也是作为长时段田野的一个必然结果。笔者需要强调的是，正是研究的不间断性，才使"水果"从志愿团队发展成为志愿组织这一论题得以成立。本章的研究方法分为两部分：一是在产生本研究的组织论题前，"水果"开展长期志愿活动时所采用的研究方法，其研究产出在回溯组织化过程时提供重要的定性分析资料；二是确立本研究的组织论题后，所采用的定性研究方法。

1. 定性资料数据库（2011~2022）的辅助作用

经过11年的田野积累，到2022年，"水果"已拥有一个完整的定性资料数据库：每次志愿服务均有记录现场活动的丰富资料，累计举办4次推广原创方法的"工作坊"（2015年、2016年、2018年、2021年，在第六章会详细介绍）；对志愿服务活动进行影像记录，采用2014~2019年影像资料完成人类学纪录片（2019年5月）。定性资料数据库为探究本章主题进行铺垫，其研究方法与组织研究并不直接相关，却在组织论题的分析中提供情境性资料，帮助还原活动场景，从而发挥重要的辅助分析作用。

2. 针对组织论题的定性研究方法（2018~2021）

确立本研究的组织论题后，本研究选取第一代（2011年加入"水果"组织）至第九代志愿者（2019年加入"水果"组织）中有代表性的个案，进行深入访谈。调研时段从2018年6月持续至2021年5月。个案涵盖组织负责人、核心志愿者、普通志愿者等所有类型。个案包括第一代至第九代组织负责人9人、核心志愿者17人、普通志愿者5人，共计31人。此外，本研究还于2019年9月，深入访谈一名曾在校办型志愿组织负责过部门工作的志愿者，作为对比性个案进行"水果"组织与其他类志愿组织的比较分析。

本研究于2018年9月开展了一次专题小组讨论，第一代至第六代志愿者共有12人参加。2021年6月，"水果"十周年庆典上，第一代至第十代志愿者齐聚一堂，共谈对于"水果"组织、价值等的理解和认识。此外，针对这一论题，笔者还组织了 5 次小范围的小组访谈。不同场合、不同规模的专题小组讨论，旨在通过不同代际志愿者的互相激发，获取长时段组织发展的整体性数据。

（二）分析框架

本章从互动情境出发，探究组织日常生活中人与人关系的搭建及其机制，最终聚焦在组织的形构和延续过程。此过程可通过"层级互动分析框架"进行。层级互动分析框架基于两个前提。

第一，个体是同时"嵌套"在不同规模、不同类型的社会网络——人与人的集合中，而这些不同的人与人的集合依其结构和情境有各自的运行逻辑和文化特征（Goffman，1974；Burt，2009；Grannovetter，2017）。在本研究中，层级互动分析认为个体同时嵌套在与组织相关的、由大到小至少三个层级的人与人的集合中：制度环境、组织、圈子。制度环境是宏观层面，指组织内的个体和组织本身所处的政治、经济、社会环境，如大学生群体的生态、志愿服务的整体社会环境、国家相关政策环境等。组织是中观层面和分析的落脚点，指作为人与人的集合的组织本身，组织不仅提供制约个体活动的情境，还以自己的名义进行行动。圈子是微观层面和分析的切入点，在本书中指组织成员所处的初级社会群体，一类是带有大学生活属性的，如宿舍舍友、同班同学、学长学姐等；另一类是带有组织属性的，如组织内的"小团体"，即不同代际的志愿者。

第二，不同的人与人的集合所携带的运行逻辑和文化特征是可以互动并相互影响的（Eliasoph and Lichterman，2003）。无论是圈子、组织还是更大范围的制度环境，这三个层级各自带有独特的运行逻辑和文化特征，因此组织形构和维系的过程，从组织内部看，就是中观的组织层面的逻辑和文化特征与宏观的制度环境和微观的圈子两个层面不断互动的过程。

图 5-1 和图 5-2 展示了传统组织研究框架与层级互动分析框架的区别：前者关注作为实体的组织与环境中的其他实体的关系，即组织外部的"横向关系"，研究单位是整体的组织；后者关注作为人与人关系的组织与圈子和制度环境的关系，即组织内部的"纵向关系"，研究单位是组织

内人与人的互动。层级互动分析是一种文化社会学分析：由于个体是同时嵌入三个不同层级的（比如一个人可以同时是宿舍的室友、组织的成员、制度环境中的大学生），不同层级的运行逻辑和文化特征就可以借由个体之间的互动来实现"层级互动"，以完成组织的形构。具体体现在以下两个方面。

图 5-1　传统组织研究框架

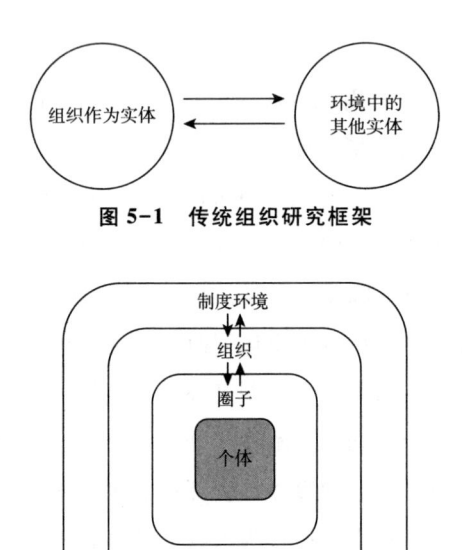

图 5-2　层级互动分析框架

第一，组织-制度环境互动。制度环境会提供一些文化上的价值判断与选择倾向，此时组织层面就会在文化上加以回应。例如，在制度环境中，大学生群体尽力规避又难以根除"功利性"，组织层面就会产生"反功利性"的组织文化来回应制度性文化的困境。

第二，组织-圈子互动。圈子往往带有自身的伦理和文化，而组织层面也会对这些伦理和文化进行回应。例如，同宿舍的圈子讲求室友之间平等和信任，当宿舍圈子嵌入组织以后，组织文化也会倾向于讲求平等、尊重承诺。

本章采用层级互动分析框架，将研究视域转向组织内部人与人关系的搭建，通过介绍组织结构、组织边界、组织运营，并且在分析中与嵌入式志愿组织进行对比，阐释非嵌入式志愿组织——"水果"何以在维持高度独立性和独特性的前提下长期延续。

三 组织结构

广泛意义上的中国学生志愿组织分为三个部分：校办型青年公益志愿组织（以下简称"校办型组织"）、注册型青年公益志愿组织（以下简称"注册型组织"）、大学生公益服务自组织（钟一彪，2014：45）。按照这一分类，校办型组织主要由校团委领导，属于学生志愿组织中的GONGO；注册型组织需在校团委系统注册，接受学校管理，并依照学校相关制度开展组织活动。以上两类组织都可以视为嵌入制度性组织网络的志愿组织，即常见的嵌入式志愿组织。第三类，大学生公益服务自组织，则是学生志愿组织中完全意义上的"草根"组织，即完全由学生自下而上自发组成。这部分组织如果脱嵌于或弱嵌入制度性组织网络，保持独立运行，即可归属为类似于"水果"的非嵌入式志愿组织。在本部分，笔者将"水果"组织与校园内的嵌入式志愿组织进行对比分析，探究其作为非嵌入式志愿组织的结构切面和独有形貌。

（一）组织的形成：制度文化的召唤

本研究显示，大学生参与志愿服务的热情早于大学之前，他们的成长阶段正值我国志愿服务蓬勃发展的时期。他们从大众传媒、社会组织等多渠道获取志愿服务信息，对利他的志愿服务活动充满向往。

> 高中有志愿服务。比如说快过年的时候，学校组织去半山腰上的乡村献爱心，但是没有一个系统的爱心社团，是上大学才知道大学有系统的志愿服务。（四代普通志愿者莲子，2019年7月）
> 我可能到高中才对志愿服务有一点认识，志愿服务活动我觉得跟帮助人是不同的。志愿服务活动还是要有一个组织，有长期性规划，然后才会有要做的想法。（七代核心志愿者梧桐，2019年8月）

进了大学后，我要有社会责任感，通过志愿服务致力于大学生的责任感，这是证明自己能力的一个板块。（九代负责人四叶草，2019年9月）

新时代的志愿服务将"奉献、友爱、互助、进步"的志愿者精神、"行善立德"的传统文化与社会主义核心价值观融为一体，构成我国志愿服务的制度文化体系（肖金明，2017）。恰恰受到这种制度文化的感召，结合青年群体的生命历程，青年群体在大学这个开放的社会空间中才有更多志愿服务机会，也才对志愿服务产生较为清醒的、系统的认识。显然，做何种形式、何种特点的志愿服务，大学生有其自主选择。

首先大家都想去做更理想的志愿服务，那它一定是长期的，说实话在校支教部做志愿服务的时候，觉得去一次后续就没了，大家就希望在"水果"做一种纯粹的支教，就是理想的志愿服务。（九代负责人话梅，2021年6月）

加入"水果"后，参加的工作坊是一次高强度的知识接受的过程，感受到了神奇和魅力所在，就相信这套做志愿服务的方法是可行的。我们肯定要留下来，不管是以什么样的方式，我们肯定还会继续做这件事情。（九代核心志愿者葵花，2021年6月）

制度文化为倡导志愿精神，发展志愿组织提供良好的外部环境。然而不可否认的是，宣传运动热潮的背后凸显专业方法的匮乏，这也的确是大部分志愿组织的现状。大学的社团资源非常丰富，但志愿服务效果往往不尽如人意。"水果"组织的大部分志愿者之前参与过校办型组织的志愿活动，但这些活动与他们理解的志愿服务内涵相差甚远。"专业性"是吸引大学生志愿者长期参与的原动力（下一部分详述），志愿者即使在获悉"水果"组织没有固定资金、没有保研等制度性福利的情况下，依然愿意加入。表5-1展示了组织动员过程中，组织和制度两个层面的文化互动。

表 5-1 组织-制度的文化互动（组织动员）

文化互动的层级	维度	文化特征
制度文化层面	宏观	国家倡导志愿服务，呼吁志愿精神；志愿服务场域难以避免功利性和缺乏专业性
组织文化层面	中观	响应国家和时代号召，形成以专业性、非功利性为特征的志愿服务文化，吸引大学生加入并获认同

"水果"组织提出"用爱和知识发电"，替代通行的"用爱发电"的志愿服务口号。"水果"从社会学、人类学的学理中挖掘出一套专业的志愿服务方法，配以独特的志愿理念和活动设计，并采用工作坊的形式传递给有志于做志愿服务的大学生们。这种非行政动员方式，最大限度确保志愿者个体的自愿性和志愿组织的独立性。当一群拥有相同志愿服务信念的人联结起来形成组织，这种联结不仅代表着组织成员的互动，更代表这些志愿者所附着的组织文化与国家层面的制度文化之间发生联结和互动。面临制度文化倡导志愿服务但缺乏规范化实践的现状，"水果"组织给予专业性、非功利性的价值回应，通过自身行动对现有表面化、旅游化、功利性的负向志愿服务发起批判和反击。

（二）组织的样貌：圈子在组织中发挥重要作用

长期观察显示，2012~2016年，"水果"组织的成员招募多依赖于校园生活中的初级社会群体，即依赖于同乡、同宿舍、同班同学、同专业的师兄姐弟妹等初级社会关系。

> 三代招我们四代的时候，因为我跟葵花籽是一个宿舍的，葵花籽又和先加入的桃核是老乡，桃核所在的宿舍又和我们宿舍是联谊宿舍，然后一个给一个介绍，就加入了。（四代普通志愿者莲子，2019年7月）

> 咱们这个组织之所以不散，正是因为它有一个不像组织的地方，它是一个非正式群体，它有非正式关系在里边维持着。它之所以不散是因为有一群核心成员，核心成员因为关系太好了，这个圈子就在这儿，而且你都是师兄师姐招进来的，所以谁也不好意思先说我不干

了。(四代核心志愿者桃核，2018 年 6 月)

我觉得他们（三个同宿舍的核心成员）在活动中对各自影响比较大，他们三个的互动会更微妙一些，喜欢把三个人的关系代入所有事情中，属于那种比较强悍的社交吧。这个时候，你的声音或你说的话，得不到大家的回应，有些成员就慢慢变得比较边缘化，或者说他们自己就慢慢沉默了。(四代核心志愿者花生，2018 年 9 月)

我们（核心成员）是两个宿舍，因为聊起来非常简单，就在对面房间，随时能聊一下。直接在走廊碰就行了，敲个门就可以了，时间成本可以节约。但不好的是，开会的时候有点排外。(六代负责人铅笔，2019 年 6 月)

在圈子-组织层面，这种"非正式关系""圈子"，即初级社会关系，是维系组织生存的重要力量。首先，在第二代到第六代志愿者的招募上，圈子发挥重要作用。这种"强关系"的圈子信任是组织初创期的"安全阀"，帮助"水果"组织夯实基础；在"水果"组织发展成熟并在大学生志愿服务的公益圈获得组织声望后，这种"强关系"逐渐退场，第七代到第十代的志愿者（2017~2020 年）大部分则通过公众号、工作坊等传播渠道获知"水果"信息，独立参与。其次，在组织运行的过程中，圈子成员逐渐变成组织中的核心群体，这在第三代至第六代的志愿者中表现尤为突出。核心群体往往是 3 人配置，分别负责活动、宣传和财务。"权力"的适度集中在整合组织资源，进行组织决策，提高组织效率时事半功倍，但也会造成对圈子外成员的无意排斥。

圈子的这种力量，可视为一种将组织外生活要素植入组织运行的文化力量。如将组织形态赋予根源隐喻，我们可将组织视为实现绩效目标的机器的组织、在资源环境中求生存的生物的组织、结构和文化要素嵌入的文化的组织（Morgan，1986，转引自 Wright，1994）。每种比喻都强调组织的不同侧面，引导我们观察不同的关系模式。"水果"组织属于文化的组织，文化的组织强调文化层面的互动，在此处体现为非制度系统和环境中的因素对于组织目标达成的影响。在某种程度上，这种非正式关系的圈子等同于组织的内生性动力，这也是"水果"组织与校办型组织的根本不同之处。表 5-2 展示了"水果"在组织管理过程中，圈子和组织两个层面上的文化互动。

表 5-2　圈子-组织的文化互动（组织管理）

文化互动的层级	所属维度	文化特征
圈子文化层面	微观	同乡、同宿舍、同学等圈子中的互相信任、责任感等
组织文化层面	中观	组织文化强调社会资本培育、扁平化管理，崇尚成员平等和集体决策

组织本体的不同，也决定组织结构的不同。笔者通过调研，以及访谈校办型组织部门负责人，发现"水果"组织和校办型组织的不同之处。①管理模式：校办型组织是归口团委系统管理的志愿组织，实行自上而下的垂直型管理；"水果"组织采用的是志愿者负责人制，即每代"水果"选出一个负责人，或一个 3 人组成的核心群体直接对组织进行扁平化的管理。②等级权威：校办型组织实行类似党政机关组织中，会长—副会长—部长—副部长—干事的逐级负责制，是由位置决定的法理型权威；"水果"组织没有等级之分，以活动为导向群策群力，成员关系相对平等，如有权威也是克里斯玛型的代际权威。③规章制度：校办型组织有一套较严密的规章制度，可有序开展社会动员和管理工作；"水果"组织的管理缺少规章但高度凝聚，制定更多的是行为规范，如以服务对象为中心开展志愿活动、长期志愿服务才有效、遵守志愿者对于服务对象和机构的承诺等，而非校办型组织制定的以管控组织为目标的规则。以上内容为对"水果"组织所代表的非嵌入式组织和校办型组织所代表的嵌入式组织的不同之处的总括，具体差异将在本书的后续部分中延展论述。

由此，从组织形态的根源隐喻来看，校办型组织更偏机器的组织，即通常所说的科层制。注册型组织虽然没有校办型组织那么严格的等级制度，但其和后者一样，虽然由大学生主导，但和政府"条""块"发生直接联系（黄晓春、嵇欣，2014）。这与作为文化组织的"水果"组织的不同范式形成对比，凸显了"水果"组织的独特性：应外部制度文化所需而生，但脱嵌或弱嵌于制度，依靠圈子结构组织内部，倡导成员平等，讲求扁平化管理。

四　组织边界

作为一个典型的非嵌入式组织，"水果"组织最显著的特征是其独立性和独特性：一方面，组织完全独立运营，较少受到管制和约束；另一方面，组织不模仿任何其他机构，在组织结构、工作方式和发展路径上深具自身特色。通过分析发现，"水果"组织得以长期维系并顺利完成代际更替，与这两个特征密切相关，而独立性和独特性则是由组织成员在"边界划定"的过程中实现的。那么一个非嵌入式组织的边界与常见的嵌入式组织有何不同？这种边界的产生对于组织的自身定位和代际传承又有着怎样的影响？

本研究对组织边界的探讨旨在描述一种更深层次的、文化意义上的，发生在组织内部成员日常互动之中的边界——"象征性边界"（symbolic boundary）。笔者发现，组织内部成员正是依靠对组织的象征性边界的划定，来定义自身和凝聚人心。具体来说，"水果"组织拥有两种象征性边界：固定的边界——"非功利性"，和流动的边界——"专业性"。依靠这两种边界，"水果"组织得以实现 10 次成功的代际更替，成为一个没有正式组织规章制度却高度凝聚、没有任何激励体系却长期延续的非嵌入式志愿组织。

（一）固定的象征性边界：非功利性

受涂尔干"集体表征"（collective representation）的启发，由拉蒙特（Michele Lamont）提出，并在 20 余年的文化社会学中得到广泛应用的"象征性边界"，旨在关注人们如何借由一定的标准，如道德、品位等来进行群体区分，并产生归属感和优越感（Durkheim，1995；Lamont，1992；Lamont and Molnar，2002；Bryson，2016）。这一概念被广泛应用在研究西方社会阶层、种族、性别不平等的生成过程中（Lamont and Thévenot，2000；Almeling，2011；Lareau，2011；Rivera，2015）。然而，"象征性边界"还未被广泛应用于组织研究，尤其是对组织内部互动的分析。结合经验资料，笔者认为，这一概念对于回答非嵌入式志愿组织何以长期延续具有重要意义，即通过认识"水果"组织的成员如何区分组织内的"我们"和组织外的"他们",来理解非嵌入式组织如何建立一道无形的组织边界。

鉴于西方社会学界对于"象征性边界"的研究尚未深入探讨"边界"本身的类型学特征,本研究进一步发展"象征性边界"的概念,提出"水果"组织内部事实上存在两种边界:固定的边界,即区分组织内外的固定标准——非功利性;流动的边界,即区分组织内外的动态标准——专业性。笔者用"非功利性"定义"水果"组织固定的象征性边界,是因为在对"水果"组织历代成员长期观察和访谈中,笔者发现"水果"组织成员对"非功利性"做志愿服务的要求近乎苛刻,这既体现在招募环节严苛的要求上,又体现在对其他志愿组织功利性的严格批评上。

> 首先就是因为"水果"组织是一个没有什么功利性、不能给你带来什么好处的组织,所以说加入"水果"组织的人本身就没有抱着什么奇怪的目的。这个筛选机制在这里,既然来的人就是想好好做志愿服务的人,这就能保证这个组织在一定程度上不会散。(四代核心志愿者桃核,2018年6月)

> 当时我们面试六代志愿者的时候,唯一被刷掉的一个志愿者,一是她对志愿服务没有什么热情,二是她抱有目的,想跟指导老师套近乎,做学术。当时四代和五代志愿者都在,我们脸色就变了,讨论后我们决定,这样的人我们不要……我们区别于所谓传统校办型组织的志愿者招募。因为他们(校办型组织)不会问你是不是每周都有时间,也不问你以前参加过什么志愿服务,以及对志愿服务有什么看法。他们(校办型组织)那个你只需要报名参加就可以了。(五代负责人松鼠,2018年9月)

> 我们没有任何志愿时数,大家说你们真的好纯粹,因为什么都没有。我大一的时候,包括周围的同学觉得我们好像确实和其他志愿组织不太一样,真的大家还蛮纯粹的,就是不计付出的感觉。(九代负责人四叶草,2019年9月)

在"水果"组织成员看来,上述"功利性"行为触碰组织红线,拥有这些行为的个人是作为组织成员的"我们"所不想成为的"他们",这构成了组织的"固定的边界"。不难看出,"固定的边界"的划定,很大程度上正依赖于组织成员对于本组织之外的其他组织(如校办型组织)、其他人(如心怀功利的学生)的批判性认知,而这种认知又反过来界定和规范"水果"组织及其成员应该做什么、不该做什么。值得注意的是,在边界划定的文化社会学过程中,非嵌入式的"水果"组织并未作为一个实体与制度环境中的其他组织进行任何直接的交流与互动,如组织层面上的合作、竞争、博弈。但不可否认的是,"水果"组织与制度环境依然在互动(见表 5-3)。

表 5-3　组织-制度的文化互动(组织的固定的边界)

文化互动的层级	维度	文化特征
制度文化层面	宏观	国家和社会倡导扎根本土、无私奉献;而大学场域中具有"功利性"制度文化取向
组织文化层面	中观	坚守志愿精神的"非功利性",抵制大学场域中"功利性"的文化取向

校园的竞争压力大,你干什么都像跟别人竞争。我在大学之前以为学生工作不算竞争,就是按理想中的做。但是进大学后,发现学生工作还挺多门路。特别会受师兄师姐影响,比如师兄说你要进某部门,当主席的概率更大。你的任何一个选择,过两年后,都会看到影响。你每一步都在做抉择,而且很多东西不可逆。你大一没有做的选择,大二、大三弥补不了。这就使大家普遍焦虑,陷入一种功利化的倾向,然后因为竞争和功利放弃了一些比较热爱的东西。(七代负责人芦荟,2019 年 8 月)

大家对于功利的这一套逻辑是抵抗的。"水果"组织刚好在反功利化逻辑下,吸引了很多人。我们不喜欢太过功利化的行动,比如说什么都给学分,或者老师要什么我们就做什么。包括志愿服务,要算学分或者别的奖励,就是一种功利化的逻辑,大家不喜欢。我们刚好是在非功利化的基础上,做一些可能会有利于服务对象群体的行动。(四代核心志愿者花生,2018 年 9 月)

组织-制度层面的分析显示，"水果"组织与具有副产品效应的制度文化的互动落在大学生志愿者身上。当代大学生深受大学场域中尽力规避但难以根除的"功利性"的影响。借由大学生志愿者这一中介，"水果"组织的文化就与制度文化产生关系，即发生"组织-制度"层面的互动："水果"组织成为反思、逃离和反抗弥漫在当代大学生中"功利性"制度文化的一扇窗口。这使得一个大学生志愿组织无须嵌入组织网络，便拥有与其他组织、其他个体牢固而清晰的边界，这种边界有绝对的标准——非功利性，来快速而坚决地区分谁是组织的成员、谁不是组织的成员，并借由这种边界维持自身的独立性与成员的凝聚力。

（二）流动的象征性边界——专业性

在组织-制度层面，除了作为固定的边界的非功利性，"水果"组织还有一条流动的边界——专业性。相较而言，对专业性的识别过程更为复杂：到底如何做志愿服务？什么才是专业的？经验资料显示，"水果"组织每代成员都把"专业性"作为标准，但每代成员又拥有对"专业性"在理解和实践上的自由度，因此笔者称"专业性"为"水果"组织的流动的边界。

"水果"组织对专业性的探索从组织诞生开始就从未停止过。"专业地做志愿服务"是"水果"组织创立的初衷和该组织独特性所在。自 2011 年起，笔者和早期学生志愿者基于高校志愿服务旅游化、戏谑化的现实，利用民族志研究方法，通过长期扎根式志愿服务经验总结，开发了"主位诉求"志愿服务模式（详见第二章）。"主位诉求"志愿服务模式强调志愿者同时以研究者的身份介入，站在服务对象（研究对象）的立场上，以他者（研究对象）的观点来理解个人、社会和世界。"主位诉求"志愿服务模式的开展，主要基于在志愿服务的过程中由三个维度的材料构成"三角验证"："客位"的志愿者观察笔记、"半结构情境下主位"的儿童后测日记和课堂小短剧、"开放情境下主位"的儿童所拍照片和"心里话"信箱等。通过上述资料的收集、整理、分析、讨论和应用，"水果"组织在早期便形成一套规范化的流程，使得该组织无论是在操作流程的规范性、服务计划的周密性、问题挖掘的深入性上还是在时间投入的强度上，都明显有别于同类志愿组织，形成了"水果"组织的另一条"边界"。在访谈中,"水果"组织成员对自身与其他志愿组织在专业性上的差别极为敏感,并常常以此研判其他志愿组织,体现出浓厚的边界意识。

> 我们的制度就是(主位诉求)那一套理念和方法。我们每隔两周会有讨论,结束后也会有总结,写各种笔记、各种分析材料、各种活动模式,现在都已经固定下来了。(四代负责人杏仁,2018年6月)

> 我参加过某校办型组织的助残活动。活动本身有意义,但是他们的组织没有连续性。突然有活动了,通知你去,说你们去跟患病的小朋友玩就行了,就没有什么别的规划。(七代核心志愿者梧桐,2019年8月)

> 他们(某企业资助的注册型组织)拍出来很好看的活动照片,放到企业社会责任做得很好,但实际上我觉得中间过程并不怎么样。社区里小孩放学太早家里又没人管,就让他们来玩机器人。那个企业设计了一个小产品,就让我们教他们。小孩只想玩,你教他什么科技的知识他们也不想听。而且跟那边的社区老师也没对接好,有时候去了老师人还没到,就只能站在外面等着。(七代志愿者枫叶,2018年10月)

"主位诉求"志愿服务模式在"水果"组织的传承,使不同代际的组织成员都对周密的计划和规范的流程要求甚高。但值得注意的是,"主位诉求"志愿服务模式实现的核心是志愿者的主体意识、反思意识和能动性——它是一套帮助志愿者挖掘需求、分析问题、设计活动的"方法"和"工具",而非针对所有问题的"现成的答案"。因此,"专业性"对于"水果"组织来说,是一个动态的、在行动中不断被定义的生成过程,而非一个静态的固定标准。正如一位早期志愿者所说:

> "主位诉求"是我们实现专业性的靠山。但真正面对服务对象的问题时,从以前志愿者那里获得的直接解决方案很有限,因为每个情境都不同,所以必须自己追寻和界定什么是专业的志愿服务。每代都不断追求专业化,也在为如何实现"主位诉求"提供新方案。(二代负责人大嘴,2019年7月)

如何定义专业性？如何实现"主位诉求"？在"水果"组织内部，不同代际的志愿者对这些问题的认识存在差别。这些不同的定义和行动方案，往往受到每代核心志愿者，即前文提到的圈子的影响，并在同代其他志愿者中达成共识；而随着代际更替，这些问题又会被重新思考与回答。例如，在对相邻两代志愿者负责人的访谈中，笔者便发现了对"专业性"理解和操作上的差异。

第五代志愿者

我们的专业性区别于校办型组织……我大一的时候在（校办型组织的）支教部，给小孩上阅读课。我刚去的时候管理特别严，规定你不能随便讲一些东西；等到后面又走向另一个极端，管理又变得很松散，到最后大家随便讲什么都可以，因为没有人管。组织要求一学期支教8次，可能去上4次课的人都不多。他们没有什么目标，或者方法，只是让我负责所谓的做做样子，应付一下……第一次接触"水果"组织的师兄师姐，我就觉得很专业，他们在现场的站位，跟孩子们说话的方法，设计活动全方位地想问题，都特别专业。在"水果"组织你不能无故缺席活动和开会，因为这样你不知道这次活动去弄什么，上次活动是怎样的一个反馈……但我们会时不时地感到迷茫，进入疲软期，因为精力或者专业知识有限。可能我们就想着设计一个主题，一学期8节课，每节课做不一样的事情就可以了。所以可能会动摇会迷茫，效果没有预期好。当他们（志愿者）特别动摇，觉得我们不能给孩子们带来什么东西时，我跟他们讲，其实我们陪着孩子们，他们那么开心就很好了，我一直跟他们说这个。（五代负责人松鼠，2018年9月）

第六代志愿者

笔盒：记得当时（刚刚加入"水果"组织、跟随第五代志愿者时）也很纠结，因为我们设计的课程好像没什么质量，就是去跟孩子们玩一下，后来我们就经常会问，我们到底有什么用。五代负责人就一直说陪伴，陪伴就可以了，导致后面就会有一种"我去了就好了"（的心态）。但还是感觉质量上……没有很好的效果。而且我们的"主位诉求"不是会让志愿者写自观笔记和观察笔记吗,感觉也没有用上。导致每次设计课程都是凭感觉,"我上一场感觉孩子们怎样怎样"。

荧光笔:志愿者写的笔记只有最后那个部分"对下一次活动的设计"用上了,其他部分就不会认真看。

笔盒:后来我们六代的负责人提出了一个方法,我们自己去做一些主题词,并把大家共同提到的某一个案例放到那里,在设计课程之前再去看大家写的,这样每个人都看观察笔记、自观笔记,把设计做一个汇总。这样材料就能很好地用上,也知道我的课堂设计可能会更符合孩子们的需求,就能更真实地运用到(主位诉求)那套工具,而不是说"我感觉孩子们需要这些"。其他志愿组织做的就是,去的时候觉得孩子们好像很喜欢手工,然后一学期就都是手工,就很不专业、很随意。我们能够把自观笔记、观察笔记这些工具很好地用上,大家都感觉特别好。(六代核心志愿者笔盒、荧光笔,2019年7月)

对于第五代志愿者,"专业性"包含志愿服务技术层面的,如站位、话术、思考能力,以及组织在管理上的规范性和连贯性,这些都让"水果"组织与校办型组织非常不同。然而,由于"专业知识有限",这一代志愿者只能尽其所能完成"主位诉求"志愿服务模式最基本的流程性要求,服务效果也常常无法达到预期。这时候,核心志愿者会开导大家降低对专业性的要求标准,弱化"专业性"作为组织边界的作用。首先,五代界定的"专业性",并不符合六代做理想的专业性志愿服务的期待。在第六代志愿者看来,五代对于方法论的理解僵化,他们并不知道组织的短板在哪里,也不能对"主位诉求"进行理论补充和代际更新。其次,五代在活动设计时发挥了代际权威的负面作用。每周一次的活动设计,五代和六代共20余人参与讨论,集体式的讨论要么是发散式的七嘴八舌,要么是怠惰性的一言不发,在效度不足的讨论中最终由五代负责人决定活动方案。最后,五代的消极和沮丧情绪严重影响了六代的士气,对于一个依赖组织边界维持凝聚力和独特性的非嵌入式组织而言，边界的弱化会在组织内部带来动摇和迷茫。在以上几点的综合作用下，六代准备接任组织负责人的铅笔和五代负责人松鼠展开激烈辩论，在不能改变现有僵局的情况下选择出国交换，让自己冷静一段时间思考组织的未来出路。

由此在圈子-组织层面，关于组织专业性标准的话语权，掌握在主责组织发展的那一代志愿者身上。圈子和圈子之间间隔几年会发生如五代和六代这样的冲突，这取决于主责那代志愿者的理解和创新能力、组织凝聚力等因素。五代和六代（2017年）冲突激烈，组织面临难以为继的局面。2020年，八代和九代也发生过类似情况，但代际的协商显然更为温和，第八代志愿者在认识到本代专业能力不足的情况下，把发展组织的希望寄托在更有创造力和活力的九代身上。八代要做的就是在日常活动中夯实组织规范和活动流程，帮助九代认识到组织的核心理念，守护好组织专业性的基本边界。

> 因为改变不了制度，我们只能陪伴，但是现在感觉很有意思的一点就是陪伴有一个反转，陪伴变成什么呢？孩子作为主体去表达，我们（志愿者）来倾听，然后你表达实际上就是你在成长，然后有一个人在见证，或者有一个人在帮助你成长，实际上是选择陪伴的意思。我们原来的陪伴是因为对于制度的无力，所以我们只能陪伴，现在我们的陪伴是主体的表达，我们（志愿者）去见证和帮助。（六代负责人铅笔，2019年6月）

显然，将专业性落到实处，是解决组织危机的有效途径。当务之急就是把"主位诉求"工具和材料真正的作用发挥出来，而不是只在表面上完成那套流程。通过优化志愿服务资料的收集和分析过程，第六代志愿者提供了在新情境下实现"主位诉求"的新方案，比如将上述的被动陪伴转化为主动见证，这就巩固和强化了"水果"组织以"专业性"区分自身和其他同类组织的边界（见表5-4）。伴随着这一探索过程，第六代志愿者找回了信心，获得了成就感，也培养了凝聚力。

表 5-4　组织-制度的文化互动（组织的流动的边界）

文化互动的层级	维度	文化特征
制度文化层面	宏观	制度文化尊崇"专业性"；而志愿服务领域严重缺乏"专业性"的实践
组织文化层面	中观	强调志愿服务的"专业性"，开创和传承"主位诉求"志愿服务模式并丰富其内涵

综上，在组织-制度层面，"水果"组织与某种制度文化——此处即制度环境中关于"专业性"的话语系统产生了互动，尽管"水果"组织仍旧没有作为一个实体而与其他组织进行任何直接的接触。在这里，制度环境一方面提供了"靶子"，即环境中存在不够专业的志愿服务组织；另一方面提供了"方向"，即制度环境亦认为专业性是发展的良性方向。因此，追求专业性成为每个志愿者参与"水果"组织的初衷，成为区分"水果"组织与制度环境中的其他组织与个体的关键标准，而"主位诉求"志愿服务模式则是水果组织实现专业性的"传承性文化资本"。这是"水果"组织在长期服务实践中形成的、与制度环境中其他组织和个体之间的"流动的边界"——一个区分"我们"与"他们"的外部标准，而这个标准的内涵则是在组织内部，不断地被不同代际圈子检视、发展和扩充。这条"流动的边界"（专业性）和前文阐述的"固定的边界"（非功利性）一起，保障了"水果"组织的独立性和独特性，使其长期延续和代际更替得以顺利实现。

五　组织运营

正如前文所述，大部分社会组织的研究聚焦在其产生的制度环境上，却忽视了组织内部活生生的组织生活这一重要基石。"水果"组织作为一个基本没有制度力量嵌入的组织，反倒成为检视组织动态生成过程的合适案例。组织活动维系着志愿者和服务对象之间的关系，也维系着志愿者之间以及志愿者和组织之间的关系，嵌入互动关系中的组织伦理有助于组织的长期发展。

（一）反思公共性的组织活动

在组织-制度层面，"水果"组织成员将其对志愿服务的理解融入两周一次的志愿服务活动中，对现有制度文化中的志愿服务问题进行以下两个层面的反思。

其一，"水果"组织的"递进"服务策略对大部分组织的"并列"服务策略进行反思。"水果"组织每次45分钟的主题志愿活动（如"亲子沟通""读书激励"），从准备、实施再至分析和总结，需耗14~15小时。一次活动投入这么多时间，主要原因在于"水果"组织奉行的是"递进"服务策略（详见第二章）。这与现有制度环境中，大部分志愿组织如校办型组织的服务策略并不一致。校办型组织通常采取夏令营式的，提前安排好行程，有时甚至是临时安排行程的并列式的服务策略；"水果"组织则是从每次活动现场收集大量的主、客位材料，以及从以往积累的活动问题中寻求思路，并经过所有成员的充分讨论，据此设计下一次活动，从而形成比上一次更为递进的服务效果。这种随情境调整的、兼顾深入和持续的策略，以及对于理论和实践（尤其是细节）敏锐的体察、分析和相关勾连，构成对于"主位诉求"的精准理解，并在一次次活动的递进上，朝向志愿服务的最终目标迈进，即发现流动儿童预期社会化过程中的需求及问题，提前对他们进行知识和理念的传导，帮助他们尽早适应和融入城市社会。这不仅是前文"专业性"的体现，更是对于"专业性"的深化。这种对于"专业性"的逐层深化，易于唤起志愿者的求知欲和探索性。他们通过自身实践证明，必须投入这么多时间才可确保每次活动的质量，从而保证每学期活动主题的连贯性，以及整体志愿服务活动的长期性。

> 我觉得可能是一种习惯，周三如果没什么事情就感觉有点空荡荡的，尤其是大四下学期，就感觉特别想要去参加一下活动。周三下午有点像是固定的节奏，去看一看也还挺好。有时候五代也会问我，人有点不够，你要不过来帮个忙，我就说OK没问题。（四代核心志愿者花生，2018年9月）

> 我们（第五代志愿者）已经顺利完成历史使命了，六代一定要坚持下去，我们"老祖宗"（指四代核心志愿者花生）大四还跟着我们一起做活动呢，这不就是最好的激励吗？（五代核心志愿者恐龙，2017年5月）

十余年的长期观察显示，"水果"组织的志愿者至少要完整参与一个学期的志愿服务活动后，才能对"递进"策略有所感悟。而且，志愿者将这种"递进"策略转化为意识内化于心，就会演变成一种实践活动中形成的惯习，并借用惯习的生成能力，自由地生成嵌于活动中的思想和表述方式（布迪厄，2012：73~78）。"水果"组织的惯习，就是遵循"主位诉求"的方法和"递进"策略，走心地去做每次志愿服务活动，并已然成为落在身体上的一种"固定节奏"。这种"固定节奏"和活动目标可预期，服务策略正确的感知，以及由此产生的坚定的信念紧密联系在一起，形成一种个人和组织的黏性，促使志愿者心甘情愿地留在组织中。而且，惯习还可实现代际传递，通过逢时调动前辈志愿者做过的活动主题，扩展不同代际志愿者的跨时空对话，深化"递进"策略的思考和实践。这也是"水果"组织所有志愿者至少服务一年，一半志愿者可以服务2~3年，有的志愿者甚至服务4年的主要原因所在。表5-5展示了组织运营过程中，"水果"倡导的组织如何回应制度文化理念。

> 有人批评说一次活动投入这么多时间，性价比不高。他们会说你们这套方法很好，但投入产出比不高，我说不能做这样简单的量化评价。（六代负责人铅笔，2019年6月）

表5-5 组织-制度的文化互动（组织运营）

文化互动的层级	所属维度	文化特征
制度文化层面	宏观	制度文化讲求个人和组织的投入产出比，绩效化评估志愿服务
组织文化层面	中观	组织文化提倡递进式、长期性、扎根式志愿服务，反对功利性和绩效化

其二，"水果"组织对于制度文化中志愿者社会责任，即公共性展开反思。在制度文化上，"水果"组织极力反对很多组织采取的、用经济学意义上的投入产出比评估社会性的志愿服务的做法。这种视角与古典组织理论相似，如使用组织的根源隐喻，这种组织可视为实现绩效目标的机器的组织。它们热衷于将任务进行有效拆分，用任务人数和工作实数的最小化来最大限度地节约组织成本（马奇、西蒙，2016：20）。正如前文所述，"水果"组织特殊的"递进"策略贯穿于所有志愿活动中，这是推动"水果"组织成员投入 20 倍于志愿服务活动时间的"巨额"成本去进行志愿服务活动的知识动力所在。知识动力需要在实践中不断打磨，实践中产生的惯习又帮助志愿者产生其对公共性的理解和反思。这种公共性，一是反对大学生制度文化中很难根除的功利性，二是反对制度环境中其他类组织讲求成本-效益分析的绩效化，而是在坚持专业性的同时，强调志愿者对大学生社会责任的理解，即对于社会的承诺。六代负责人铅笔认为："公共性不是那种架得很高的政治含义或是学术话语，应该回到生活本身，给予弱势中的人以最基本的关怀。"这种落脚在服务对象日常生活中的关怀，又化约在组织日常生活中的公共性，强调更深层次的人文关怀，这些都有助于志愿者实现从高中以来就想做志愿服务的真正理想，从而坚定志愿者长期做志愿服务的信念。

（二）代际性驱动的组织伦理

志愿服务活动能够顺利开展，离不开志愿者之间的密切合作；在互动情境背后，指导关系实践的是组织伦理。由于"水果"组织完全独立运营，没有上级主管单位，因此也没有如校办型组织等嵌入式组织的准则伦理，即规章制度、政策和绩效管理等（Trevino，1990，转引自文鹏、王仁志，2018：49），而是讲求志愿者关系实践中的角色伦理。这种角色伦理，依据组织成员所在层级，通过个体之间同时也是层级之间的互动来塑造组织生活的精神空间，来规范、激励和约束组织行为。由于"水果"组织属于小型组织，组织结构呈扁平化，层级互动更多体现为不同代际志愿者之间的互动，即基于圈子伦理，最终上升为组织伦理。

1. 代际权威

访谈显示，每代志愿者成员地位平等，没有权威，但是上一代志愿者，尤其是负责人和核心志愿者会被视为权威。这种权威往往与权力无关，而是与对专业方法的掌握，以及管理组织的能力和人格魅力相关。

> 每代都会有一个人，他们像磁铁一样，吸住周围的人，使得组织不会散开。然后这每个人，跟我们的方法会绑在一起，但绑的程度不同。我就听土豆师姐（三代负责人）讲，她自己好像永远不能像大嘴师兄（二代负责人）那样，无论是讲方法还是做事情，那么让人信服。大嘴属于那种比较全能的类型，他已经有点被象征化了，就好像比较难以超越。（四代核心志愿者花生，2018 年 9 月）

> 有问题的话，我会首先去找师兄师姐。他们有经验，也经历过和我们同样的阶段，所以我想知道他们当时怎么去解决这些问题，我觉得他们的经验对我们来说很有帮助。然后我也会问同代和下一代志愿者，他们正在参与活动，他们有没有觉得我们的活动有什么问题，最后整理出来一份前后比对的材料，看能不能看出组织以后怎么发展，然后我可以把这些东西再留给下面的负责人。（七代负责人芦荟，2019 年 8 月）

由此，每代志愿者中的权威，还是会和专业性紧紧绑缚在一起，"附身在这一套体系以及掌握这一套体系的人身上"（四代核心志愿者花生），这种克里斯玛型的权威，不仅可凝聚组织合力，帮助组织获得更好发展和更高声望，还可根据自身丰富经验，为下一代志愿者答疑解惑，这不啻为组织发展树立榜样。从 2013 年开始，组织活动基本采用二代带三代、三代带四代、四代带五代这样两代人在一起服务的人员组成形式。上一代或上两代志愿者以娴熟经验和丰富技巧，给后辈志愿者树立非常好的榜样，他们的帮带会使初加入组织的志愿者顺利度过理解和消化专业方法的较长适应期，活动起来也更有底气。遇到困难和问题时，前辈志愿者也会挺身而出，带领组织渡过难关。而且，已经毕业的前辈志愿者还会返回 X 校的课堂继续帮助后辈志愿者做活动质量评估，或者以各种方式支持组织每年志愿者招新、组织义卖等活动。这种圈子式的代际援助，极大地激励后辈志愿者做好志愿服务的信心。

"水果"组织名声在外，不可能说到我们这一代突然"黄"了，那我们就成了历史的罪人。其实越到后面压力越大，因为前面大家都做得很好，都有自己的成果出来。突然到你这一代就断了，第一个自己觉得也很可惜，第二个也辜负了很多师兄师姐的努力，如果真的到我们这里戛然而止，会有一种莫名的压力在心里。（五代普通志愿者海星，2018年6月）

前辈志愿者积累的组织声望，既给后辈志愿者造成很大的代际压力，又因文化资本传递确保了组织延续。首先，前辈志愿者的高标准严要求，令志愿者随意退出和"搭便车"的情况难以存在。如2016年初第四代志愿者把岁末联欢活动搞砸，三代即刻把四代召集在一起严肃讨论和反思问题；再如2020年九代核心志愿者葵花会"抽查"X校两个班的日常服务效果，对效果差、不认真的九代和十代志愿者给予严厉批评。其次，几乎所有的志愿者都表示，"水果"组织的金字招牌不能砸在自己这代手上。从第一代挖掘"主位诉求"服务方法（2011~2012），第二代建构志愿者和服务对象互动关系的理论（2013~2014），第三代建立公益传播平台（2014~2015），第四代和第五代探讨流动儿童教育获得的结构性困境（2016~2017），第六代追踪流动儿童返乡（2017~2019），这种每代均有各自活动特色和代际招牌的巨大压力，使后辈志愿者也要尽快找到本代志愿服务活动的清晰定位，并树立本代会做得更有特色的组织信念。表5-6展示了正向的圈子文化推动"水果"组织向前发展。

表5-6 圈子-组织的文化互动（组织伦理）

文化互动的层级	维度	文化特征
圈子文化层面	微观	前辈学长学姐核心志愿者作为"专业权威"直接影响后辈学弟学妹志愿者
组织文化层面	中观	组织文化尊重"专业权威"，夯实和加强自治规范，并在代际传递中实现自治规范的认同和传递

2. 传承仪式

在圈子-组织层面,这种代际成员间既有激励又有压力的关系搭建,必然包含精神、价值、信念等的传承,这也会以一种符号化的形式进行呈现,进而上升到组织层面的文化意义的表达。"走铁轨"仪式就是这种意义生产的重要文化事项。"走铁轨",原本是二代和三代志愿者去 X 校时意外发现的一段路,志愿者们比较喜欢它的静谧和意象化的美感,因此在时间充裕的情况下,有时会选择这条路抵达 X 校做志愿服务。渐渐地,"走铁轨"从无心之举,变成了一种仪式。

图 5-3　九代、十代志愿者"走铁轨"(2020 年 11 月)

三代带我们走铁轨,后来我们也带五代走。非常想选择铁轨那条道,比如说来了一年,我肯定想要走一次铁轨,后来也成为回忆的一部分。(四代普通志愿者莲子,2019 年 7 月)

开始三代就去走(铁轨)了,从此四代也就走了,于是变成了一个历史。就是仪式性,要有一个符号性的东西,标志志愿服务活动的开始。然后每年第一次志愿服务活动都是走铁轨,我们也带着八代走,继续传承下去。(七代负责人芦荟,2019 年 8 月)

我们下车的地点晚了一站,因为我们沿着铁轨,走到 X 校和孩子们见面。听闻每代的"水果"都会走一次铁轨,渐渐地,这演变成一种仪式。每种仪式都有它独特的寓意,走铁轨也不例外。在我看来,这既预示着新一代"水果"走向成熟,也告诉我们在志愿服务这份需要坚持与奉献的事业上,我们任重而道远,犹如铁轨一般蔓延远去(在我看来,走铁轨是"水果"独特魅力的表征之一)。(八代普通志愿者小丑鱼自观笔记,2018年10月)

这次我们特意(坐公交车)坐过站,因为要进行我们"水果"历代的小仪式——走铁轨,走上那条铁轨,沿着铁轨向前,像是走上一条通往"水果"的路,感觉自己真的成为一个"水果"人。(九代核心志愿者肉干自观笔记,2019年10月)

我们自己还有骑自行车仪式。我们下了公交车还要步行挺长一段时间才能到X校,以前往往是熟人一起走,不熟的人不会有交集。但自行车不一样,你只能跟你周围骑行的人说话,所有人的距离就马上拉近了。那种微小的仪式感,特别有团体的感觉。(九代负责人话梅,2021年6月)

图 5-4　九代、十代志愿者的"骑自行车仪式"(2021年5月)

从"走铁轨"这一单纯行为,到2014年后逐渐发展成为组织层面的"成人礼",我们可以看到"水果"组织自身独特价值的情境化生产过程。

这种独特价值可视为文化要素，更多关注的是传承过程中共有意义的认同，是一种向内的精神关切，而非用于管控组织的客观化工具。与"走铁轨"类似的、传承下来的仪式化细节还有在 X 校结束活动后，需当场围圈讨论活动问题等。从 2020 年开始，九代又发明了"骑自行车仪式"，这不啻在不同成员、不同代际串起一条团结纽带，并上升到组织层面成为组织价值传递的新仪式。这种经验和精神的代际传承，可视为"传承性的文化资本"，对维系组织的日常发展十分重要。志愿者可不断强化志愿服务的信念，并拓展意义生产的空间，促使文化资本再生产（见表 5-7）。

表 5-7　圈子-组织的文化互动（组织价值传承）

文化互动的层级	维度	文化特征
圈子文化层面	微观	某一代志愿者形成本代际圈层特有的仪式
组织文化层面	中观	组织进行价值和信念的符号化意义生产，在不同代际中进行该文化仪式的传承

综上，"水果"组织的日常生活围绕其两周一次的志愿服务活动展开，志愿者采用"递进"的服务策略，进一步维系"水果"组织与校办型组织等其他志愿组织的"专业性"边界。在组织-制度层面，"水果"组织秉持独特的"递进"策略，反对制度文化中绩效化评估志愿服务的趋向。组织与制度互动的结果，形成"水果"组织可传递的惯习，其促使志愿者不断反思化约在组织日常生活中的志愿服务的公共性，从而确保志愿服务的长期性。指导"水果"组织关系实践的是组织伦理。组织伦理并非直接的价值和道德判断，而是嵌入活动情境中的精神内核。"水果"组织是小型组织，呈扁平化结构，组织伦理更多呈现为前辈后辈之间的角色伦理，这不仅是前辈对后辈经验和精神的传承，还涉及上升到组织价值层面的符号和意义的再生产。这种伦理建设对志愿者强化组织发展的信念极为重要，促进组织的长期存续。

六　小结

本章围绕"非嵌入式组织何以长期存续"这一研究问题，从组织结构、组织边界、组织运营三个方面加以讨论。第一，组织结构，阐释组织自身的剖面形态：组织形成回答了制度和政策背景如何推动志愿者加入组织；组织样貌则回答了扁平化的组织结构如何推动组织的延续。第二，组织边界，聚焦组织与外部制度环境的深层关系：组织的固定的边界关注"非功利性"这个固定标准如何帮助组织界定自身；流动的边界则关注"专业性"这个动态标准如何在实践中被赋予组织内涵和凝聚人心。第三，组织运营，围绕组织日常工作的动态过程：组织活动是指递进式的活动策略如何促使志愿者形成惯习；组织伦理则是指代际性的人际关系如何指导组织活动，推动文化传承。如上所述，三个部分形成相互关联却各有侧重的六个维度，分别从不同的侧面回答了"非嵌入式组织何以长期存续"的问题。

本研究提出的层级互动分析框架，是基于人与人的互动、从文化视角分析组织的尝试，是对社会网络学派"嵌入性"和文化社会学"日常生活文化交互"视角的综合与发展。"层级互动分析"的要义，是认识到组织中的个人同时嵌入不同层级的社会网络/人与人的集合中的，而这些不同层级的文化又会借由人与人的互动而碰撞。这一框架为研究非嵌入式组织、系统性思考组织的内部互动提供新的方法论。第一，作为一个分析组织的文化社会学框架，"层级互动分析"并不预设组织是直接嵌入制度性组织网络中的，而是借由组织内人与人的互动为载体，提炼中观的组织层面的文化与其他层级（宏观的制度环境、微观的圈子）的文化关系，进而阐释组织的形构。这一框架使得非嵌入式组织的研究有章可循。第二，"层级互动分析"为研究组织内部互动并阐释组织本身提供了一个较系统的、完整的思维框架。"层级互动分析"将重点回归到日常生活中未经理论化处理的，即并未贴上阶层、性别、种族等标签的活生生的人，用组织内部的互动分析来解读组织形态、边界、过程、生存、延续等各类组织层面的问题。这种分析，不需要像过往研究一样通过引入国家、阶层、性别等概念，同样使研究具有理论意义。第三，本研究通过层级互动分析框架来审视草根的中国志愿组织，既没有采用国家-社会二元框架，也没有采用西方社会组织经典理论。这一框架为拓展情境化、本土化的第三部门研究，尤其是志愿组织研究提供了新的可能性。第四，作为一种思维框架，

"层级互动分析"将组织内的个体所处的微观、中观、宏观三个社会层次结合起来,既在一定程度上解决了微观社会学难以总结一般性的问题,又避免了宏观社会学因过度抽象而牺牲案例的特殊性。在分析的过程中允许与其他理论概念相结合,以实现对经验资料的精准解读和对研究问题的深入解答。

基于"层级互动分析",本研究发现,"专业性"的组织文化是奠定"水果"组织长期存续的基石。从组织的形成、内外边界的划分到组织的日常活动,可以说,维持"水果"长期存续的方方面面,都与该组织以"主位诉求"志愿服务模式为代表的"专业性"的组织文化特征紧密相关。具体来说,"专业性"在推动"水果"组织存续中的独特地位,是"制度-组织"多方位互动的结果:制度文化推崇专业性,却提供较少专业性强的志愿组织;制度文化催生弥漫在大学生群体中的功利性和浮躁心态;制度文化惯于绩效化评价社会性的志愿服务等。面对这些制度文化提出的问题和挑战,"水果"组织在实践中不断升华和阐释"专业性"的组织文化,来予以回应。正是在不断回应制度文化的过程中,"专业性"的组织文化被一代又一代成员理解、反思直至内化,成为推动组织长期存续的原动力。

组织伦理和公共责任是推动"水果"组织得以存续的精神内核,从"层级互动分析"的视角来看,这是"圈子-组织"文化互动的结果。组织倚仗非正式关系——圈子的力量,完成组织形貌的雏形和最初的完善夯实。组织基于不同代际志愿者圈子对于专业性的检视和发展,在动态发展中界定组织层面的专业性文化特征。组织依靠圈子的代际权威,实现价值观和信念的传承,促进组织层面角色伦理和公共精神的反思;同时通过符号化的仪式生产,拓展组织层面文化意义的生成。这一化约在关系实践中的层级文化的对话和协商过程,旨在嵌入情境的互动过程中呈现一个组织是什么,而非脱离情境对组织文化进行功能化处理。这种文化的动态生产,赋予组织成员最大的自由度,推动组织的发展和延续。

本章以"水果"组织为例,提出理想类型意义上的非嵌入式志愿组织。通过对比嵌入式志愿组织,如校办型组织结构上的垂直管理、专业性标准上的模糊处理、活动运营上的松散随意,凸显非嵌入式志愿组织的理论和现实意义。本研究分析的虽只是非嵌入式志愿组织，现实中"非嵌入式"的含义或可延伸到其他类别组织，来探讨一般意义上的非嵌入式组织，这可能为组织研究提供一个较新的面向或维度。在现实中，如果绝对的非嵌入式组织存在较少，未来的研究可根据经验资料和研究需要丰富这一概念，如"强嵌入式"组织、"弱嵌入式"组织、"选择性嵌入式"组织等。

第六章

工作坊：本土志愿服务模式的应用和推广

在介绍"主位诉求"的志愿服务模式——方法层次、"互为中心"的志愿者和服务对象的关系建构——理论层次、城市发展与教育公平政策挤压下流动儿童教育的结构性难题——制度层次，再至非嵌入式志愿组织的存续机制——组织层次后，本章来到如何推广服务模式和理念反思的应用层次。为此，"水果"组织专门设计了一套公益传播工具，即在大学，以及其他社会组织的志愿者中可操作的"水果"工作坊。本章将有别于前述各章的"论述"体例，作为既涵摄其中又独立在外的"番外篇"，对"水果"开发出来的原创志愿服务模式进行推介。

一 工作坊简介

工作坊作为一种提升自我能力的学习形式已越来越多地进入人们的视野，它既有授课式的讲解，又有协作式的讨论，还有参与式的行动，旨在通过充实的内容和轻松有趣的互动，促进团队成员对某个主题发展对话和共同思考。这种思维的碰撞，一方面能帮助成员更好地理清和拓展思路，另一方面也可以团队为单位，开展调查与分析，提出解决问题的方案或规划。

"水果"工作坊，是由中国人民大学"水果"志愿组织开发的，以大学生志愿服务模式为主题的学习交流平台。在工作坊中，引入"主位诉求"的志愿服务模式，介绍由"水果"组织开发出的服务工具，并通过

图 6-1 "水果"工作坊 Logo

小组个案操作、组间 battle（对战）等形式带领学员将理念和工具运用到针对不同受助群体的志愿服务中去。工作坊旨在解决大学生志愿者如何挖掘服务对象需求、改善志愿服务方法、提升志愿服务质量、评估志愿服务效果等问题。

"水果"组织策划工作坊，主要有两个目标。一是组织内部的能力建设。工作坊的讲师和助教全部由"水果"志愿者担任，在指导学员设计志愿服务活动时，助教团可将已有方法和工具在新的志愿服务场景中活学活用，从而加深对志愿服务理念的理解，增强"水果"组织的凝聚力。而且，通过展现工作坊分工明确、配合默契、精益求精的工作态度，给予学员设计和开展高质量活动的范本。二是理念和方法的推广。"水果"组织期待用工作坊的形式，让更多致力于志愿服务却心存疑惑或力不从心的志愿者，能接触并获知长期的、以人为主的志愿服务实践中总结得出的专业理论和工具方法，并在未来活动设计时运用其中，使活动能进一步挖掘和满足服务对象的需求，为服务对象和志愿者们带来更好的体验和成长。

二 筹备工作坊

迄今为止，"水果"工作坊共举办了四届：第一届于 2015 年 6 月举行，20 名学员；第二届于 2016 年 6 月举行，16 名学员；第三届于 2018 年 6 月举行，18 名学员；第四届于 2021 年 5 月举行，24 名学员。四届工作坊共培训了 78 名学员。令人欣喜的是，在收集每批学员的建议和反馈，以及"水果"组织自身反思的基础上，每届工作坊都有改良和创新，力求发展学员和讲师之间、学员和学员之间更多的互动和思考，并以年轻人喜欢的方式展现出来。

（一）工作坊的创新和发展

工作坊的创新体现在授课内容、互动方式以及过程评估等方面的日益丰富和工作完善中，具体创新之处如下。

图 6-2 首届"水果"工作坊（2015 年 6 月）的讲师大嘴（右三）和助教团成员茄子、年糕、包子、土豆、饺子（从左及右）

第六章　工作坊：本土志愿服务模式的应用和推广 | 155

图 6-3　第二届"水果"工作坊（2016 年 6 月）的讲师——笔者和土豆（前排中间两位），助教团成员——银杏（前排右一），以及杏仁、黑熊、花生和海星（后排从左及右），芒果（前排左一）为本次工作坊进行效果评估

图 6-4　第三届"水果"工作坊（2018 年 6 月）的讲师——笔者（右一）和杏仁（左三），助教团成员——笔盒和银杏（左一左二），以及荧光笔、铅笔、墨水和羚羊（右二至右五）

图 6-5 第四届"水果"工作坊（2021年5月）的讲师——笔者（右七）和葵花（左三）以及助教团成员——手指饼（左一）、奶糖（左二）、妙脆角（左四）、话梅（左五）、薯片（第二排左一）、肉干（第二排左二）、果冻（右一）。

图 6-6 第二届"水果"工作坊（2016年6月）

第六章　工作坊：本土志愿服务模式的应用和推广 | 157

图 6-7　第三届"水果"工作坊（2018 年 6 月）

图 6-8　第四届"水果"工作坊（2021 年 5 月）

首先，工作坊不断完善授课内容。一方面，除却讲授"主位诉求"核心理念和工具外，针对志愿者对于志愿服务活动效果期望过高，容易产生倦怠感和无力感的问题，第二届和第三届工作坊增设"志愿者定位"的讨论和讲座环节，帮助学员们改善志愿服务中的消极心态。"首先陪伴是我们作为青年志愿者应该立足于自身的定位"（杏仁，2018 年 6 月），"我们对他们来说不是老师，也不是家长，不是那种传统型权威的角色"（土豆，2016 年 6 月），长期的、平视的陪伴者，是"水果"组织总结并倡导的志愿者角色和定位。

图 6-9　杏仁讲授"志愿者如何定位自身"（2018 年 6 月）

另一方面，从第二届工作坊（2016 年 6 月）开始，增加按小组讨论观察笔记材料的实际操作环节（下文会详述），学习如何从已有的观察笔记片段中发现问题，挖掘出受助对象的需求，从而有助于本小组志愿服务的设计。这一设计在第四届工作坊中进一步拓展为"两轮案例"，学员在观察笔记的基础上设计第二次活动，体验如何在挖掘出服务对象的需求后，根据客观情况安排志愿服务内容，完成递进式的志愿服务活动设计方案。在第三届工作坊中，"水果"组织与一家著名的乡村支教公益机构充分沟通，将他们正在进行的一个大学生互联网支教项目提炼成案例（见

表6-1），并邀请部分该项目的志愿者参与工作坊。这个案例是大学生志愿者通过"微吼"等网络直播软件，为偏远地区的小学开展支教服务。工作坊针对这种新型志愿服务方式的沟通障碍、技术掣肘、服务时间等现存问题展开讨论，帮助该公益项目解决他们的"痛点"，并探索这种"屏对屏"新型志愿服务的可行路径。此外，助教团成员精心准备的案例更加多元化，从残障群体到老人儿童，涵盖不同类型的服务人群，较首届工作坊的案例，异质性增强。

表6-1　学员提供的互联网志愿服务案例部分内容（2018年6月）

T组织志愿服务信息	
志愿服务时间	每周日下午2:20~3:00，一共5~7节课
志愿者背景	均为大学生，对志愿服务有热情； 在学期之初已订好各节课的主题，项目志愿者会一起讨论每次课的活动，并轮流牵头负责一节课的设计
服务方式	志愿者前期对当地进行线上调研，包括孩子们所在学校的教学、地理环境，孩子们的教学状态及资源等； 在课程运作期间，T组织老师会给M项目志愿者提供一些课堂反馈； 课程结束后，孩子们会写下一些小纸条，老师用手机拍下，发给M项目志愿者。M项目志愿者会手写纸条回复，再由老师转达给孩子
项目变迁史	M项目以往没有分成三个组，都是和孩子一对一地授课，时长为1年； 在校期间孩子会进入老师的办公室，用老师的设备与志愿者进行交流

其次，工作坊的互动形式更加多样。第二届工作坊增设两个环节："心愿树"环节和小组battle（对战）环节。其一，"心愿树"环节，即让学员在活动的最开始，写下当前志愿活动中存在的问题和疑惑，以及对于工作坊的期待，然后将这些想法进行分类梳理，再帮助学员明确工作坊要解决的问题，让他们体验到工作坊带来的成长。在第二届工作坊中，我们发现学员对志愿服务的疑惑主要有三方面。①志愿者心态：如志愿服务活动应该设置怎样的目标，抱着怎样的心态，志愿服务的意义是什么；②与受助者沟通：如何了解服务对象的需求，如何引导服务对象参与活动等；③活动设计：如怎样避免活动形式化，如何获得对活动的反馈等。其二，

在分组设计志愿服务活动时,增加小组 battle(对战)环节,请对战小组对本小组设计方案"发难",本小组成员只能倾听不能回应,在增加设计难度的同时刺激思路,又不乏竞争的趣味,受到参加学员的好评。

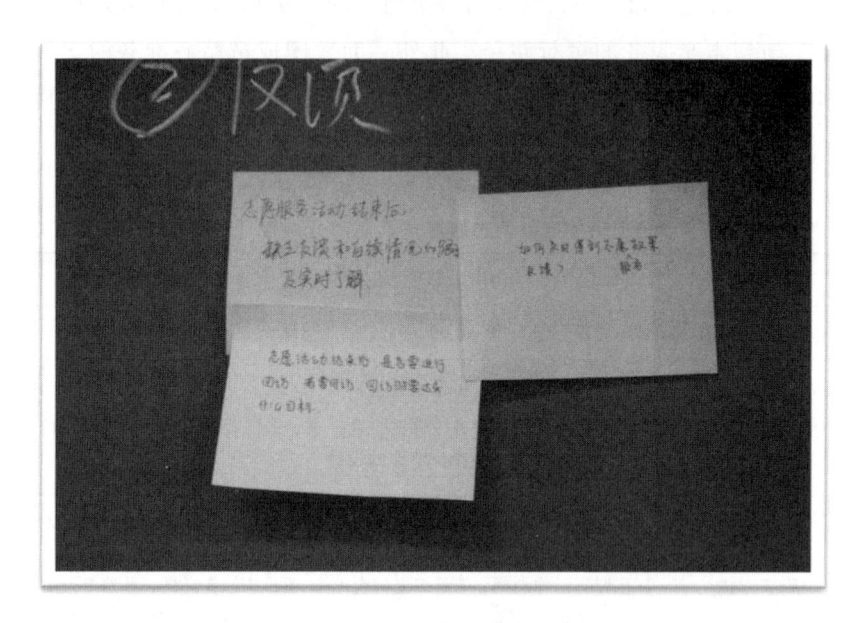

图 6-10 "心愿树"之关于志愿服务反馈的问题(2016 年 6 月)

最后,工作坊增设评估环节。相比只有反馈调查问卷的首届工作坊,第二届工作坊同时设计前测问卷和后测问卷,学员畅谈心得体会,并邀请学员参加"水果社区"(公众号和微信群)。通过对问卷的收集和分析,不仅可以评估工作坊的效果,有助于工作坊做品质提升,而且通过公众号和微信群,增强志愿者的共同体意识,并将工作坊的传播和参与效应延伸至学员未来的志愿服务活动中。在第三届工作坊举办之后,就有学员在"水果社区"中提出自己在志愿服务活动中遇到的问题,期望得到社区成员的帮助和解答。

(二)工作人员的角色

工作坊的工作人员由讲师、首席助教及助教组成。图 6-11 为各种角色设定的工作任务。

第六章　工作坊：本土志愿服务模式的应用和推广 | 161

讲师
- 讲解核心理论和工具方法
- 解答学员对所讲知识的疑惑

首席助教
- 现场总统筹
- 严格把控时间，活动中的人工计时器

助教
- 引导学员根据所讲知识完成活动设计
- 带领学员开展组间PK

图 6-11　工作坊工作人员角色

在工作坊举办过程中，工作人员十分投入，分工明确，流程熟稔于心且认真彩排，四届工作坊没出现过任何差错，"水果"组织引以为豪。除却上述主要工作人员之外，工作坊每个环节，都会安排"水果"成员记录观察笔记，拍照摄像，因此每届工作坊都留下极为翔实的资料，以供分析。

（三）筹备工作回顾

为了让读者对于筹备过程有一个整体直观的感受，表 6-2 展示了第二届工作坊活动的进程日历。从日历中可以看到，筹备工作持续一个月，其中包含四次线下讨论、五版案例修改和两次热身训练，"水果"组织全力准备，确保工作坊顺利举行。

（四）打磨案例

在工作坊的筹备过程中，案例内容是非常重要的一部分。案例打磨需要分几个步骤来完成。首先，所有助教需确定自己负责小组案例中的服务对象。助教们通常会选择自己接触过的较为熟悉的群体作为案例对象，并要保证工作坊中不同小组之间的案例异质性，使学员能够接触多样化群体，将"水果"团队研发的方法和工具应用到这些群体中去。

表6-2 第二届"水果"工作坊活动筹备日历（2016年5～6月）

	周一	周二	周三	周四	周五	周六	周日
2016年5月							1
	2	3 确定第一次线下讨论时间	4	5	6 上传工作坊流程（草案）初步任务分工	30 工作坊初步讨论 布置与分工	
						7 第一次线下讨论，确定时间安排、助教案例，工作坊流程、布置案例设计任务和第一轮宣传任务	8 上传第一次会议记录 创建工作日程
	9 修改了第一次会议记录	10	11 上传助教案例1.0版本	12	13	14 "水果"工作坊流程安排（征求意见稿）	15
	16 第一次线下讨论 Coaching案例（众）	17	18	19 上传第二次会议记录	20	21	22 上传助教案例2.0版本

续表

2016年5月

周一	周二	周三	周四	周五	周六	周日
23 第三次线下讨论 Coaching案例（众）	24 上传助教案例顾问修改版	25	26 上传第三次会议记录	27 规范说明及PPT初稿；上传助教案例3.0版本，同事自我介绍第四次线下讨论	28	29 上传第四次会议记录

2016年6月

周一	周二	周三	周四	周五	周六	周日
6	7	1 上传助教案例4.0版本	2	3	4	5
		8	9 上传助教案例5.0版本及学员材料第一次热身训练	10 第二次热身训练	11 工作坊	12

助教们需要自行编写案例。助教会通过查阅资料、前期调研等方式来完善案例内容。以第二届工作坊为例。案例中志愿服务的对象均为学生，但要体现学生群体的不同之处，则需要助教对案例的详细阐述。其中包括基本信息（服务地点、学校性质、对象数量、对象年级、服务时间）、客观环境（学校条件、班主任态度、班级氛围、空间分布图）和补充信息三部分。助教可以根据自己的需要在这个框架上进行补充和完善。表6-3给出了案例编写的基本框架以供参考。除此之外，案例中还需要有志愿服务观察笔记的片段（下文会详述），这是为了在工作坊的"活动设计"环节，让学员能够根据观察笔记进一步挖掘需求。

表6-3 工作坊案例编写框架

基本信息	
服务地点	
学校性质	
对象数量	
对象年级	
服务时间	
客观环境	
学校条件	
班主任态度	
班级氛围	
空间分布图	
补充信息	

接下来工作坊顾问团对案例提出修改建议。顾问团成员为首届"水果"工作坊助教（"水果"志愿团队中经验丰富的老志愿者），他们与第二届工作坊助教团成员进行一对一的匹配和辅导，助教们据此自行修改案例，此过程可循环进行，直到顾问和助教均对案例满意为止。

最后，助教们会通过实操演练进一步完善案例。在此过程中，助教们会根据其他助教和负责人的提问和质疑再次修改案例，至此确立案例的最终版本。

（五）实操演练

这个环节是所有筹备工作中最为重要的一环，直接决定工作坊的成败。在此环节中，助教团和工作坊负责人围坐一席，一人作为助教，其他人扮演学员，严格按照工作坊的流程，完整展现活动中学员分小组讨论的全过程，这也是筹备过程日历中显示的演练（coaching）环节。此环节会进行多次，目的是加深助教们对自己案例的理解和工作坊讨论流程的熟悉程度，并锻炼他们的临场应对能力。

在实操演练中，助教们会根据其他成员在扮演学员过程中的反应和提问，在工作坊正式开始前准备可能会出现的任何问题，包括"学员们"的"蓄意"捣乱。因此在这个过程中，助教们会面临较大的压力。但只有对所有最坏的情况做出演练，才能真正让助教们具备引领的能力，工作坊才得以顺利进行。笔者将在下文完整陈述一个助教在工作坊分小组讨论时演练的全过程，说明实操演练的重要性及成效。

这个过程还启发助教们思考一些活动设计的引导点，即在讨论过程中，如果出现无人发言的尴尬场面或学员对活动设计思考不全面的情况，助教会通过一些问题来引导学员。演练时，"学员们"还会对每个设计集思广益，通过角色扮演将工作坊学员们可能想出的方案和工具等尽可能地提出来，然后再共同讨论这些内容是否符合讲师所讲的理论和方法，以确保工作坊真正进行时，助教可以把控局面，并对学员们进行适切引导。

三 举办工作坊

笔者将以2016年第二届工作坊为例呈现工作坊的整体内容，以供读者参考；人类学纪录片《"水果"的故事》中也有工作坊板块，可使读者建立更为直观的认识。第三届和第四届工作坊在整体流程上与此相似，但在内容和细节上要更为丰富。

（一）活动流程

表 6-4 展示了第二届"水果"工作坊的具体流程。

表 6-4　第二届"水果"工作坊日程（2016 年 6 月）

时间	项目	内容
08:30~09:00	前期筹备	工作人员布场；学员签到、前测问卷
09:00~09:35	正式开始	破冰活动；设立规则；分组；填写心愿树
09:35~10:05	志愿心愿	志愿故事分享；心愿树展示
10:05~10:15	大组讲座	志愿服务心态、志愿服务问题
10:15~10:40	讨论对策	讨论解决办法；上台展示
10:40~10:50	休息时间	休息；团队建设
10:50~11:20	大组讲座	"主位诉求"概念及工具
11:20~13:05	午间休息	午饭午休；团队建设；热身活动
13:05~13:50	活动设计	根据案例完成活动设计
13:50~14:15	组间 PK	组间展示与点评
14:15~14:50	活动修改	修改活动设计；准备展示
14:50~15:30	活动展示	展示活动；讲师点评
15:30~16:00	活动落幕	收获分享；颁发纪念品

8:30，工作人员布置好活动场地。16 名学员陆续抵达，完成签到入场，填写前测问卷。

9:00，活动正式开始。首先进行的是破冰活动，每人进行一个简短的自我介绍，并讲述一件自己的"糗事"。学员的自我介绍有的简单明了，有的创意十足，但分享的糗事都笑料十足，惹得众人大笑不已。15 分钟过去，主持人开始宣布工作坊的规则，并写在黑板上提醒大家，如禁用手机、严守时间等。随后，主持人简单介绍工作坊的流程，宣布分组情况，让学员跟随各自助教在指定区域坐好。最后，助教在组内设立了本小组的规则，并发放便利贴，让学员们填写自己的心愿，即对工作坊的期待和希望解决的志愿服务问题。

9:35，主持人分享自己的志愿服务经历，并由讲师土豆做出点评。助教们也组织学员参照主持人的讲述形式，在组内分享各自的志愿服务经历，并与其他组员进行相互点评和交流。在这期间，主持人也完成了心愿便利贴的整理，将其做成心愿树展示在黑板上，并由讲师土豆进行问题梳理，明确本期工作坊的重心在于志愿服务工具的运用。

◎ **助教花生带领的小组分享志愿服务经历，讨论存在问题**

C：第一点，经验问题吧，你不太明白智障儿童想要什么，跟他们交流方面也有一些障碍。

D：不是交流方面有障碍，主要是不太习惯跟他们交流。

B：第二点就是理解他们的需求有障碍。然后就是这个服务的规则，组织者之前会制定一种规则，你们就只需要服从。

C：我上学期每周五下午参加一个流动儿童支教活动，志愿者会每周一起约定好到一个地方去，孩子们下午四点放学，他们会一直留到四点半。我们没有做好备课，也没有真正教给他们什么东西，维持纪律就会花很多时间，浪费时间。

B：托管形式的活动，备课方面没有要求，你会觉得是你没有教给他们什么，但他们并不需要你教给他们什么。

C：对！可能我自己活动定位和他们不同。

B：对，所以他们只是想让你看管他们，你却想教给他们更多。

B：上学期我第一次参加助残活动，当时我们都觉得很有意义，但多个学校一起参加，志愿者多于服务对象，十多人不知道干吗。当时有一个活动是一边放音乐一边玩，但音乐很大声，两三个孩子一直哭，声音太大受不了就一直跑来跑去，但也没有太多人去理会，跟主办方反映他们也没有给出一个解决方案。这个活动是短期的，两个月一次。

D：组织方设计有问题，人数不平衡应通过一些合理设计让大家都有事干，但主办方没有考虑好这个问题。还有放音乐放得很大声就是设计考虑不周全。

> C：没有考虑到服务对象是否能承受这个意愿。还有资源浪费，没有考虑到这个志愿服务到底需要多少人，所以盲目地接受了很多学校，很多志愿服务活动也是这样，大家就不能完全参与到活动中。
>
> A：我看过我们那边医院里的志愿者。我很困惑的就是那些医疗方面的志愿者本身医疗知识是否充足，是受过训练还是随便报名就可以参加？

◎助教银杏带领的小组分享志愿服务经历，讨论存在问题

> E：加入社区实践部，每周三下午去敬老院和温馨家园。温馨家园服务于智障人士，活动分为文化类和手工类，我教了手工制作，但做得不好，有一部分同学不喜欢手工制作，所以效果不好。
>
> F：这是一个长期志愿服务活动。因为受助群体人数较多，没法照顾每个人的需求。原因是志愿者的培训不够，和事前计划不周全。
>
> G：E分享的，我觉得是双向沟通不好，温馨家园没有向志愿者提供信息反馈。
>
> H：支教类，实行轮班制。有的人想做有的人不想做，不想做的人为了得学分必须做，想做的人想长期地做，但是不给机会也不给培训。孩子们觉得志愿者来了就走，已经产生了失望。双方都是消极的影响。
>
> E：长期活动，如果同一批人参加，情况会好一点。不想去的人为什么要加入这个部门呢？想去的人也可以主动地去帮忙。
>
> F：团队管理问题。不想去的人奔着学分而来，断断续续的志愿服务对孩子不太好。
>
> G：校青协、国际志愿部，帮助留学生进行文化交流。存在的问题：气氛尴尬，没有找到他们感兴趣的话题，相当于硬塞给他们一个话题，全场死气沉沉；反馈不真实，跟我们说还不错，跟朋友说很无聊，导致参加人数越来越少；成员很多，到场的人很少。

> H：这是一个短期的志愿服务。关键在于活动设计不完善，管理不完善，责任感和凝聚力不强，大家都觉得这个活动很"水"。
>
> E：最大的问题是志愿者和留学生的沟通，没有共同的期望，没有活动设计。应该先了解他们想要什么，再来设计活动。

10:05，工作坊开始第一个大组讲座。在这一环节，讲师土豆从自身经历和见闻感受出发，结合学员志愿服务经历分享，提出志愿服务"旅游化"、志愿责任"戏谑化"、志愿心态"完美化"、志愿管理"松散化"、志愿理念"表面化"等大学生志愿服务中的常见问题，并通过自身反思视角的引入，帮助大家改善志愿服务心态和缩小志愿服务目标，将工作坊的讨论内容也锁定在志愿者力所能及的范围之内。

10:15，助教们组织各组学员，针对讲座中志愿服务常见的各项问题，讨论可能的解决办法，并将本组的想法写在工作人员准备的纸板上。经过10分钟的讨论和2分钟的绘制，主持人请各小组派出代表，上台展示本组的讨论成果。学员在讨论过程中便"脑洞"大开，提出了诸多有意思的建议，在展示过程中讲师们也纷纷点头、表示鼓励，但展示内容在结构性、系统性上有所缺失，存在不成熟之处。

◎ **助教黑熊小组提出的建议**

> I：活动类和会议类志愿服务不一定要门槛，支教类需要。
>
> J：要有规则，有设计，应对管理松散化。
>
> I：预想问题，提出解决方案。
>
> J：志愿者要有交流。要有定期会议、工作坊。
>
> K：前期设计和反馈。
>
> I：活动之前了解服务对象，预想需求，提到特殊群体。
>
> J：活动之外的交流。
>
> I：除了直接群体，还要对相关人员进行了解，比如家访。
>
> I：和主办方进行沟通。

◎助教花生小组提出的建议

> D：主要是沟通，获得对方需求是一个比较复杂的问题。第一步取得信任，展现出一种低姿态。第二步取得共情，一开始可能不知道要说什么，就应该针对志愿服务活动本身去跟他聊，然后一步步探出关注的点是什么，他最关注的一些核心的东西，引导他说。你也要暴露自己，你要把你这方面暴露给他，让他更进一步。但接下来我觉得就比较困难了，接下来就是一个协商的阶段，两人之间要进行协商。
>
> C：我们应该做一些准备，了解他们的经历、习惯，不可能直接就谈到信任的问题，准备是必要的。沟通方面有些是互通的，姿态应该是平等的态度而不是低姿态。
>
> B：志愿者比较被动，组织者已经安排好了，志愿者去就好了。所以志愿者应该提出看法，而不是结束后就不理了。
>
> D：积极有为。我参加的活动大多是志愿者自己没什么推理。有时候一开始很有热情，但因为在组织的管理下，后来没转化成动力反而成了服从。
>
> C：可通过主办方或活动组织者来获得志愿服务活动的评价。
>
> B：可通过服务对象获得他们对下期活动的期待值。

10:50，工作坊开始第二个大组讲座——"主位诉求"概念及工具，由笔者主讲。笔者按照从主位到主位需求，再到主位诉求的逻辑，提出"主位诉求"的概念，进而阐释递进式服务策略，帮助学员们理清志愿服务思路。最后提出"主位诉求"的三角验证工具，从主位、客位、客位引导下的主位三个维度，回答志愿服务需求的深入挖掘、志愿服务效果的评估转化、志愿服务质量的改善提高等问题。

11:20，助教们交代团队任务，如队名、队歌、队舞等，简要介绍各个小组将要进行活动设计的案例背景，并提醒大家及时回到场地，开始午饭。

图中文字：

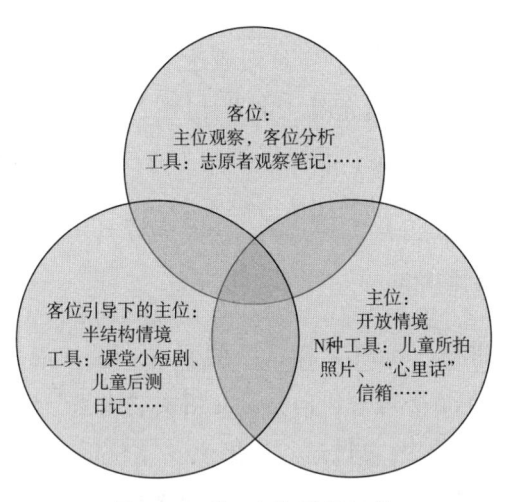

客位：
主位观察，客位分析
工具：志愿者观察笔记……

客位引导下的主位：
半结构情境
工具：课堂小短剧、
儿童后测
日记……

主位：
开放情境
N种工具：儿童所拍
照片、"心里话"
信箱……

图 6-12 "三角"验证工具

12:50，学员们陆续回到活动场地，5 分钟的热身活动后，主持人重申工作坊规则，并带领大家共同回顾上午的讲座内容，帮助大家梳理思路和设计重点。

13:05，助教们引导学员设计小组活动。首先助教用 5 分钟的时间介绍各组案例背景，服务对象包括盲童学校、城市小学六年级、农村中学初中一年级、北京打工子弟小学二年级。在随后的 40 分钟里，学员们积极交流、通力合作，完成志愿服务的活动设计初稿。

13:50，主持人安排四个小组两两对战（battle），由一个小组首先进行展示，然后由另一个小组进行点评，点评期间本组成员不能回应和反驳。之后，再转换角色，另一组展示，本组点评。其间助教们故意煽起火药味，使得小组间竞争意识大大增强，场面也显得更加活跃和热烈。

14:15，助教们引导学员根据对方小组所提意见，修改活动设计，并根据助教提供的模拟观察笔记，帮助学员们调整工具，完成第一次活动设计。最后，小组成员共同完成愿景图，并进行团队展示的排练。

14:50，活动展示。四个小组轮流上台，首先介绍各有特色的队名，即"老司机""不如跳舞""一起摇摆""我们爱学习"；又在轻松幽默的气氛中表演队歌队舞，接着配合生动形象的愿景图，介绍志愿服务的方法和工具，以及第一次活动的设计方案。每个小组展示结束后，讲师都会进行点评，使得活动设计更加完善。

15:30，工作坊进入尾声。学员们表达工作坊的收获和感受，并完成后测问卷。主持人向学员们介绍"水果社区"，告知在志愿实务中有任何问题都可在社区中提问交流。最后，讲师为每位学员颁发证书和"水果"徽章，并邀请每位学员和助教团队合影留念。

（二）案例设计

工作坊通过讲座、小组实操、组间互动、设计展示等环节，引入"主位诉求"的志愿服务理念，向学员介绍由"水果"团队开发出的需求挖掘工具，并通过案例融会贯通。如果说"主位诉求"的理念和方法是工作坊的"筋"，那么案例演练就是非常重要的"肉"。本部分也将挑选出"盲人学校五年级组"的案例内容和活动练习，进行完整展示。

在小组讨论过程中，案例背景是在讨论开始时提供，学员在组内根据案例背景进行初步的活动设计，而后进行组间 battle。在此之后，助教给出本组案例内容的模拟观察笔记，学员们根据组间 PK 时获得的意见或建议，及模拟观察笔记，进一步挖掘服务对象的需求，对活动设计进行修改和完善，最终上台展示。

◎举例：盲人学校五年级组

本组以"水果"第四代志愿者花生为助教，带领 4 位学员，以一所北京市区的盲人学校五年级二班为活动背景，开展活动设计。

📖 **案例内容**

这是一所全日制的特殊教育学校，专门服务于视障学生。校内设有幼儿园、小学、初中、高中、职高五个部门，小学、幼儿园学生基本采取走读制度。校内无障碍设施较为齐全。

本小组服务对象是该校小学五年级二班的孩子。学校对于小学部的孩子除了基本的视障训练课程以及诸如语文、数学等基础课程外，还设有校本课，授课内容只有三类，即棋类（五子棋、围棋等）、手工类（陶艺、航模等）和体育类（跑步、游泳、形体等），并采取选修制度，一周一课时；学生基本在校接受教育，学校很少组织外出春、秋游。校方提供的志愿服务时间为一个课时，即40分钟，且只能双周周五下午最后一节课去。

以下是五年级二班的基本情况。

①班主任为男性，毕业于北京某大学特殊教育专业，对于志愿服务表示欢迎，但由于校方要求，需在志愿服务期间全程在场。

②班里共有30名学生，男女比例大致上是1∶2，采取男女混坐的方式，三人一桌，共有两大组。

③班主任说，经过多年的训练，班里的孩子普遍都能自如行动。

④班里有几个男生比较调皮，女生普遍文静内向，男女生关系比较紧张。

⑤教室里有一个黑板，教学仪器只有盲文写字板、拐杖等，教室较为宽敞、空旷。

在这个案例中，通过对盲人学校空间环境、设备设施、校方态度和班级情况的介绍，工作坊暗示了若干需要引导的要点。例如，学校设有幼儿园、小学、初中、高中、职高五个部门，那就应该关注服务对象同较高、较低年级同学之间的互动；学校设置的校本课，提示学员设计音乐类的课程，关注视障儿童听力敏感的特点；班主任的持续在场，引导学员思考如何发挥班主任的作用；宽敞、空旷的教室引导学员思考是否可以进行一些非教学式、宣讲式的互动。

📖 模拟观察笔记

志愿者根据本小组的志愿服务对象和主题，撰写了若干段存在问题的观察笔记，供学员练习使用。

片段一

第一节课一开始，志愿者向孩子们进行自我介绍。这节课班级里的氛围比较安静，但有3~4个男生埋着头戴着耳机在悄悄听歌。志愿者问他们在听些什么,他们也没回答,志愿者也没办法便走开了。可能他们真的觉得志愿者讲得太无聊了吧。

片段二

当志愿者开始向孩子们介绍自己的学校时,有几个女孩很感兴趣,其中一个问:"大哥哥大姐姐,可不可以去你们学校转转?"

这时候有一个男生马上跳出来反驳:"想太多,教导主任怎么会让我们去?"

女孩说:"我也就问问,都快六年级了学校都没组织过春游,我弟弟他们学校都出去玩好几次了。"

志愿者问:"你弟弟在哪所学校呢?"

女孩答道:"不是我们学校,在外头其他的学校。"

片段三

当志愿者问到孩子们平时周末在家都喜欢做些什么的时候,有个女生说:"看电影!"(后来经过网上搜寻,发现是一种专门为视障群体设计的配音式的电影)当志愿者追问她平时还用手机做些什么时,她便开始滔滔不绝地介绍 iPhone 的各种功能。这时,旁边有几个孩子悄悄对志愿者说:"全班就她一个人有 iPhone,我们都没玩过,向她借了好几次她都不给玩儿。"

模拟观察笔记反映课堂活动、日常沟通等盲童生活的几个方面,其中含有故意设置的陷阱,体现记录者的不足之处;也含有众多引导要点,启发学员思考更多的需求照顾和更完善的活动设计。例如,片段一体现了记录者失误——引入自己的主观判断,"可能他们真的觉得志愿者讲得太无聊了吧",也体现志愿者的引导方式需要提升;片段二体现了服务对象有了解志愿者、发现世界的兴趣和需求,也提醒学员注意盲人学校和正常学校的区隔以及盲童的社会融入;片段三则体现了服务对象的贫富差距,考验学员如何处理这类问题。针对模拟观察笔记的具体分析请见下文。

◆ **活动方案**

本小组以盲童这一特殊群体为服务对象，在较大程度上激发了学员的兴趣和潜力，针对服务对象的基本情况和特殊问题，助教花生带领4位学员设计三角验证工具、活动周期和首次活动的整体方案，细节如下。

花生：我们要根据我们的案例和上午讲的三角验证方法，来设计一套属于我们这个案例本身的工具，我们不一定要局限于老师刚才讲的那些工具，我们要先跳出，以我们自己的视角来看我们所需要的工具，以我们自己的视角得出一些看法。现在我需要另外一台手机，轮流计时。请A计时5分钟，大家开始阅读材料……

◆ **设计客位工具**

花生：现在我们先来回顾一下那个三角工具，最上面的是客位，右下角是主位，还有一方是谁引导谁？客位引导主位对不对？那我们这个案例中谁是主位？

B和C：盲童。

花生：对。是整个学校的盲童还是这个班的？

D：这个班的。

花生：对。客位是谁？

B和C：我们，志愿者。

花生：对。客位引导主位所以是志愿者引导盲童。客位这方面我们可以设计出怎样的工具？

B和C：照片，笔记。

B：空间照护。

花生：空间照护是一种方法，通过空间照护来获得我们的材料，我们先写在旁边。可以结合早上，老师讲到客位，大家可以想想除了这些材料，还有什么？

C：班主任反馈。

花生：对。班主任反馈很重要，但我们主要服务对象是盲童，所以班主任反馈可以作为一个第三方材料。

客位我们本身选择方式比较少，因为观察方式就那么几种，比如录视频啊、拍照片啊，但是观察笔记具有一定独特性，因为站在志愿者本身立场上，站在客位进行观察，其实是有意识的观察。视频、照片只能作为一种辅助材料帮助我们进行理解，可以和文字一起呈现在观察笔记中。那我们观察笔记可以记录一些什么内容？

D：行动，受助者的行动。

B：反馈，反思。

花生：我们写观察笔记是为了客观地还原一个场景里人的行动、反应之类，刚才B说的其实是观察笔记的一个作用、结果。

D：心理特点，通过人与人之间的互动反映他们的心态。

花生：其实我们观察的点还是他们的互动对不对，那互动中我们设计的主体有谁？

C：受助者和志愿者。

花生：对，两人以上的互动。还有别的吗，结合老师讲的？

B：环境。

花生：那有什么环境呢？

C：学校设施，还有校外环境。

花生：还有吗？也可以观察班级里面的设施，你觉得可以激发你想法的东西都可以记录在里面。那如果有一个小孩很突出，从来不听你的话，你觉得这个可以记录吗？

B和C：可以。

花生：那这个应该叫什么？对，典型个案。

其实观察笔记包含这些内容，但不局限于此。

◆ **设计主位工具**

花生：我们可以设计一些主位工具，主位就是盲童自主的，我们不去引导他们，看他们怎样去进行表达。

B和C：面对面交流。

花生：说的方式也需要一些载体，用什么东西让他们来说，假如进行一个记录的话？

我们很多主位工具是可以让我们课后进行分析的，那我们怎么记录下来，他们可以怎么对我们说？手机里都有一个功能叫录音，那你觉得录音对他们可行吗？

B：交流需要开放的环境，那对于盲童应该怎么表达出来？那可能有点困难。

花生：我们可以先不考虑怎么去让他们表达出来，先考虑我们用什么方式让他们讲出来。

B：订一套小规则，比如你今天开心就吃一个开心果，不开心就怎样，每次通过这个观察他们开心还是不开心，你发现他们对你表达开心的方式越来越多，就可以开始进入了。

花生：就通过一个比较简单的方式进入。然后我们考察群体时不要带太多预判，尽量多想一些方式让他们说出来。大家觉得有什么好的方式吗？

刚才说录音，那可以每个人发一支录音笔吗？这种就是比较私密的聊天方式。

这是课后交流方式，那我们需要设置一些规则吗？比如提问之类的需要吗？因为我们希望他们能做主位方面的表达，所以我们可以有引导地进行表达。

B：提前录好一些问题，让他们回答。

花生：其实这也是课后的主位表达，一方面录音笔可以激发他们表达，另一方面我们可以在录音笔中录问题让他们回答。还有别的吗？

C：可以让他们教我们盲文啊，跟我们讲讲这些设施怎么用啊，等等。

B：可以再拓展一下，让他们展现自己的特长，找到自己的价值。

花生：这个看上去是他们在教我们，其实反过来也是我们在引导他们，这是个很好的想法。

……

◆设计第一次志愿服务活动

花生：我们要到服务对象身边了，我们该怎样开展活动？那先回答：第一次活动我们试图达成什么目的？

C：先初步了解他们，进行一些交流。

D：还有让他们了解我们，可能更重要。

花生：对，相互了解。

C：可以多听听他们的想法，他们对我们的活动的建议。

B：先介绍我们活动的东西，看他对我们的活动规则是否赞同。

花生：对，我们刚才设计了这么多工具，我们是不是要把这些工具在第一节课介绍给他们？那现在我们有了目标，就可以开始进行流程设计了。我们走进课堂第一件事是什么？

B：打招呼。

花生：对，然后呢？

B：自我介绍。

花生：大家觉得需要花多少时间呢？

D：5个人是吧，10分钟就好。

花生：整个活动时间是40分钟。

C：5分钟就好。

花生：那盲童该怎样了解我们呢？我们都在一个熟悉的环境之下才能互相了解对不对？像今天早上我们互相都不了解，我们可以进行一些什么活动？

C：破冰小游戏。

花生：对，那有什么破冰小游戏呢？

D：破冰30人，是不是有点多了？

花生：没错，所以我们可以考虑分组。那有什么好的游戏吗？

D：一组5人，每人拿一个纸条，"写"一个词语，放到信封里，每人抽一张，抽到后讲一个自己与这个词语有关的东西。

花生：班主任在场，我们可以利用班主任的资源帮助我们。"写"的东西我们不一定看得懂，所以我们就可以让班主任帮我们看看。

D：也可以我们先写好。

C：可以放一点音乐，音乐中有一些词语，让他们捕捉到这些词语，然后说这些词语，看谁快。

花生：音乐捕捉游戏。那我们怎么进行这个游戏？

C：先分组，一组6人。

花生：需要花多少时间呢？我觉得差不多15分钟？那我们先定15~20分钟。

我们在充分了解对方的基础上进行需求挖掘，那需求探索方面我们应该怎么做呢？还有我补充一点，破冰我们一方面是活跃气氛，另一方面想让我们了解他们，那我们怎么把了解结合进去呢？我们设计工具是为了让他们给我们一些反馈，那我们应该怎样运用这些工具，怎样在活动中进行体现？

我们在原来活动基础上再做些什么？

其实前两部分都是一个熟悉过程，然后在相互熟悉的基础上可能的话进行需求挖掘，我们在下次活动时可多做准备，尽可能提升，更好地完成他们的愿望。

其实我们现在还要把我们的工具介绍给他们对不对，比如录音笔怎么使用，所以这就是第四步。我们不要先对他们进行一种预判，就把他们当作普通孩子。

B：可以进行一些趣味抢答游戏啊！

C：还可以进行游戏吗？

花生：对，其实我们对志愿服务有一点误会，（这种）志愿服务不一定要讲授一种课程，有时就是一种陪伴。那我们还需要他们表达什么？

C：兴趣爱好。

花生：还可以问什么？

C：分享自己和好朋友的故事。

花生：他们有校本课，我们就可以问一下他们对校本课的态度，通过他们对校本课的态度我们来进行一些学习，他们喜欢校本课我们就看校本课有什么优点，不喜欢我们就摒弃缺点。

录音笔的使用，我们需要花多少时间？

B和C：10分钟。

花生：我们之所以强调时间，是因为需要你们对活动有一个基本的把控，时间不能超出得太离谱。

我们来尝试画一下，首先呢，我们有一个三角验证工具，画一个三角出来，客位这方面我们设计了观察笔记，是以文本的客观记录方式，把主观的分析带入，我们可以观察很多方面内容。包括：(1) 智障儿童特殊的行为方式；(2) 互动；(3) 空间环境；(4) 典型个案。主位方面，我们有录音笔，希望他们有自主的表达。

花生：第二张纸呈现我们第一次活动的内容，首先我们是打招呼+活动介绍，5分钟；下一步破冰，也就是音乐捕捉比赛，看谁抢得快；对我们做一个自我介绍，15分钟；接下来类似于挖掘需求的环节，趣味问答，从问他们的兴趣过渡到了解他们的生活，包括好朋友、校本课等，10分钟；最后给他们介绍工具——录音笔和心情小信封。

◆ 结合模拟观察笔记进行设计

花生：我们现在看几段观察笔记，这个可以启发我们。在发给大家之前我们先想一想，我们可以用观察笔记来做些什么？

C：可以先回顾一下活动内容，然后大家讨论，看哪些方面比较好，可以继续保持。

花生：对，观察反思，还有吗？

观察笔记是可以进一步发掘服务需求的，志愿者忙于活动可能没有观察，但观察笔记可以还原我们看到的内容，可以帮助我们发现需求，可以跟进三角框架的内容，对活动进行改造。

现在大家先读一下。

花生：大家觉得这个观察笔记写得怎样？观察笔记是客位工具，就应该尽量客观，大家觉得做到了吗？

C：第一个片段："可能他们真的觉得志愿者讲得太无聊了吧"就不是客观。

花生：对，但其实要完全避免主观很难，以后我们就可以把主观文字括起来、加粗、用斜体等。

下面我们来讲讲从这个观察笔记中我们发现的问题，存在什么需求？

A：学校没有考虑到学生春游的需求。

B：贫富差距下的心态问题，孩子悄悄跟志愿者讲已经有一种信任，建议不要把那个有iPhone的女孩单挑出来讲，这样不好，我们应该去引导他们看待这些物质方面的问题。

C：把自己与外界区分开了，他们自己感觉与外界区分度很高，就可以对他们的社会融入做一些引导。

D：学校对他们的思维、行动限制很多，对我们来说应考虑活动怎么和学校协调。

花生：这反映了很大一个问题，就是志愿者和主办方的张力，志愿者应如何去协调？

大家还有什么发现吗？观察笔记其实就是让你在不经意的细节中发现他们喜欢什么，存在什么兴趣。

有时候即使只是一两个同学的行为，我们也可以进一步探讨。

C：我们可以向他们多介绍一些我们的学校生活，让他们了解我们。

B：送他们一些有声明信片什么的。

B：那个女生渴望我们对他们有种价值上的肯定，我们就可以让他们来教我们，当我们的小老师。

C：志愿者引导方面不够。

花生：对，观察笔记也是对志愿者本身的一种体现。

下面我们可以根据观察笔记在图纸上面展现一下发现的问题，以及补充我们的志愿服务工具……

最后我们就可以画一个愿景图，就是我们希望志愿服务达到什么效果。校园里面手牵手之类的，大家可以一起画，画成什么样都没关系。

~~~~~~~~~~~~~~~~~~~~~~~~~~~~~~~~~~

笔者在此做一下小结。从上面的现场还原可以看到，首先，助教花生很好地引导本小组学员展开讨论，并紧紧围绕着服务对象的需求，选择三角验证的服务工具：在客位方面，本小组采用观察笔记，记录空间环境、典型个案、互动情况和盲童特殊的行为方式；在主位方面，采用录音笔的形式，让盲童通过录音笔把想说的话告诉志愿者；在客位引导下的主位方面，同样采用录音笔，但在其中加入志愿者的录音进行提问和引导。

其次是活动周期，按照学校的要求，本小组设定为每两周进行一次志愿服务活动。关于首次活动的设计，本组以相互了解、应用工具、挖掘需求为目标，具体活动流程如下。

①自我介绍：包括志愿者自我介绍、团队介绍、规则介绍等。志愿者的自我介绍采用让盲童以糖果的味道来辨认志愿者的方式，不啻以味觉弥补/置换视觉，很好地将感觉经验应用到特殊群体的志愿服务中去。

②破冰游戏：首先按座位进行分组，六人一组；然后进行音乐捕捉游

戏，主持人播放音乐，音乐中含有某些特定的词语，最先说出词语的小组获胜。盲童中的获胜者要进行自我介绍。

③需求挖掘：通过分组聊天的形式，围绕兴趣爱好、日常生活、人际关系、对校本课的看法等，对服务对象进行进一步了解。

④应用工具：把录音笔介绍给服务对象，并教授使用方法、叮嘱不要丢失等。

最后是长期规划，经过助教与学员的充分交流和广泛讨论，结合背景信息、模拟观察笔记以及盲童学院的特殊环境、服务对象的特殊情况，本组决定在以后的活动中，重点关注服务对象希望了解志愿者、接触外部世界的需求和社会融入问题，采用有声明信片、外出春游等活动形式，既作为激励手段、奖励方式，也可满足盲童需求。当然在这个过程中，与学校方面的组织沟通、协商交涉非常重要。同时，还要强调观察笔记的规范记录，尽量不要加入自己的主观判断，如必要，可在文末用其他字体表明。

四　工作坊成效

目前举办的四届"水果"工作坊因形式多样、活动高效，均受好评。首届"水果"工作坊（2015年）初试啼声，旨在奠定基础和收获关注。第二届"水果"工作坊（2016年）从有到精，在环节设置和内容设计上更加精细化和人性化，既满足了学员的期待与需求，又实现了工作坊推广原创志愿服务模式的初衷和目标。第三届"水果"工作坊（2018年）则继续扩大社会影响，学员不仅包括中国人民大学5个学院的学生，还包括公益机构的产品经理、幼儿园老师、社会工作者等等。第四届"水果"工作坊（2021年）在保留前三届工作坊的基本框架的同时，在内容设计和呈现、社会影响范围、活动总结与产出等方面均进一步拓展。

在效果评估方面，工作坊采用前测和后测问卷，获取学员的意见。前测问卷主要包括学员得知"水果"工作坊的途径、对工作坊的期待及个人对志愿服务的既定理念和态度。后测问卷主要包括学员对工作坊形式和内容的评价，个人对志愿服务中理念态度的改变，以及收集学员对于改进工作坊的建议。现以第二届工作坊为例，简单介绍学员的反馈情况。

（一）效果评估

根据对前测问卷与后测问卷的分析可知，本期工作坊对学员改善志愿服务的心态与方法、提高志愿服务的理论与技术水平颇有裨益。15 位学员在掌握讲座内容、掌握培训内容、调整服务心态等方面都有所收获。

◎讲座内容掌握情况

在方法讲座中，讲师从主位诉求理念、三角验证工具和递进服务策略三个方面进行志愿服务理论与方法的讲解，问卷从理解含义、理解描述、活动运用、总体掌握程度四个方面评估学员对讲座内容的掌握情况。

数据显示，学员对三个知识点的总体掌握程度都比较高，其中最高的是主位诉求理念（4.27 分，5 分为满分），最低的是递进服务策略（3.84 分，5 分为满分），提请工作坊在递进服务策略的讲解比重和质量上应有所提高（见图 6-13）。

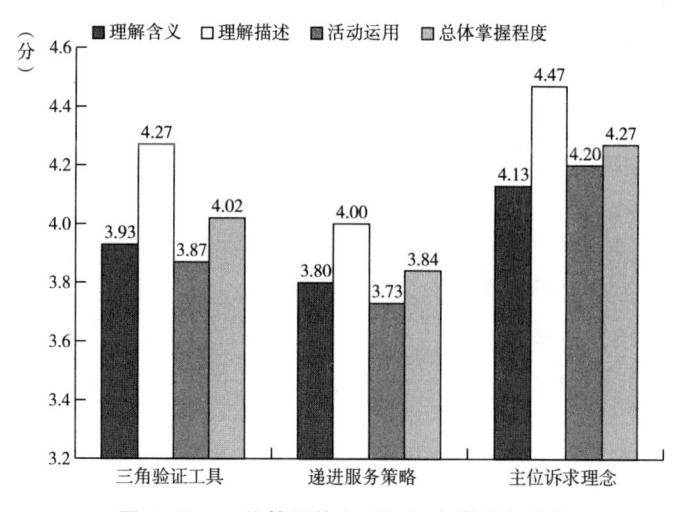

图 6-13 工作坊评估之"知识点掌握程度"

◎培训内容掌握情况

工作坊在前后测问卷中，对服务质量、需求评估、需求挖掘、活动设计四个培训内容的掌握程度进行了测量。数据显示，学员在需求评估、需求挖掘、活动设计三个方面的掌握程度上表现出很大进步。其中，需求评估从 3.8 分提高到 4.6 分，需求挖掘从 2.4 分提高到 3.87 分，活动设计从 3.13 分提高到 4.07 分。

◎ **志愿服务心态情况**

"水果"团队在志愿服务实践中发现大学生志愿服务团队常见的主要问题有志愿服务"旅游化"、志愿责任"戏谑化"、志愿心态"完美化"、志愿管理"松散化"、志愿理念"表面化"等，并且在"心愿树"环节收集的信息也体现出学员在从事志愿服务所应抱有的心态，志愿服务的定位、意义、目标等方面存在较多困惑，工作坊培训的目标之一就是协助学员调整并建立理性的志愿服务心态，具体来说包括：

①了解志愿服务对象需求的重要性；

②认识到活动设计的重要性，树立责任感；

③认识到大学生志愿者的角色与作用——投入时间、精力有限，作为大哥哥、大姐姐的陪伴，与家长、老师有所区别；

④志愿服务活动实际情况与效果可能出现不理想的状况，建立合理期待。

通过前后测问卷中对下列问题的反馈进行分析：

①我认为了解服务对象需要什么很重要；

②我认为志愿服务活动的质量更多取决于受助群体的情况，而不是活动设计；

③我认为志愿者起到的作用不如老师和家长；

④我认为志愿服务必须保持一贯的高质量。

问卷结果分析显示：

①学员认识到了解服务对象需求的重要性，前后测均体现较高的认同度；

②学员对于活动设计的重要性认知有所提高；

③学员对于志愿者角色与家长、老师不同的认知有所提高；

④学员认同志愿服务质量的重要性，前后测保持稳定。

（二）参与感受

除以简单问卷的形式评估第二届"水果"工作坊成效外，学员均当场畅谈了参与工作坊的感受，"干货满满""烧脑"等均是学员们提及频率很高的关键词。下面笔者将参与感受扩展至四届工作坊中，展现讲师、助教和学员等参与人员的感受与收获，从中可以更加全面和具体地感受到"水果"工作坊的魅力与成效。

大嘴（首届"水果"工作坊讲师）：

"水果"工作坊是我们对志愿服务的一次革命性尝试，通过赋权工作坊参与者的形式，将原来基于一个群体的志愿服务理念及方法推广到不同的志愿服务实践中去。本质上看，"主位诉求"理念和"三角验证"递进式方法是将志愿服务从短期性、旅游化、戏谑化变为长期性、深入化和专业化的过程。一天之内完成这一过程，意味着需要非常有针对性的启发、引导，并面临较大压力。我们的助教既启发、引导他人，又承受压力，他们完美地诠释了"有领导力的志愿者"的内涵；而学员们像一颗颗种子，让我们看到了志愿服务改变的希望。

年糕（首届"水果"工作坊助教）：

对我来说，"水果"工作坊是大学生志愿服务模式改变的一大创新，我们不再满足于自身小范围的实践，而是让更多的志愿者通过参与工作坊加入进来，建立社区，共同探寻志愿服务的改进之路。

饺子（首届"水果"工作坊助教）：

对于我们"水果"到底有没有可推广性，无论之前自己有多么笃信，诚实地说，在工作坊开工之前，我的内心都是抱着一些怀疑态度的。直到我作为一个参与者直接参与到第一次工作坊从准备到完成阶段的整个过程中时，通过对自己案例的分析以及对其他助教案例的理解，我才真正感受到了我们"水果"所倡导的理念的可推广性。

恐龙（首届"水果"工作坊学员，"水果"团队第五代成员）：

在工作坊，我看到了大三、大四的学长学姐，看到了已经参加工作的前辈，看到了和我一级的朋友，大家对志愿工作的热情给我很大激励。虽然志愿工作一直都不仅仅是依靠热情就可以完成的工作，但是目睹这么多志同道合的伙伴用这么大的热情，花费这么多的时间，投入这么大的精力去面对这样一份志愿事业，我这样的晚辈还是深受触动的。

ZW（首届"水果"工作坊学员）：

在为期一天的"水果"工作坊的活动中，最打动我的是："水果"里的每个人都对志愿工作有着感人肺腑的热情，还有在"水果"工作坊中利用的计时法（后来知道常规活动其实也是），每次活动设计都精确到分钟，最高效地利用时间，让我这个重度拖延症患者深受感动。

LY（首届"水果"工作坊学员）：

作为一个老志愿者，"水果"工作坊的志愿服务模式很好地解决了我在参加形形色色的志愿服务活动中的那种无所适从与迷茫感，真正觉得我们的志愿服务活动需要认真细致地谋划而不是简单完成任务，需要真正理解服务对象的需求而不是自己一厢情愿，需要长久的坚持而不是一时的冲动想法。除了这些，工作坊也让自己认识了很多同样热心公益的伙伴，让自己的志愿路上多了些同路人。

音画梦想张卉（第三届"水果"工作坊学员）：

很开心终于等到了第三届"水果"志愿服务工作坊，果然是干货满满！无论是上午的破冰、志愿故事分享，需求收集、理论讲座和工具分享，还是下午的模拟案例分析及真实案例研究，整体的工作坊体现出了"水果"人把理论研究与行动相结合的风格。长期以来都很欣赏富老师和"水果"社团能够扎实地边研究边行动，同时还把多年的志愿服务经验和关于社会学、人类学的专业思考提炼成简单的模型和工具分享给更多人。希望自己在未来的工作中能切实用到这些工具，与"水果"团队一起推动公益项目越做越好！

社会与人口学院 2015 级本科生陈锐（第三届"水果"工作坊学员）：

一个靠爱和知识共同发电的、优雅地结合理论与实践的有人格魅力的志愿组织！教你学会从他者主位出发去观察和挖掘。"将心比心"说起来容易，又有多少人能真正付诸实践？表白"水果"是因为它从知到行，从志愿服务到日常生活，都真的做到了呀！

艺术学院 2017 级本科生李欣哲（第三届"水果"工作坊学员）：

佩服"水果"团队的用心与深度，每个团队策划的活动案例，都让我想起了自己过去参加的志愿服务活动。通过案例的分析和反思我认识到了自己过去参加志愿服务的误区。现在才明白，志愿工作是一种递进式的活动，而不是单单的走心就可以，每个环节都需要理论方法的指导和精心的设计。我们需要挖掘服务对象的需求，才能真正地帮助需要帮助的人。

（三）组织凝聚

不可否认，工作坊是"水果"组织向外宣传"主位诉求"志愿服务模式的最佳载体。更为重要的是，工作坊还是化解组织危机、增强组织凝聚力的有效手段。正如上一章所述，五代负责人松鼠和六代负责人铅笔由于对"主位诉求"专业理念的不同理解和实践而爆发了激烈的冲突，在不能改变现有僵局的情况下铅笔选择出国交换，让自己冷静一段时间思考组织的未来出路。2018年春，六代负责人铅笔拎着行李箱从机场直接步入活动设计的教室，其敬业精神令六代和七代志愿者大为震惊。六代负责人认为组织发展的当务之急，是重启"水果"工作坊，通过培训志愿者重新阐释专业性，修复组织的专业危机，并将"水果"组织的发展推上一个高峰。

> 工作坊会把"水果"一整套的活动流程、它背后蕴含的知识点讲得清清楚楚，能理解到"水果"是有真东西的。以前我们参加活动要写很多笔记，很累的，那时不能从专业角度去理解这种做法，那工作坊就能提供这样一个理解和参透的平台。特别是"水果"还很有历史，我们也是从工作坊才知道。（七代核心志愿者梧桐，2019年8月）

> 原来我们的方法是这么来的，然后了解了"水果"从最开始到后面慢慢发展不断思考的问题。当时自己留不留在"水果"都可以，但是参加了工作坊就跟洗完脑一样，觉得之前做的事情都有了意义，我要继续做下去。（九代负责人四叶草，2019年9月）

从组织层面来看，工作坊是重新思考组织独特性和发展内涵，丰富组织文化内涵的有效工具。如上所述，工作坊的讲师和助教全部由"水果"

志愿者担任，在指导学员设计志愿服务活动时，助教团可将已有方法和工具在新的志愿服务场景中活学活用，融会贯通，加深对"主位诉求"背后社会学、人类学认识论的理解。而且，工作坊是提振士气、增强组织凝聚力的契机。很多志愿者加入和选择留在"水果"，均是受到工作坊的积极影响。六代负责人铅笔重启工作坊的一个重要原因，也和她是第二届工作坊的学员，深知工作坊的重要作用紧密相关。

工作坊是一次高强度的知识接受过程，可以解释为何需要长期的志愿服务、如何摆正志愿心态、如何与服务对象进行沟通、如何了解服务对象真正的需求、如何满足自我效能等令志愿者心存疑惑或力不从心的问题。组织的历史、价值观和专业技能会帮助志愿者燃烧志愿热情，坚定服务信念，并下定决心将"水果"的组织文化传承下去。2018年6月的工作坊取得了巨大成功，9月志愿者招新吸引了大批多学科的大学生报名，随后接手组织的第七代志愿者也大受鼓舞，信心倍增。

五　小结

本章不同于前述几章的"论述"体例，而是"报告"了"水果"工作坊的筹备和实施状况。"主位诉求"志愿服务模式希望能应用在不同志愿服务场景中，并根据不同情境进行志愿服务方法的适应性转换和革新。"水果"工作坊是一场年轻人的知识聚会，既向青年志愿者介绍和推广"主位诉求"服务方法和"递进"服务策略，其本身的设计又是"主位诉求"模式的应用。如工作坊案例是不同服务场景的模拟，再如参与其中的助教团成员通过工作坊深化了对于"主位诉求"模式的理解和认同。同时，四届工作坊的举办也对化解和修复组织危机，提升组织专业性，重建组织凝聚力发挥了不可替代的作用。笔者希望通过本章的详尽介绍，为相关志愿服务的推广和应用工作提供参考。

第七章
结论：迈向行动民族志的可能性

从行动入手做民族志研究，绝不仅仅是用爱来驱动的瞬间行动力，而是需要花费大量时间和精力去观察和参与、用知识去涵育的行动过程。行动力不等同于行动过程，从行动力转换到行动过程应该是打开行动的正确方式。更进一步，有无可能提出一种以行动为取向并反观行动过程，以行动过程作为研究对象的行动民族志呢？这也是本章以及本书最终想解答的问题。本章拟从行动/介入人类学的发展脉络出发，结合本书的研究发现，通过和行动研究的比较，总结并凸显人类学在应用和行动研究这一新兴领域的独到之处。

一 行动与介入

某种意义上，人类学是为应用而生的学科。在最广义的西方脉络[①]中，人类学从最初和殖民主义的勾连至经济萧条时期对于政治权利和社会不平等的关注，到战争中对于政府和军方的智识援助，再至为新兴民族国家的发展和变迁提出指导意见，现如今已应用到福利、公益、健康、环境和经济等社会生活的方方面面，人类学的应用取向不仅扩大了传统人类学的视野，其越来越多的介入式行动也对传统人类学的认识论和方法论提出新的挑战。

---

① 以美国为代表的社会文化人类学脉络的应用取向，与挪威、加拿大和英国人类学的发展相似。具体参见 "Engaged Anthropology: Diversity and Dilemmas-An Introduction to Supplement 2"（Low and Merry, 2010）。

（一）介入人类学

在广义的应用人类学取向上，人类学的学科发展过程中出现了更细化的分支。比如 1881 年，英国人类学家 Lane Fox Pitt-Rivers 首次使用"应用人类学"（Applied Anthropology）这一说法，但在学科系统内的真正制度化，即应用人类学成为人类学的重要分支是 20 世纪 50 年代的事。相较而言，应用人类学更偏向于人类学家在象牙塔内做政策分析（Ervin，2005）。实践人类学（Practicing Anthropology）始于 20 世纪 70 年代，它一般由接受过专业训练的人类学者，在学术机构外开展多元实践（Hedican，2016；Ervin，2005）。20 年后，Robert Borofsky 和 Renato Rosaldo 提出公共人类学（Public Anthropology），这一方向更倾向于超越人类学传统学术领域，通过人类学家参与媒体的公共讨论重塑社会问题困境并寻求解决方案（Beck and Maida，2013；常姝，2020）。

介入人类学（Engaged Anthropology）作为一个新兴分支，兴起于十余年前。目前在学科话语实践中，介入人类学被使用得越来越频繁，大有涵纳上述应用取向的趋势。[①] 有学者将介入人类学的英文"Engaged Anthropology"翻译成"投身人类学"，或者叫"热人类学"，区别于之前的"Disengaged Anthropology"，相对应地翻译成"抽身人类学"或"冷人类学"（刘晓茜，2020）。笔者认为这种译法鲜明展示出两种不同类型的人类学及人类学家的姿态。"冷人类学"建立在我们对研究对象长期与世隔绝的生活世界一无所知的预设上，那么人类学家需要采用马凌诺斯基式的科学民族志方法对他者世界进行整体性探究（范可，2020）。晚近的"热人类学"则建立在全球化流动背景下，在城市化、数字科技、消费主义、环境挑战、霸权政治、人道危机等多元复杂的社会和生活场域中，很少有人不卷入其中且独善其身。人类学家自觉的道德敏感、社会责任促使他们"投身"其中，为改善他者困境，很有可能也是自身的困境来做出积极行动。

[①] 笔者在第二章"主位诉求：志愿服务方法和模式的探究"中使用"实践人类学"一词，一是体现出广义的应用取向中更为细密的区分，二是在结论一章为"介入人类学"的统一使用进行铺垫。

也有学者将介入人类学与公共人类学互换使用，但介入人类学并非仅仅指涉上述诸分支偏向政治和公共领域的应用取向，而更强调聚焦于日常生活，在批判中行动；人类学家强调和报道人的分享与合作，并帮助他们解决实际的生活问题（Bringa and Bendixsen，2016；Goldstein，2010；Low and Merry，2010）。因此，在我们提出以行动为目标的新型民族志的生产中，人类学家的"介入"既是开展行动民族志的路径，又是形构行动民族志的前提。

（二）行动者的角色

上述"抽身"（disengaged）和"投身"（engaged）形象地展示了人类学家在传统人类学（或说是科学主义人类学）和介入人类学中的不同角色。那么即使是"投身"的姿态，人类学家也是依行动情境而动，展现出其不同的细分角色。

以"水果"的行动实践为例。最初笔者是以"研究者"和"介入者"的双重角色，去探讨"主位诉求"志愿服务模式。"研究者"是从人类学的学理出发，希望能设计出一套有效的方法，精准探究流动儿童预期社会化的需求。"介入者"的角色是笔者和团队学生均是志愿者，是带着帮助服务对象改善生存困境的美好期望，依据流动儿童需求来设计志愿服务活动，并寻求现状改变。

在"互为中心"——志愿者和服务对象关系建构的过程中，笔者的角色有所转变。笔者在以"志愿者"角色去进行介入性实践时，发现在流动儿童对于志愿者失去新鲜感，大学生志愿者不知所措的"考验期"，笔者需要转变成"评估者"的角色，这时志愿者和流动儿童作为"复合他者"（或是一个整体）进入笔者的观察视野。笔者帮助大学生志愿者"诊断"流动儿童为何对志愿者设计的活动不感兴趣，并对志愿者未来服务意愿选择、未来活动设计走向提供参考建议。在探究志愿者和服务对象关系建构的情境中，笔者的"评估者"角色重于"志愿者"角色。

在探讨流动儿童在特大城市的教育机会困境时，笔者和大学生志愿者则扮演"观察者"的角色。细节式的志愿服务可以触及但无法破解这种结构性的刚性限制。因此笔者在介入式服务实践中，对此问题情境"抽身"而出，聚焦于国家政策、流入地流出地府际矛盾、科层制"条""块"分割这一庞杂制度装置对小小的流动儿童的教育机会的影响。相应地，志愿者在志愿服务中更多的是退而求其次的"陪伴者"角色。

转回到"水果"从团队到组织的自身成长这一主题，经历和见证十一代志愿者更替的笔者，不仅在行动中反思，更是一个"回望者"的角色。"水果"组织构筑"水果"们共享的生命空间，这种生命空间依靠何种动力和机制维系，文化和价值如何在空间中生产并在代际中流动，需要熟悉"水果"发展历程的人进行"水果"生命史的梳理，并进行学理上的提炼。

由上，行动者在介入实践中的角色十分灵活，这种身量富余的转动空间，足见行动者/研究者强烈的自主性，即随行动情境不断调整视角，思路和活动不设边界，角色和身份随之转换。在某种程度上，行动民族志中的行动者就是"设计者"，他们自信并自主，具有足够强的实验性和实践性，他们的不同次转身、不同个角色，就是在行动中不断反思的过程，从而形构自主空间和独特的行动地景。

二 田野与方法

多元的行动实验需要一个"容器"来涵纳多元对话关系的各种激荡，同样这个"容器"还需要给予足够长的时间进行"填充物"的发酵，从而观察行动实验的作用如何慢慢发挥出来。这个"容器"就是行动民族志发生的场域：田野。田野产出何种实用的知识则需要依靠耕种田野的工具和方法。

（一）连续性田野

正如前文所述，志愿者和研究者的双重身份，可以使笔者团队在行动过程中将进一步的思考转化为新的研究视角并且在知情同意原则下，无障碍地获取研究资料。

笔者团队的最初想法只是从人类学角度，开发一套志愿服务方法和模式,即后来总结出的"主位诉求"志愿服务模式。在开掘这套模式的过程中,我们又发现新的研究题目,也就是志愿者和服务对象的互动关系具有一定规律性,即后续的"互为中心"。之后2016年教育部出台"钱随人走"政策,即流动儿童的教育经费可携带至流入地,但我们在田野调研中发现这个利好政策并未在民办学校的流动儿童身上落实,而在公办小学就读的流动儿童可享受该福利。何种制度环境造成此差别即构成这个行动研究的社会底色。由此可见,这些一个个涌现、像俄罗斯套娃一样的问题,都叠写在同一个田野中,它们和而不同,彼此补充和验证。

如果说上述内容将田野视为一个空间维度的"容器",那么这个"容器"还需要发酵的时间,即田野需要自发成长的时间。笔者发现在"长时段"的田野中,而且必须是连续性田野中,才能看到问题按照时间顺序一层层生长,或者说经验现象学术化的过程需要必要的时间来保障。比如"水果"原来只是几个人的团队,笔者亦未料到在没有外界资助和保研名利等因素干扰下,"水果"居然可以走过十余年。正如第五章所言,"水果"组织内部还发展出"成人礼"等独特的组织文化,这种精神和文化支撑组织运行并形成代际传承。笔者从学理上将其总结为"非嵌入性"的组织形态予以论证,这均需较长时间的田野予以观察和提炼。此外,分析学术问题提炼出的理论还可通过长期田野工作进行检验,比如志愿者和服务对象关系建构的四个阶段,与之后几代志愿者踏入志愿服务过程中的实践完全吻合,"互为中心"理论得以验证,并在以人为主的长时段志愿服务实践中具有延展性的解释力。

(二) 实验的方法

得益于长期的、动态的志愿服务型田野,笔者才有可能在同一田野中不断发现新问题。新问题需要新方法来解决,但并不意味着否定之前的方法,而是根据新的研究问题不断对原有方法进行适应性创新,这种方法上的实验最终形成"水果"自身的、以人类学参与观察为基底的志愿服务方法体系。

(1) 为获得服务对象的精准需求,"水果"采用客位观察笔记、半结构情境下的主位材料和开放情境下的主位材料的三角验证方法。

（2）在探讨志愿者和服务对象的关系时，在前述研究方法的基础上增设志愿者主位的自观笔记，和自我对话。

（3）在解析服务对象教育机会的结构性困境时，又开发出结合流动儿童及家庭生命历程的"生命地图法"。

（4）在厘清"水果"由志愿团队上升为志愿组织的存续机制时，前述方法已为"水果"累积出一个完整的定性资料数据库，其为这一论题的成立提供坚实的材料基础，同时又补充十代志愿者共同参与的专题小组讨论提供长时段数据的佐证。

（5）开辟"水果"外展平台，迄今开设 4 次工作坊，不断向各类非政府组织和校外志愿者传授"主位诉求"志愿服务方法和模式。

（6）如上的方法实验，辅以影像记录，制作人类学纪录片《"水果"的故事》，具有传播和示范效应。

总之，在长期观察的基础上讲求深度参与，并在行动的基础上寻求改变，是本书研究方法的宗旨。尤需说明的是，方法的叠加和转换背后也蕴含着工具的升级。比如，第二章中提及的一页页的"儿童后测日记"升级成兼具后测和情感交流功能且更易保存的"小本子"；志愿者回校后进行材料分析的专题小组讨论提前至 X 校结束志愿服务活动后进行的现场围圈讨论；由志愿者编演的小短剧提升至儿童自编自演等。工具的递进也意味着方法的深化、灵活和务实。从这一角度来看，本书既可视为一部有关志愿服务方法的"工具书"——笔者试图建立一个志愿服务的综合工具包，为有志于相关志愿服务的青年朋友提供经验参考，又可绕到方法背后去看方法论，现成的方法毕竟是"表面功夫"，笔者更希望读者能"由表及里"地领略到方法背后的学科知识运用，并在读者各自服务场景中灵活转换思路，利用自身知识结构，开创出独特的符合服务对象需求和福祉的志愿服务方法。

三　结构与产出

行文至此，我们可以清晰地看到，笔者如何从行动入手，水到渠成地转向对行动过程的反观和思考。那么在将行动过程作为可供观察的田野实践中，行动为"点"，点状的行动转化为行动过程的"面"，行动者的参与和反思又会生成何种内嵌于行动中的结构？

（一）生成的整体性

在行动者深度参与的"长时段"行动过程中，我们可以看到变迁是如何一点点发生的，能看到一种在行动过程中生成的结构。这种结构，并非以功能学派的主张即社会运行有一个先在的整体结构为前提，如果将文化或社会做横截面的切割，我们就能看到这些文化要素在事物和事件运行中彼此之间的关系，以及对所要研究问题的影响。这种结构，也不是以强调"过程"的曼彻斯特学派指向社会动态背后的社会结构为前提。曼彻斯特学派打破功能学派的静态视角，更讲求社会在冲突和对立过程中如何获得统一。不论是如特纳一样，站在社会内部看"戏剧般"的地位结构的变化，还是如格鲁克曼的拓展个案法，将社会过程置于更宏大的时空和结构中来看待社会变迁。曼彻斯特学派以一种非常经典的方式，开始关注社会过程中人的能动性，但其对于制度、秩序、规范和结构等宏观事项的重点呼应将其他视域里的社会事实遮蔽起来。[①]

"水果"的志愿服务实践则提供另外一种社会过程中的能动性视角。一些细碎的、在日常生活中一闪而过的事实，如果留意分析并做进一步的探索和实践，这亦是一种使被遮蔽的事实得以显现的过程。这种过程中的关系、势态等事项与接续的行动如影随形，因此在动态过程中亦会生成一种新的结构。这种生成的结构和作为底色的结构不同，后者如第四章中提到的民办学校的流动儿童在特大城市很难享受平等的教育机会，亦为前一段内容中提到的先在的社会结构对社会事项的影响，这种情况下如果做分析则是对既定事实做编码（pattern）。显然，生成结构中的社会纹理化（patterning）更加开放，亦更随机。但可以预见的是，从细碎实践入手，

---

① 曼彻斯特学派中的巴特是个特例。巴特（Fredrik Barth）被认为是个"过程论"学者，其对于过程的强调多是生成性观点（generative viewpoint），具体可见巴特经典的族群的文化边界研究。相较于其他曼彻斯特学派的学者，巴特重视的是个体实践，同时也关注社会的独特性。本书的生成性观点与巴特类似，但由于本书更偏向于行动主题，与巴特的人类学经典主题大相径庭，因此也呈现完全不同的走向。

事件推着事件发展，其最终"走"出的行动地景所呈现的"行动"的整体性和功能学派的"平衡"的整体性、曼彻斯特学派的"冲突"的整体性必定不同。那么对"行动"整体性予以呈现的行动民族志，也必将因其创新的逻辑前提，展现出与经典民族志不同的面貌，亦会碰撞出更富张力的伦理关系和多元对话。

（二）"多点"的产出

在生成的整体性框架下，行动产出必定是多维的，这涵盖在马库斯（George Marcus）提出的"多点"（Multi-sited）方法论中。马库斯于20世纪90年代提出"多点民族志"，即在全球化背景下，倡导民族志调研超越传统田野的单一地点，而是在多个地点进行相似对象和主题的比较，从而将微观世界与宏观系统进行关联性分析（Marcus，1995）。马库斯将"多点"视为人类学的方法论创新，并在21世纪以来对其进行不断的扩展和深化。"多点"并不仅仅是人类学家简单地在不同地点之间游走，而是将民族志研究本身看作各种网络运作及延伸的有机的知识生产过程。因此"多点"可延伸为多主体、多媒介、多学科，以及多××参与的开放空间。

用"多点"框架看待"水果"的志愿服务实践，我们看到行动是多主体的，如本书中的流动儿童、志愿者均是具有反思精神和行动力的能动主体；呈现是多媒介的，比如"水果"工作坊、《"水果"的故事》纪录片。今后随着"水果"视野的开阔，不排除多学科参与"水果"实践，这将带来更多元的方法和更实验性的产出。

综上所述，"水果"从行动入手，历经十余年研究型实践，大致摸索到行动民族志一种可能且可行的模式：连续性田野是基础，介入和合作是路径，生成的整体性是机制，多点的行动产出是结果。由此可以提炼出行动民族志的实质是在地求变，它通过介入与合作的连续性田野工作，在社会关系互动中重塑行动者的角色并拓展实践，最终建立多点文化解释和整体行动意义上的知识产出。这是本书力争解答的问题，也是人类学者履行社会责任、用行动反哺知识的微小尝试。

尾 声

笔者想在本书的最后，向中国台湾辅仁大学的夏林清教授致以深深敬意。笔者团队利用十余年时间摸爬滚打出来的行动模式，与夏老师社会改变取向的"行动研究"的认识论和方法论不谋而合。夏老师秉承其师舍恩（Donald A. Schön）的"反映实践者"（reflective practitioner）认识论[1]，在台湾地区针对中小学教师、劳工、性工作者、社会学习者等社会群体进行40余年的在地化研究，践行了其在"行动中反映"（reflection），在"介入中检验"的实践认识论[2]，并于在地化场景转换中促进本土知识新生。

笔者对行动研究与人类学的叠压之处饶有兴味。在夏老师延续美国舍恩和阿吉里斯（Chris Argyris）一脉的行动研究中，已经对行动研究（Action Research）和批判民族志（Critical Ethnography）在学科发展史上的联系进行了很好的梳理。行动研究的"实践"特性，受社会心理学家勒温（Kurt Lewin）和教育学家杜威（John Dewey）影响很大，这和批判民族志承接新马克思理论脉络截然不同（夏林清，2012）。行动研究者借鉴批判民族志[3]对政治、经济等结构性困境的深入感知，辨识研究者的社会位置及通过行动和介入帮助研究对象改变困境的程度。行动研究可在个体、群体、

---

[1] 夏林清老师倡导的行动研究缘于20世纪80年代初的美国，由舍恩和阿吉里斯创立，是一支由美国社会科学专业社群内部发展出来的、解构实证科学与科技理性的力量。这里行动研究特指在社会科学中，着重科学与实务结合的研究取向，强调行动者在探究过程中进行反映（reflection），对探究本身进行反映，并且运用这些反映为其他人设计教育性过程。具体参见《反映回观：教育与咨询实践的案例研究》（舍恩，2010）和 *Action Science: Concepts, Methods and Skills for Research and Intervention*（Argris et al., 1985）。

[2] 具体可参见夏林清老师的一系列著作，以及她翻译其师舍恩和阿吉里斯的译著作品。夏林清老师作品简列如下：《大小团体动力学：理论、结构与工作方法》（2020），《家是个张力场：历史视野下的家庭关系转化》（2020），《社会实践：教学与社会行动的对话》（2011），《斗室星空：家的社会田野》（2012），等等。

[3] 这里的批判民族志是Lather从实践取向出发追溯的三支力量，分别为新马克思主义批判民族志（Neo-Marxist Critical Ethnography）、弗里雷"赋权"的参与研究（Freirian "Empowering" Participatory Research）和女性主义研究（Feminist Research），具体参见《斗室星空：家的社会田野》（夏林清，2012）第十章内容。

组织、社会等不同层次发挥作用，研究者、参与者、介入者、实践者等不同身份也在行动场域发展出的多元伦理对话关系中进行转换，多种行动范式和行动方法也随之发展出来。由此，可以看出批判民族志在夏老师一脉，铺陈出"改变"取向的不平等现状和权力宰制关系，行动呼之欲出。

笔者想通过和夏林清老师所倡导的行动研究做对比，凸显人类学的独特旨趣（见表7-1）。正如结论部分所言，人类学中的应用和行动取向有其自身发展脉络，涉及社会、人类甚至是物的方方面面。从人类学角度来看，行动研究在行动中进行反映的认识论，和人类学研究他者、反观自身的反思性学科特点一致。而且，二者都具有批判性，对于结构硬度保持极高的觉知，对于结构硬度力图化约但不可泯灭的个体命运许以尊重和帮助。二者都讲求在研究中移步换景，在反思中不断调整行动方向。行动研究和行动/介入人类学在诸多方面相似，但在思考进路和行动路径中会有不同，这可从复杂多样的行动研究中选取协同探究（collaborative research）——协助当事人觉识自己的行动逻辑，和从行动/介入人类学中选取参与式行动研究（participatory action research）——研究对象自己决定研究的实际问题、方法和结果，以这两个取向很近的点作为抓手进行比较。①

表 7-1　行动研究与行动人类学的比较

领域	目标	研究者角色	策略	路径	结果
行动研究（协同探究）	求变致知	以身为饵，研究者完全介入，以对话促进实践者（介入对象）梳理自身的行动经验与实践知识	根据个人、群体、组织的不同层次形成行动框架，设计行动方案，检视行动框架，探究发生改变或不变的变量	研究者和实践者积极参与对话情境，实践者通过行动变成研究者，研究者亦对自我和行动过程进行反映，双方达到情感共振，推进行动实验	共同建构生命空间，研究者和实践者相映成趣，双方努力将实践者从受宰制的社会机制中解放出来

---

① 当然行动研究是非常复杂的研究领域，不是笔者在此处只言片语可以描述清晰的。笔者在此只是借用夏林清老师倡导的社会改变取向的行动研究思路，来与人类学的应用和行动取向进行比较。

续表

领域	目标	研究者角色	策略	路径	结果
行动人类学（参与式行动研究）	以知探变	以身为度，人类学者对他者进行参与观察并视情况决定介入程度	在观察中评估，人类学者主要挖掘他者主体性，协助他者设计行动方案	人类学者多以辅助性的顾问角色出现，对他者经历产生共情，并指导他者变迁	他者作为行动主导者决定如何使用行动成果，人类学者在客位—主位—客位中循环进出，人类学者和他者不仅互相参看，而且二者关系成为"复合他者"被反思

　　行动研究是以寻求自我和社会改变为目标的一系列行动，研究是基于改变的研究，这决定了行动研究者需以自身作为探测器投入行动场域中，以自我开放的状态（如情感经验、价值立场等）建立和实践者（研究对象，亦是行动介入者）的对话，协同实践者拉开自身的政治历史社会脉络，对习而不察与视为当然的现状进行反映，以获得对自我更深层次的认识以及这一反映行动的意义和价值。在尊重实践者的行动经验和情感价值的基础上，行动研究者根据介入单位的不同层次（如个人、群体、组织），协同实践者设计改变现有困境的方案，检视研究者的行动框架（经常带有社会刻板印象或偏见）并根据行动进程不断修正和调整，使研究者更贴近实践者的社会/生命处境。这一行动过程实则建构了行动研究者和实践者共享的生命空间，生命空间的协作关系促使各方（研究者自我、行动研究者和实践者、实践者之间）彼此看见，自观自省，共同成长，促发生命变革和社会变革所具有的特殊价值。

　　相较而言，行动/介入人类学基于研究才会行动，这就决定了人类学者在运用自身作为改变的促动者这一维度会有所保留，振幅相对不够。[①] 相应地，与行动研究者以身为饵不同，人类学者多采用以身为度，即基于对他者的长期参与观察，共情地体验他者的困境，并在观察基础上进行评

---

① 笔者仅在一般意义上进行陈述，当然人类学史上有许多著名的人类学家参与甚至领导社会运动的成功案例。如大卫·格雷伯领导的"占领华尔街"运动。

估和介入。这促使人类学者在田野中进行客位—主位的不断抽离和跳进，其介入虽有引领效应，但更多的还是扮演启发他者的发展顾问角色。在介入和行动的过程中，人类学者从研究他者、反思自我，转向关注"人类学者+他者"这一复合他者，在这一共同体的关系建构中进行反思，摸索前进。

由此，无论是实践先行的行动研究，还是需要发酵过程方能体现力量的行动/介入人类学，二者均是在社会关系的互动中寻找研究者和研究对象的自我定位，对结构硬度时刻保持警醒之心和批判之态，在行动中不断求索和反思力所能及的前行路径。介入/行动作为具有洞察力的解释项，必将为人类学增添更多想象力和敬畏心，在人类学者的躬身实践中，拓展知识边界，联结你我身心。

参考文献

布迪厄,2012,《实践感》,蒋梓骅译,南京:译林出版社。

蔡振春,2017,《青年大学生志愿服务长效机制构建探索》,《学校党建与思想教育》第6期。

查尔斯·霍顿·库利,2015,《人类本性与社会秩序》,包凡一、王溦译,北京:华夏出版社。

常姝,2020,《人类学的公共责任与社会价值:以美国与挪威为例》,《社会学评论》第4期。

陈天祥、徐于琳,2011,《游走于国家与社会之间:草根志愿组织的行动策略——以广州启智队为例》,《中山大学学报》(社会科学版)第1期。

邓国胜,2002,《中国志愿服务发展的模式》,《社会科学研究》第2期。

邓国胜,2007,《奥运契机与中国志愿服务的发展》,《北京行政学院学报》第2期。

邓国胜,2010,《政府与NGO的关系:改革的方向与路径》,《中国行政管理》第4期。

邓国胜、辛华、翟雁,2015,《中国青年志愿者的参与动机与动力机制研究》,《青年探索》第5期。

范可,2020,《田野工作与"行动者取向的人类学":巴特及其学术遗产》,《民族研究》第1期。

富晓星、刘上、陈玉佩,2014,《"主位诉求"的志愿服务模式探究——以流动儿童为例》,《社会学研究》第4期。

富晓星，2015，《互为中心：志愿者和服务对象的关系建构》，《青年研究》第6期。

富晓星等，2017，《"教育权利" vs. "大城市病"——流动儿童教育获得的困境探究》，《社会学评论》第6期。

富晓星、刘上，2022，《层级文化互动：一个志愿组织的生命史》，《社会学研究》第4期。

顾昕、王旭，2005，《从国家主义到法团主义——中国市场转型过程中国家与专业团体关系的演变》，《社会学研究》第2期。

国家发展改革委，2022，《关于印发"十四五"新型城镇化实施方案的通知》(发改规划〔2022〕960号)，ndrc. gov. cn/xxgk/zcfb/tz/202207/t20220712_1330363. html？code=&state=123。

国务院，2015，《关于进一步完善城乡义务教育经费保障机制的通知》，http：//www. scio. gov. cn/32344/32345/33969/34491/xgzc34497/Document/1475953/1475953. htm。

国务院第七次全国人口普查领导小组办公室编，2022，《中国人口普查年鉴（2020）》，北京：中国统计出版社。

郝大海，2007，《中国城市教育分层研究（1949—2003）》，《中国社会科学》第6期。

洪岩璧、钱民辉，2008，《中国社会分层与教育公平：一个文献综述》，《中国农业大学学报》（社会科学版）第4期。

黄晓春、嵇欣，2014，《非协同治理与策略性应对——社会组织自主性研究的一个理论框架》，《社会学研究》第6期。

黄晓星，2022，《制度联结：中国特色志愿服务的多重实践与逻辑》，《学术月刊》第4期。

姜珮瑶、张祖平，2020，《资源依赖视域下民间志愿组织自主性探究》，《中国志愿服务研究》第1期。

教育部，2013，《关于印发〈中小学生学籍管理办法〉的通知》，http：//www. moe. gov. cn/srcsite/A06/jcys_jyzb/201308/t20130816_156125. html。

景晓娟，2010，《重大公共事件中青年志愿者利他动机的研究——以2008年北京奥运会青年志愿者为例》，《中国青年研究》第2期。

康晓光、韩恒，2005，《分类控制：当前中国大陆国家与社会关系研究》，《社会学研究》第 6 期。

克里斯·阿吉里斯、罗伯特·帕特南、戴安娜·麦克莱恩·史密斯，2000，《行动科学》，夏林清译，台北：远流出版公司。

莱斯特·M. 萨拉蒙，2008，《公共服务中的伙伴——现代福利国家中政府与非营利组织的关系》，田凯译，北京：商务印书馆。

兰德尔·柯林斯，2009，《互动仪式链》，林聚任等译，北京：商务印书馆。

李培林、田丰，2011，《中国新生代农民工：社会态度和行为选择》，《社会》第 3 期。

李忠路、邱泽奇，2016，《家庭背景如何影响儿童学业成就？——义务教育阶段家庭社会经济地位影响差异分析》，《社会学研究》第 4 期。

梁宏，2011，《生命历程视角下的"流动"与"留守"——第二代农民工特征的对比分析》，《人口研究》第 4 期。

梁祖彬，2009，《香港非政府组织的发展：公共组织与商业运作的混合模式》，《当代港澳研究》第 1 期。

列维-布留尔，1997，《原始思维》，丁由译，北京：商务印书馆。

刘精明，2005，《国家、社会阶层与教育——教育获得的社会学研究》，北京：中国人民大学出版社。

刘晓茜，2020，《"冷人类学"／"热人类学"》，https：//mp.weixin.qq.com/s/Hdn66L9W0Ta1FnW0u96FnA。

流心，2005，《自我的他性——当代中国的自我系谱》，常姝译，上海：世纪出版集团、上海人民出版社。

让·鲁什，2007，《摄影机和人》，载保罗·霍金斯主编《影视人类学原理》（中译本第 2 版），王筑生等译，昆明：云南大学出版社。

路易·杜蒙，2017，《阶序人：卡斯特体系及其衍生现象》，王志明译，杭州：浙江大学出版社。

罗伯特·帕特南，2011，《独自打保龄——美国社区的衰落与复兴》，刘波等译，北京：北京大学出版社。

罗红光，2012，《常人民族志——利他行动的道德分析》，《世界民族》第 5 期。

罗红光，2013，《对话的人类学：关于"理解之理解"》，《广西民族大学学报》（哲学社会科学版）第 3 期。

罗红光、王甘、鲍江编，2010，《16 位志愿者的 180 天》，北京：知识产权出版社。

罗婧、王天夫，2012，《何以肩负使命：志愿行为的持续性研究——以大学生支教项目为例》，《社会学研究》第 5 期。

马茨·艾尔维森、卡伊·舍尔德贝里，2009，《质性研究的理论视角：一种反身性的方法论》，陈仁仁译，重庆：重庆大学出版社。

马凌诺斯基，2002，《西太平洋的航海者》，梁永佳、李绍明译，北京：华夏出版社。

迈克尔·布若威，2006，《公共社会学的批判转向》（上），单提平译，《国外理论动态》第 9 期。

帕格尔，2008，《拉康：大哲学家的生活与思想》，李朝晖译，北京：中国人民大学出版社。

帕特南·罗伯特，2001，《使民主运转起来》，王列、赖海镕译，南昌：江西人民出版社。

乔治·赫伯特·米德，2003，《现在的哲学》，李猛译，上海：上海人民出版社。

乔治·赫伯特·米德，2012，《心灵、自我和社会》，霍桂桓译，南京：译林出版社。

邵书龙，2010，《国家、教育分层与农民工子女社会流动：contain 机制下的阶层再生产》，《青年研究》第 3 期。

时昱，2020，《大学生志愿服务中自发行动与组织动员的契合可能——以 A 大学生自组织抗疫募捐志愿服务为例》，《中国志愿服务研究》第 1 期。

孙宝云、孙广厦，2007，《志愿行为的主体、动机和发生机制——兼论国内对志愿者运动的误读》，《探索》第 6 期。

谭建光、周宏峰，2009，《中国志愿者：从青年到全民——改革开放 30 年志愿服务发展分析》，《中国青年研究》第 1 期。

唐纳德·A. 舍恩，2010，《反映回观：教育与咨询实践的案例研究》，夏林清译，北京：教育科学出版社。

童潇，2015，《大学生志愿服务西部计划的法律困境及消解途径》，《当代青年研究》第 1 期。

王名、孙伟林，2010，《我国社会组织发展的趋势和特点》，《中国非营利评论》第 1 期。

维多克·特纳，2006，《仪式过程——结构与反结构》，黄剑波、柳博赟译，北京：中国人民大学出版社。

魏娜，2013，《我国志愿服务发展：成就、问题与展望》，《中国行政管理》第 7 期。

文鹏、王仁志，2018，《组织中的非伦理行为——理论与实践》，北京：科学出版社。

闻翔，2008，《社会学的公共关怀和道德担当——评介麦克·布洛维的〈公共社会学〉》，《社会学研究》第 1 期。

吴鲁平，2007，《志愿者的参与动机：类型、结构——对 24 名青年志愿者的访谈分析》，《青年研究》第 5 期。

吴晓刚，2016，《中国当代的高等教育、精英形成与社会分层——来自"首都大学生成长追踪调查"的初步发现》，《社会》第 3 期。

吴新慧，2004，《关注流动人口子女的社会融入状况——"社会排斥"的视角》，《社会》第 9 期。

吴愈晓，2013，《中国城乡居民的教育机会不平等及其演变（1978—2008）》，《中国社会科学》第 3 期。

夏林清，2012，《斗室星空：家的社会田野》，台北：财团法人导航基金会。

肖金明，2017，《〈志愿服务条例〉的立法创新与多重效应》，中国政府法制信息网，https://www.chinavolunteer.cn/show/1038642.html。

谢国雄，2007，《以身为度·如是我做：田野工作的教与学》，台北：群学出版有限公司。

新华社，2010，《国家中长期教育改革和发展规划纲要（2010—2020年）》，http://www.gov.cn/jrzg/2010-07/29/content_1667143.htm。

新华社，2014，《国家新型城镇化规划（2014—2020 年）》，http://

www.gov.cn/zhengce/2014-03/16/content_2640075.htm。

徐玲、白文飞，2009，《流动儿童社会排斥的制度性因素分析》，《当代教育科学》第 1 期。

严惠敏、陈鸿佳，2018，《改革开放 40 年来大学生志愿服务的发展与启示》，《当代青年研究》第 5 期。

阎云翔，2022，《个体人类学》课程讲义，未刊稿。

杨东平，2006，《高等教育入学机会：扩大之中的阶层差距》，《清华大学教育研究》第 1 期。

曾琰、陶倩，2010，《志愿服务的价值理性与工具理性及其关系》，《思想教育研究》第 8 期。

詹姆斯·马奇、赫伯特·西蒙，2016，《组织》，邵冲译，北京：机械出版社工业出版社。

詹姆斯·斯科特，2011，《弱者的武器》，郑广怀、张敏、何江穗译，南京：凤凰出版传媒集团、译林出版社。

张晓红、苏超莉，2017，《大学生"被志愿"：志愿服务的自愿性与义务化》，《中国青年社会科学》第 1 期。

赵小平、王乐实，2013，《NGO 的生态关系研究——以自我提升型价值观为视角》，《社会学研究》第 1 期。

郑友富、俞国良，2009，《流动儿童身份认同与人格特征研究》，《教育研究》第 5 期。

中国青少年研究中心、团中央青年志愿者行动指导中心课题组，2001，《中国青年志愿者行动研究报告》（续），《中国青年研究》第 3 期。

钟一彪主编，2014，《大学生公益服务长效机制建设》，广州：中山大学出版社。

周雪光，2011，《权威体制与有效治理：当代中国国家治理的制度逻辑》，《开放时代》第 10 期。

朱健刚，2004，《草根 NGO 与中国公民社会的成长》，《开放时代》第 6 期。

朱健刚，2008，《行动的力量：民间志愿组织实践逻辑研究》，北京：商务印书馆。

Argris, Chris, Robert Putnam, and Diana McLain Smith. 1985. *Action Science: Concepts, Methods and Skills for Research and Intervention*. Jossey-Bass, Inc.

Almeling, Rene. 2011. *Sex Cells: The Medical Market for Eggs and Sperm*. CA: University of California Press.

Beck, Sam and Carl A. Maida (eds.). 2013. *Toward Engaged Anthropology* (1st ed.). New York: Berghahn Books.

Bloch, Maurice. 2011. "The Blob." *Anthropology of This Century*, Issue 1. (2011-5) [2022-6-20]. http://aotcpress.com/articles/blob/.

Bringa, Tone and Synnve Bendixsen (eds.). 2016. *Engaged Anthpopology: Vieus from Scandinvia*. Norway: University of Bergen.

Brudney, Jeffrey L. 1990. *Fostering Volunteer Programs in the Public Sector*. New York: Jossey-Bass.

Bryson, Valerie. 2016. *Feminist Political Theory*. London: Bloomsbury Publishing.

Burawoy, Michael. 1979. "The Anthropology of Industrial Work." *Annual Review of Anthropology* 8: 231-266.

Burawoy, Michael. 1998. "The Extended Case Method." *Sociological Theory* 16 (1): 4-33.

Burt, S. Alexandra. 2009. "Rethinking Environmental Contributions to Child and Adolescent Psychopathology: A Meta-analysis of Shared Environmental Influences." *Psychological Bulletin* 135 (4): 608.

Calhoun, Craig. 2015. *Democratizing Inequalities: Dilemmas of the New Public Participation*. New York: NYU Press.

Clary, E. Gil and Mark Snyder. 1999. "The Motivations to Volunteer: Theoretical and Practical Considerations." *Current Directions in Psychological Science* 8 (5): 156-159.

Colleyn, J. 2005. "An Anthropologist Ahead of His Time." *American Anthropologist* 107 (1): 113-116

DiMaggio, Paul J. and Walter W. Powell. 1983. "The Iron Cage Revisited:

Institutional Isomorphism and Collective Rationality in Organizational Fields." *American Sociological Review* 48（2）：147-160.

Dobbin, Frank and Timothy J. Dowd. 2000. "The Market That Antitrust Built: Public Policy, Private Coercion, and Railroad Acquisitions, 1825 to 1922." *American Sociological Review* 65（5）：631-657.

Durkheim, Emile. 1995. *The Elementary Forms of the Religious Life*. Trans. by K. E. Fields. New York: Free Press.

Eliasoph, Nina. 1998. *Avoiding Politics: How Americans Produce Apathy in Everyday Life*. Cambridge: Cambridge University Press.

Eliasoph, Nina. 2011. *Making Volunteers: Civic Life after Welfares End*. Princeton: Princeton University Press.

Eliasoph, Nina and Paul Lichterman. 2003. "Culture in Interaction." *American Journal of Sociology* 108（4）：735-794.

Ervin, A. M. 2005. *Applied Anthropology: Tools and Perspectives for Contemporary Practice*. Boston: Pearson Education.

Fligstein, Neil and Doug McAdam. 2012. *A Theory of Fields*. New York: Oxford University Press.

Goffman, Erving. 1974. *Frame Analysis: An Essay on the Organization of Experience*. Cambridge, MA: Harvard University Press.

Goldstein, Daniel M. 2010. " Security and the Culture Expert: Dilemmas of Engaged Anthropology." *Political and Legal Anthropology Review* 33（1）：126-142.

Gouldner, Alvin W. 1954. *Patterns of Industrial Bureaucracy*. Glencoe: The Free Press.

Granovetter, Mark. 2017. *Society and Economy: Framework and Principles*. Cambridge, MA: Harvard University Press.

Hannan, Michael T. & John Freeman 1977, "The Population Ecology of Organizations." *American Journal of Sociology* 82（5）.

Harris, G. G. 1989. "Concepts of Individual, Self, and Person in Description and Analysis." *American Anthropologist* 91：599-612.

Hedican, Edward J. 2016. *Public Anthropology: Engaging Social Issues in the Modern World*. Toronto: University of Toronto Press.

Ho, Peter. 2001. "Green Without Conflict? Environmantalism, NGOS, and Civil Society in China." *Development and Change* 32.

Hochschild, A. R. 1983. *The Managed Heart: Commercialization of Human Feeling*. Berkeley, CA: University of California Press.

Kunda, G. 1992. *Engineering Culture: Control and Commitment in a High-tech Corporation*. Philadelphia, PA: Temple University Press.

Lamont, Michèle. 1992. *Money, Morals, and Manners: The Culture of the French and the American Upper-middle Class*. Chicago: University of Chicago Press.

Lamont, Michèle and Laurent Thévenot. 2000. "Rethinking Comparative Cultural Sociology." *Repertoires of Evaluation.*

Lamont, Michèle and Virág Molnár. 2002. "The Study of Boundaries in the Social Sciences." *Annual Review of Sociology* 28 (1): 167-195.

Lareau, Annette. 2011. *Unequal Childhoods*. CA: University of California Press.

Lee, Caroline W., Michael McQuarrie, and Edward T. Walker (eds.). 2015. *Democratizing Inequalities: Dilemmas of the New Public Participation*. New York: NYU Press.

Lichterman, Paul. 1996. *The Search for Political Community: American Activists Reinventing Commitment*. Cambridge: Cambridge University Press.

Low, Setham and Sally Engle Merry. 2010. "Engaged Anthropology: Diversity and Dilemmas-An Introduction to Supplement 2." *Current Anthropology* 51: 203-214.

Marcus, George E. 1995. "Ethnography in/of the World System: The Emergence of Malti-Sited Ethnography." *Anual Review of Anthropology* 24: 95-117.

Mauss, Marcel. 1985. "A Category of the Human Mind: The Notion of Person; the notion of Self." In Michael Carrithers, Steven Collins, Steven

Lukes (eds.), *The Category of the Person: Anthropology, Philosophy, History*. Cambridge: Cambridge University Press, pp. 1-25.

Meyer, John W. and Brian Rowan. 1977. "Institutionalized Organizations: Formal Structure as Myth and Ceremony." *American Journal of Sociology* 83 (2): 340-363.

Mizruchi, Mark 1996, "What Do Interlocks Do? An Analysis, Critique, and Assessment of Research on Interlocking Directorates." *Annual Review of Sociology* 22 (1).

Pfeffer, J. and Salancik, G. R. 1978. *The External Control of Organizations: A Resource Dependence Perspective*. CA: Stanford University Press.

Podolny, Joel M. 1993, "A Status-Based Model of Market Competition." *American Journal of Sociology* 98 (4).

Rivera, Lauren A. 2015. *Pedigree: How Elite Students Get Elite Jobs*. Princeton: Princeton University Press.

Salamon, Lester M. 1994. "The Rise of the Nonprofit Sector." *Foreign Affairs* 73 (4): 109-122.

Sanyal, Paromita. 2014. *Credit to Capabilities: A Sociological Study of Microcredit Groups in India*. Cambridge: Cambridge University Press.

Scott, William Richard. 2003. *Organizations: Rational, Natural, and Open Systems*. Englewood Cliffs: Prentice-Hall.

Shieh, S. and Deng, G. 2011. "An Emerging Civil Society: The Impact of the 2008 Sichuan Earthquake on Grass-roots Associations in China." *China Journal* 65: 181-194.

Shieh, Shawn and Guosheng Deng. 2011. "An Emerging Civil Society: The Impact of the 2008 Sichuan Earthquake on Grass-Roots Association in China." *The China Journal* 65.

Singer, M. 1994. "Community-Centered Praxis: Toward an Alternative Non-dominative Applied Anthropology." *Human Organization* 53 (4): 336-344.

Snyder, M. and Omoto, A. M. "Who Helps and Why? The Psychology of

AIDS Volunteerism."In S. Spacapan & S. Oskamp (eds.), *Helping and Being Helped*: *Naturalistic Studies*, pp. 213-239.

Spires, Anthony. 2011. "Contingent Symbiosis and Civil Society in an Authoritarian State: Understanding the Survival of China's Grassroots NGOs." *American Journal of Sociology* 117 (1).

Teets, Jessica C. 2014. *Civil Society under Authoritarianism*: *The China Model*. Cambridge: Cambridge University Press.

Thoits, Peggy A. and Lyndi N. Hewitt. 2001. "Volunteer Work and Well-being." *Journal of Health and Social Behavior* 42 (2): 115-131.

Unger, J. 2008. *Associations and the Chinese State*: *Contested Spaces*. New York: M. E. Sharpe.

Uzzi, Brian 1999, "Embeddedness in the Making of Financial Capital: How Social Relations and Networks Benefit Firms Seeking Financing." *American Sociological Review* 64 (4).

Warry, W. 1992. "The Eleventh Thesis: Applied Anthropology as Praxis." *Human Organization* 51 (2): 155-163.

White, Gordon. 1993. "Prospects for Civil Society in China: A Case Study of Xiaoshan City." *The Australian Journal of Chinese Affairs* 29.

Wilson, John. 2000. "Volunteering." *Annual Review of Sociology* 26: 215-240.

Wrigt, Susan. 1994. Anthropoley of Organizatios. London and New York: Poutledge.

Yan, Yunxiang. 2017. "Doing Personhood in Chinese Culture: The Desiring Individual, Moralist Self, and Relational Person." *The Cambridge Journal of Anthropology* 35 (2): 1-17.

附录一
《"水果"的故事》纪录片[*]

中文名称：《"水果"的故事》
英文名称： We Are "the Fruits": The Story of a Volunteer Organization
拍摄格式： 全高清
拍摄地点： 北京、安徽
完成时间： 2019 年
画面比例： 16∶9
影片时长： 58 分钟
导　　演： 富晓星
摄　　像： 杨泳　钟诣　朱澍平　刘超凡　杨雪莹
剪　　辑： 富晓星　杨泳　李杰　刘超凡

影片简介： 2011 年，中国人民大学社会与人口学院的十几名大学生组成了一个名为"水果"的志愿服务团队，在一所北京知名的打工子弟小学开展志愿服务。他们将所学的人类学、社会学知识，转化为可走进儿童内心的志愿服务方法和实践，陪伴流动儿童成长。令第一代"水果"志愿者始料未及的是，这一志愿服务坚持了 8 年，并且还在继续。志愿服务团队也成长为志愿组织，志愿者代际更替，反思性地传承"水果"的理念、方法和精神。

---

[*] 扫描封底《"水果"的故事》二维码可观看影片。

该片于 2019 年 10 月，在第三届中国民族志纪录片学术展上获荣誉展映；2020 年 11 月，获评中国民族学学会（影视人类学单元）优秀影片。

附图 1-1　第二届"水果"工作坊，北京（2016）

附图 1-2　"水果暖你心、公益明信片"校园活动，北京（2014）

附图1-3　第一代和第二代"水果"交流经验，北京（2014）

附录二
"水果"大事记（2011~2021）

2011年

1月 由富晓星带领的中国人民大学社会与人口学院学生团队赴中国台湾参与志愿服务交流活动，与来自宁波、台北的志愿者一同为弱势家庭儿童提供团体辅导。这次志愿服务实践和带有专业意识的反思开启了学生们要做专业性志愿服务的意识和意愿，诸多经验在此后"水果"开展的志愿服务中得到沿用，为"水果"埋下种子。

5月 以"志愿服务模式的'主位'需求探讨——以弱势群体子女为例"为题申请"大学生创新实验计划"，获校级立项。

9月 在年初台北之行的基础上，第一代志愿者团队正式形成，成员们以"水果"为主题确定各自的代号，指导教师（笔者）代号为香蕉，团队名为"水果总动员"。依托于"大学生创新实验计划"项目，第一代志愿者负责人葡萄与打工子弟小学X校建立联系，确定服务对象。

11月至次年1月 第一代志愿者正式进驻X校，为三年级三班（2009级）、四年级一班（2008级）的儿童提供志愿服务、开展家访。这一时期志愿服务的特点包括：初探主位需求、空间照护等概念；在工具和方法上，志愿者撰写观察笔记，向儿童发放"水果"小日记、儿童相机，在日常活动中注重空间站位；学期活动包括借助学校要求的英语教学形式，开展感恩、规则、环保等活动，并对流动儿童家庭进行家访。

2012 年

3 月至 6 月　与中华儿慈会天下溪基金快乐小陶子教育公益工作室合作，以"读书激励"为主题，开展两周一次的春季学期常规志愿服务。

5 月 6 日　学年大活动"X 校游人大，水果总动员"顺利举办，28 名来自 X 校的儿童在 28 名人大志愿者的陪伴下参观人大校园。活动包括：探险总动员、读书爱惜书、保护环境、世界很精彩、遵守规则、时光剪影、大地游戏、史馆长廊、送别仪式等。

5 月中旬　日后的二代"水果"负责人大嘴因"游人大"活动新闻对"水果"产生兴趣，经廖菲老师引荐结识富晓星老师。得知"水果"团队因第一代志愿者即将毕业而面临解散，大嘴提出接手"水果"，并于当晚通过短信邀请到 13 名来自 6 个不同学院的好友，组建起二代"水果"。

5 月 26 日　第一代与第二代志愿者在崇德西楼 212 室（原科研楼 212 室）会面，介绍志愿服务经验心得，实现"水果"历史上第一次新老交替。

6 月　第二代"水果"志愿者获批中国青少年发展基金会"希望工程激励行动"项目。此后两年继续申请，仍获该项目支持。

9 月　第二代志愿者团队成员以游戏《愤怒的小鸟》和《植物大战僵尸》中的角色为代号，以"亲子沟通"为主题，继续在 X 校提供志愿服务。"水果暖你心"取代"水果总动员"成为"水果"团队新的名称，并沿用至今。

9 月 20 日　富晓星参加第三届中国人民大学社会学系与台湾辅仁大学心理系研讨会（"重拾社会科学的社会性：实践"），以《志愿服务方法中"主位"诉求的人类学探究：以弱势家庭儿童为例》为题首次介绍"水果"团队的研究型服务实践。

10 月至次年 1 月　以"亲子沟通"为主题开展秋季学期常规志愿服务，继续陪伴已分别升入四、五年级的四年级三班（2009 级）、五年级一班（2008 级）儿童。在服务实践中提炼和总结"互为中心"理论，发展出班级日志、自观笔记等新工具。

2013 年

1 月 2 日　顺利举办"大手拉小手 亲子总动员"元旦联欢会，活动延续"亲子沟通"的学期主题，邀请儿童与家长共游人大。

2 月　作为示范项目"大手拉小手，水果暖人心"的负责人，第二代志愿者负责人大嘴受中国青少年发展基金会和英国大使馆文化教育处邀请，赴英国学习考察社会企业。

3 月　开启春季学期常规志愿服务，围绕朋友关系、师生关系、想象未来等主题开展活动。

4 月　第二代志愿者团队在人大校园承办中国青少年发展基金会"希望工程激励行动"全国年会暨结项表彰会议，"水果暖你心"被评为全国优秀公益团队。部分尚未加入"水果"的同学因参与此次会议筹备，对"水果"志愿服务模式产生兴趣，部分成员成为第三代志愿者的骨干。第一代志愿者的"大创"项目"志愿服务模式的'主位'需求探讨——以弱势群体子女为例"获"良好"结项。

9 月　第三代志愿者团队正式成立，成员以"主食"和"蔬菜"为主题确定各自的代号。

10 月 13 日　开展第一、二、三代志愿者经验交流会。会后，部分二代成员选择留任，与第三代志愿者共同开展志愿服务，从此"水果"开始形成"以老带新"的经验传递模式。

10 月至次年 1 月　延续 2012 年春季的"读书激励"主题开展秋季学期常规志愿服务，继续陪伴已分别升入五、六年级的五年级三班（2009 级）、六年级一班（2008 级）儿童。在去往 X 校的途中发现一条废弃铁轨，开始形成"走铁轨"的惯例。完善"主位诉求"服务模式，以"心里话"信箱、观察笔记、日常观察共同构成三角验证工具，注重前期活动设计的精确性。

12 月 28 日　在中国人民大学社会学系廖菲老师引介下，"水果"志愿者带领 X 校儿童前往天桥社区活动室，与社区老人一同参与"老少总动员 欢乐过新年"联欢会。

2014 年

4 月至 6 月 以"认识自我价值"为主题,开展春季学期常规志愿服务。与"水果"志愿者结缘三年的六年级一班(2008 级)即将毕业,"水果"的服务对象调整为二年级三班(2012 级)和五年级三班(2009 级)。针对高、低年级儿童的不同特点,做有区分的活动设计。

9 月 第四代志愿者团队成立,成员以"坚果"为主题确定各自代号。

10 月至次年 1 月 开展秋季学期常规志愿服务,服务对象为分别升入六年级、三年级的六年级三班(2009 级)、三年级三班(2012 级),以"大带小"为主题联通两个年级的儿童,培养"小小志愿者"。第三代志愿者带领第四代"走铁轨","走铁轨"成为"水果"特有的团建仪式。

12 月 5 日 在中国人民大学青年志愿者协会主办的第四届"感动人大"十佳志愿服务项目评选中,"水果暖你心"流动儿童志愿服务扶持提升计划获"最具公益性志愿团体奖"。

12 月 28 日 在中国人民大学教二草坪为儿童亲手制作的纸盒举办展览,邀请路人投票、留言以鼓励儿童。

2015 年

1 月 3 日 带领六年级和三年级的儿童参观北京科技馆。

3 月 22 日 "水果暖你心"同名微信公众号开始运营。发布第一篇志愿活动报道:《三(2)班纪实 | "水果暖你心" 2015 年第一次活动开始啦!》

4 月至 6 月 以"小小宇宙观"为主题,开展春季学期常规志愿服务。与"水果"志愿者结缘四年的六年级三班(2009 级)即将毕业,"水果"的服务对象调整为三年级三班(2012 级)和三年级二班(2012 级)。

5 月 31 日 带领三年级的儿童游览中国人民大学,在人大校内举办定向越野比赛与联欢会。

6 月 在第二代志愿者负责人大嘴的组织下,第一期"水果"工作坊顺利举办，共计20名学员。举办工作坊的目的为促进"水果"团队内部志愿者进一步学习理解"水果"原创理论与方法，同时向外推介"水果"，本次工作坊吸引了一批新成员在同年秋季加入第四代志愿者队伍。

9月 第五代志愿者团队成立，成员以"动物"为主题确定各自代号。

10月至次年1月 以"勇气"为主题开展秋季学期常规志愿服务，服务对象为升入四年级的四年级二班（2012级）、四年级三班（2012级）。"心里话"信箱升级为更符合儿童心理需求的"小本子"；受人大附小的"附小币"启发，成立"水果银行"，设置可用于兑换小奖品的"水果币"。自此学年至今，由于教育政策变化和X校校方人事变动，将儿童带出小学开展大活动未能再获校方支持。

11月 受国务院发展研究中心委托，开展"北京流动儿童的教育与需求"研究，访谈X校校长并对X校学生开展家访，对流动儿童教育经费来源及教育机会获得等情况进行综合调研。

2016年

4月至6月 以"走近科学"为主题开展春季学期常规志愿服务。课堂游戏形式进一步丰富，尝试请儿童自由发挥表演短剧，增设知识性教学和动手实验环节。同期，对朝阳区某公立小学的学生展开家访，与X校进行对比研究。

6月 顺利举办第二期"水果"工作坊，共16名学员参与；获得"用心看中国·大学生社会实践风采展示优秀团队"荣誉；获得海淀区文明志愿者协会的支持。

7月22日 在南开大学2016年"公益慈善与社会创新"暑期研修班上介绍"水果"的主位诉求模式。

9月 第六代志愿者团队成立，成员以"文具"为主题确定各自代号。依托于2015~2016年家访调研所撰写的《"入学难"到"入学籍难"："五证"审核对流动儿童教育状况影响探究》一文，获第18届"创新杯"中国人民大学学生课外学术科技作品竞赛三等奖。

10月至次年1月 以"人的成长""男女差异"为主题开展秋季学

期常规志愿服务，服务对象为升入五年级的五年级二班（2012 级）、五年级三班（2012 级），注重知识性教学。开始拍摄"水果"模式的纪录片；以"水果"团队为题材的影视作品《水果银行》获得万峰林微电影盛典三等奖；获"黑苹果青年"资金扶持。

2017 年

4 月至 6 月 以"丝绸之路"为主题开展春季学期常规志愿服务。逐渐取消"水果银行"和"水果币"，探索更恰当的激励方式。

4 月 21 日 以"水果"曾经的服务对象、已经返乡的流动儿童的生活为主题的大学生创新实验计划项目"返乡流动儿童的生活志"获北京市级立项。

9 月 第七代志愿者团队成立，成员以"植物"为主题确定各自的代号。

10 月至次年 1 月 与"水果"相伴四年的 2012 级二班、三班升入六年级，"水果"的服务对象调整为二年级二班（2016 级）、二年级三班（2016 级），学期活动围绕着儿童与"水果"志愿者的相互熟悉展开。与低年级儿童的特征相适应，活动形式以讨论交流、做手工和表演短剧为主，后期逐渐引入少量知识教学。

2018 年

4 月至 6 月 以"小小世界观"为主题开展春季学期常规志愿服务。

6 月 顺利举办第三期"水果"工作坊，工作坊得到"美丽中国"项目的支持，参与者包括该项目校园大使团队、其他校内学生以及校外公益机构的从业人员，共 18 人。参与工作坊的校内学生大多在同年秋季成为第八代"水果"志愿者。

9 月 第八代志愿者团队成立，成员以"水生生物"为主题确定各自代号。"水果暖你心"成为中国人民大学青年志愿者协会二级团体，开始为志愿者发放志愿活动时数。

10 月至次年 1 月 以"安全"为主题开展秋季学期常规志愿服务。在工具方面，小印章取代"水果币"成为激励道具；团队负责人对成员们的观察笔记逐篇做出反馈。

2019 年

4 月 第六代志愿者主导的"大创"项目"返乡流动儿童的生活志：基于北京-河南河北的多案例追踪研究"获"优秀"结项。

4 月至 6 月 以"传统文化"为主题开展春季学期常规志愿服务。获得 2019 年"益路同行"项目资助。为弥补主位工具的缺失，尝试设立"水果电话亭"，儿童可以通过电话（手机）与"神秘人"（志愿者）联系，但实施效果欠佳，不久即停用。

9 月 第九代志愿者团队成立，成员以"零食"为主题确定各自代号。在学期活动开始前，增设由指导教师香蕉主讲的新成员培训讲座。

10 月 "水果"团队纪录片《"水果"的故事》入选第三届中国民族志纪录片学术展"荣誉展映"单元。

10 月至次年 1 月 以"变化"为主题开展秋季学期常规志愿服务。服务对象为升入四年级的四年级一班（2016 级）、四年级二班（2016 级）。

12 月 7 日 志愿者参加人大校园志愿文化节，为 X 校儿童认领他们心仪的新年礼物。

2020 年

1 月 18 日 参加"新时代中国社会学的使命与担当"第二届京津冀青年社会学家新春讲坛，发言题目为《从行动到行动民族志：以大学生志愿服务为例》。

4 月至 6 月 受新冠疫情影响，常规志愿服务首次暂停。

9 月 2 日 响应 2020 年中华慈善日"决战脱贫攻坚，助力疫情防控"的主题，面向全校开展"水果公益周"线上志愿服务活动，邀请人大学子为儿童推荐好书，用照片和文字带领儿童"云"游中国。

9 月 第十代志愿者团队成立，成员以"奶茶配料"为主题确定各自代号。

9 月 22 日 东南社会学论坛主题讲座第 32 期，讲座题目为《从行动到行动民族志：以大学生志愿服务为例》。

10 月至次年 1 月 开展秋季学期常规志愿服务。因部分儿童返乡转学，X 校原 2016 级的两个班级合并，"水果"服务对象调整为四年级一班（2017 级）和升入五年级的五年级一班（2016 级）。工具方面，在小本子上增贴"小信封"作为原"心里话"信箱的替代物，儿童与志愿者通过小信封私密交流，发展与儿童的笔友关系；将每期活动后观察笔记与自观笔记的精华部分编辑为《水果摘报》，并于"水果暖你心"公众号发表；进一步注重课堂设计，尝试通过布置课堂作业来丰富儿童主位材料。

11 月 "水果"团队纪录片《"水果"的故事》获中国民族学学会优秀影片奖。

2021 年

2 月 调研成果《"教育权利"vs."大城市病"：流动儿童教育获得的困境探究》获第四届国务院参事室"费孝通田野调查奖"征文活动三等奖。

4 月至 6 月 开展春季学期常规志愿服务。

5 月 15 日 参加厦门大学主办的"多面的田野：人类学研究方法的新思考"教学会议，发言题目为《行动过程何以成为田野？以志愿服务为例》。

5 月 29 日 顺利举办第四期"水果"工作坊，参与者包括校内外学生、公益组织和平台的负责人，共计 24 名学员，工作坊影响力进一步扩大。在前三期工作坊的活动方案设计与组间比拼环节之后，增设助教的分享环节，由助教向学员们解析案例中的诸多细节与用意，使学员在参与中更深入地体会"水果"团队的理念与方法。

5 月 30 日 举办"水果十周年"纪念活动，各代志愿者返校共话"水果"记忆。

9 月 第十一代志愿者团队成立，成员以"鸟类"为主题确定各自代号。

10 月至次年 1 月 疫情反复，志愿者难以稳定入校开展活动，以小本子作为通信工具与儿童定期交流，弥补疫情期间志愿者的现场缺席。服务对象为二年级二班（2020级）和升入五年级的五年级一班（2017级）。在课堂形式方面，基于既往与儿童的交流经验，围绕他们熟悉喜爱的小说作品进行活动设计，通过角色扮演、树立规则等方式促进现实关系的发展、增强儿童内部的凝聚力。与人大经济学院青年志愿者协会合作，配合X校新的日常时间安排，交替完成二年级二班志愿活动。

附录三
"水果"工具箱

本文系"水果"团队志愿者所作,意在提供一个与正文略有不同的视角。

在每年的"水果"团队见面会上,每代"水果"都会强调志愿服务的专业性在于有自己的理论、方法和工具。理论和方法的介绍大体不变,但工具的介绍年年不同。十一年来,"水果"开发的工具呈递进式发展。我们可以想象一个场景:初代"水果"志愿者来参加第十一代"水果"的培训会,他们也会感到惊奇:这些工具都是做什么的?但只要稍加思考,他们会恍然大悟:哦,原来是它们变成的!

(一)从"小日记"到"小本子"

依照"水果"的理念,尽可能了解、理解服务对象是每次活动设计的基础。如果我们想了解小朋友,了解他们的生命历程、兴趣爱好、遇到的困难等,了解他们从每堂精心设计的课堂内容中学到的东西,应当使用何种方法?无须思考,想必多数人能脱口而出:"填个问卷就好了。"在最初的活动中,为了让小朋友更容易接受和理解,我们将问卷包装成为"水果"小日记,作为客位引导下的主位工具——三角工具的重要一环(前文中也称为后测问卷,下文简称为"小日记")。

一般来说,"小日记"的使用流程为:设计问题—在活动结束后发给小朋友填写—哥哥姐姐将其收回、回复并留档记录—在下次活动中返还小朋友。这一工具使用的难点在于如何设计适合小朋友回答的问题。"水果"不希望给小朋友带来过多的负担和压力，但又想要尽可能地增进对他们的了解。经过数次活动的尝试发现，问题设计得不合理往往容易造成两方面的困难。

其一，问题越多，写得越慢。"水果"会在每节课留出五分钟或占用一些课间时间来组织小朋友集中填写"小日记"。小学生写字一笔一画，有字不会写还要拼音来凑，若是问题留多了，就容易写不完，反而会成为负担，被敷衍地完成（甚至直接被视为作业）。而在班主任眼中，这个"小日记"有时还会占用学生集中写作业的时间。根据经验，问题数量的极限是2~3个，这样的数量使得"小日记"能相对轻松地完成，小朋友想到什么就写什么，课堂反馈自然丰满地展示出来。

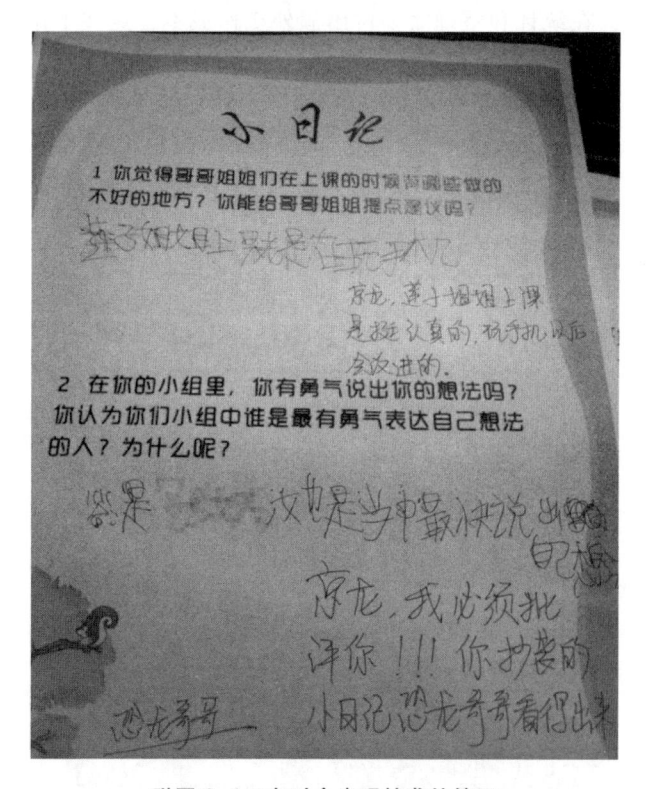

附图 3-1 有时会出现抄袭的情况

其二，用词不当，理解困难。问题设计所用的语言应当通俗易懂，面对识字不全、水平各异的小朋友，如何把问题转换为他们能够理解的词句成为"水果"的难点。有时,志愿者们认为小朋友会懂的词语收效不好,但大学生们刚接触到的网络流行语,小朋友比志愿者还要清楚。志愿者应该熟稔小朋友的语言体系,并且在书写回复时,志愿者要像小朋友一样落笔:不连笔,写大字。哥哥姐姐需以身作则,认真写字,绝不偷懒写谁也看不懂的鬼画符。

内容之外,"小日记"的管理也较混乱。打印份数不足、用于留档的复印件(用于材料分析)和原件混合在一起……层出不穷的意外事件经常发生。通常"水果"会在回复后将原件还给小朋友,让他们用夹子把单页"小日记"归拢在一起收好,但小朋友保管东西的结果有时惨不忍睹。反观志愿者,由于经常忘记在"小日记"上留下活动时间、班级、姓名的位置,在统计和整理时要付出额外工作成本,这些工作细节值得志愿者反思。

附图 3-2 "小日记"示例

"水果"在总结上述几方面问题后，对"小日记"进行了改进。首先，"小日记"设计更加精美，获得小朋友喜爱。其次，两个简单易懂的问题，解决了回答时长的问题，并且留足空间供小朋友直抒胸臆。最后，姓名、班级、活动日期等要素也进行统一设计，方便后续整理和分析。

2016年春季学期的活动开始，"水果"又改进了"小日记"，用A7大小的"小本子"取代了原来打印的A4纸，每节课的问题由志愿者抄写在本子上，这样一学期或一学年的志愿活动只需使用同一个本子即可。从管理的角度来看，"小本子"的优势不言而喻：志愿活动的次序一清二楚，本子也和小朋友一一对应，发放和整理起来更为便利。

但若是问题集合在一起，岂不成了专门的"作业本"？出乎意料的是，小朋友十分喜欢这个专属于他们的本子。由于本子空白的部分比原本的纸张空间更多，留在小朋友手中的时间也更长，"小本子"和小朋友的表达欲之间产生了奇妙的化学反应，"小本子"既变成了小朋友的创作展

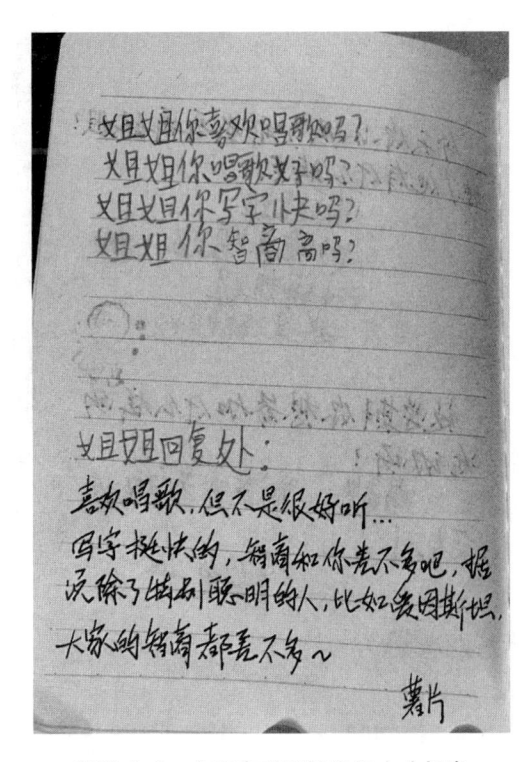

附图 3-3　小朋友对哥哥姐姐十分好奇

示空间，又变成了和哥哥姐姐的聊天室。如果说"小日记"时代，"水果"和小朋友的关系是单向的发问与回答，那么在"小本子"时代，"水果"则是与小朋友双向交流的"笔友"。这意味着，"小本子"有时不仅仅是客位引导下的主位工具，也是小朋友主动表达的主位工具。

　　本书"主位诉求：志愿服务方法和模式的探究"一章中所介绍的两种开放情境下的主位工具——相机和"心里话"信箱，受限于客观条件，并未长期使用并传承下来。漂流拍照的相机需要班主任的配合，同时也常有电力不足或损坏的情况出现。"心里话"信箱一度被校方清理，重新投入使用后发现送信环节不能做到保密而被取消，开放的主位工具便被搁置下来。"小本子"的投入使用缓解了主位工具的缺失，且哥哥姐姐发现"小本子"中满是惊喜：有小朋友留给哥哥姐姐的谜题，有他们喜欢的画、贴纸，还有想要和哥哥姐姐说的话。小朋友就在这些天马行空的笔触中向志愿者们袒露最真实的自我。

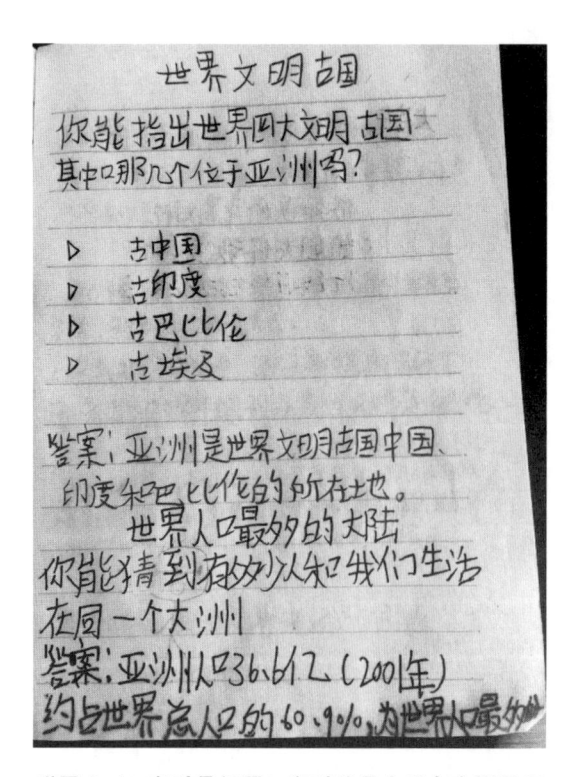

附图 3-4　有时是问题，有时就是小朋友在翘尾巴

附录三 "水果"工具箱 | 229

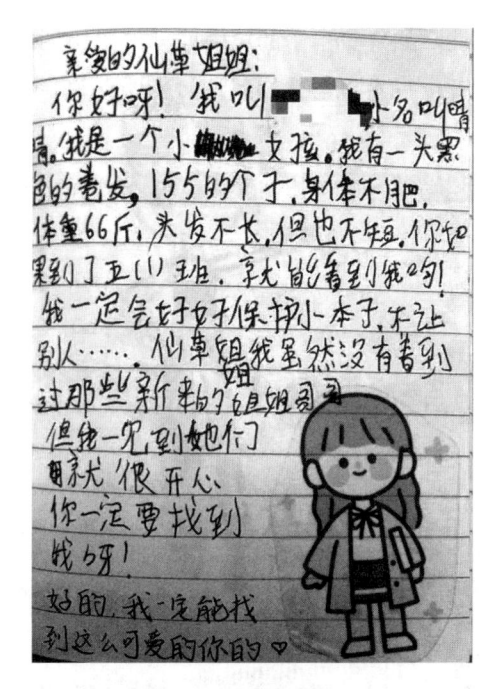

附图 3-5 小朋友的心里话

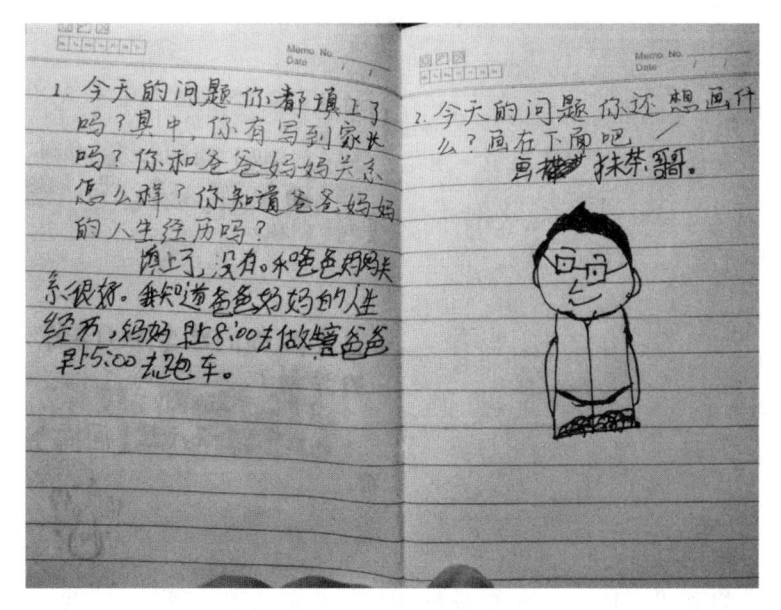

附图 3-6 小朋友眼中的志愿者

面对小朋友对"小本子"的喜爱,"水果"也积极回应,充分拓展这一主位工具的可能性。如每个本子的第一面都留给小朋友自由发挥设计封面,第二面由志愿者手写卷首语,细致地向小朋友解释本子的用途。

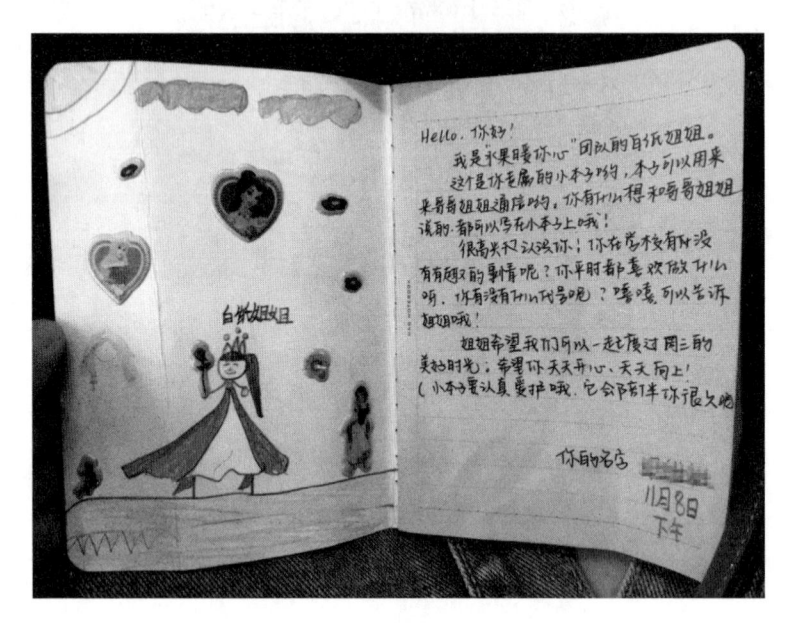

附图 3-7　封面与卷首语

由于"小本子"的发放和回复往往在周末的活动设计会上,到场的志愿者又不一样,起初"小日记"或"小本子"的回复者往往是随机的。后来志愿者注意到,小朋友更倾向于和同一个哥哥/姐姐持续交流,哥哥姐姐也想要回复自己带的小朋友。有时,小朋友会羞怯地跑过来问志愿者,你是不是 ta 的"笔友哥哥姐姐"(即便你从未带过 ta 做活动)。由此,"水果"建立了"小本子"一对一的回复规则,小朋友有了自己的固定笔友,彼此的专属绑定能够在很大程度上增进志愿者和小朋友之间的感情。

小信封的出现则是为了替代"心里话"信箱。"水果"把自制的信封贴在"小本子"的末页,告诉小朋友有需要就可以通过信封给"水果"写信。起初,因为在课上刚刚强调过,"水果"收到了许许多多"心里话":"姐姐你和家长的关系好吗?","家长会打我","我没有朋友"……"水果"们小心翼翼地收起来,逐一关照。随着固定笔友关系的建立，小信封却又变得鸡肋。小朋友的思路很简单，反正都是给同一个人看，为什么不把心里话写在本子里呢？于是小信封变成了小本子的"附件包"。小朋友会在里面塞各种各样奇奇怪怪的东西，如悄悄话、自画像、数学题、奥特曼卡片，甚至有人塞进去一颗奶糖！"水果"们忍俊不禁，又觉得心里暖洋洋的。小信封，从哥哥姐姐帮助小朋友，变成了小朋友温暖哥哥姐姐。

附图 3-8　小信封和小本子

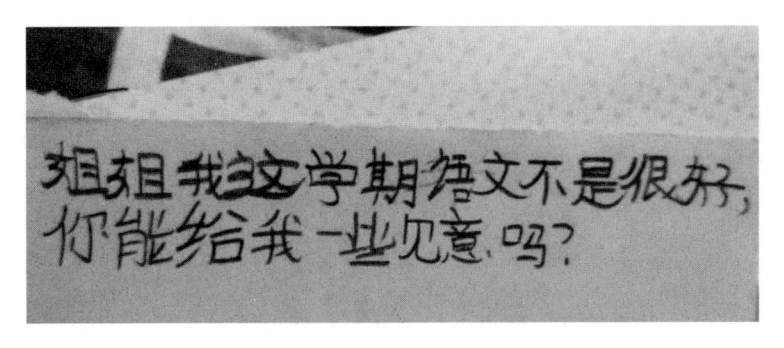

附图 3-9　小信封来信

到了 2021~2022 这一学年，北京的疫情形势尤为严峻，作为人员密集的重要场所，中国人民大学与 X 校管理均很严格。受疫情影响，"水果"两周一次的活动变成了一个月一次，甚至一个学期一次。由于不能稳定开展志愿活动，"水果"尝试把"小本子"作为通信工具，让"小本子"陪着孩子们，试图弥补志愿者缺席的遗憾。不过，"小本子"上的交流，到底是课堂之外的交流，在场与不在场的效果截然不同。这样的交流，也许只能在彼此心中留下浅浅的痕迹，"水果"还是希望能够尽快地回到教室里，蹲在小朋友身旁"咬耳朵"。

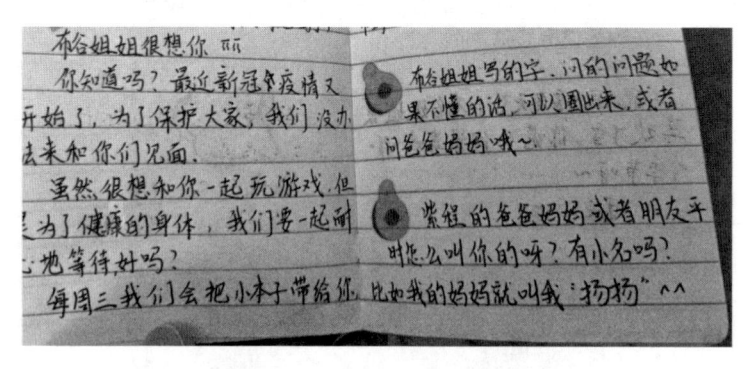

附图 3-10　疫情期间的小本子

从"小日记"到"小本子"，不变的内核是其作为工具不断检验志愿服务的效果。随着载体和需求的变化，这个工具逐渐承担起新的功能，延续至今仍在使用。但是，"水果"工具箱中的其他工具可就没有这种"好运"了。

（二）钱币与印章

本书"互为中心：志愿者和服务对象的关系建构"一章曾谈到志愿者面对身份定位的困惑，这是对于志愿者和服务对象在不同阶段关系建构的总结和提炼。但在真实的活动场景中，"水果"带着精心设计的方案，面对的是更加直观的困难：如果小朋友不愿意参与课堂，如何调动课堂积极性？而如果小朋友过于积极或影响课堂，如何维持纪律？问题在于，不是老师的"水果"，如何掌控课堂？

每次活动，哥哥姐姐们容光焕发地大步踏入 X 校，筋疲力尽地拖着身体离开教室，对小朋友又爱又恨，有人炫耀着本组的"小天使"，有人对本组的"捣蛋鬼"咬牙切齿，最后，没有一次复盘会逃得开"纪律"的话题。"水果"也想出了许多办法解决课堂纪律问题：一种是依靠人，扮"黑脸"，靠身高、气势起到震慑效果；另一种则是依靠工具，建立一套激励和约束的奖惩机制，这便是本部分介绍的重点。

在早期活动中，"水果"主要根据活动设计来分发礼物进行奖赏和鼓励，例如，万圣节的糖果、圣诞节的玩偶，或是阅读激励活动期间的书籍，甚至参与期末大活动也曾被视作奖励的一部分。从第五代开始，借鉴中国人民大学附属小学的"附小币"，"水果"推出"水果币"用于课堂激励和秩序维系。

"水果币"，顾名思义，也就是"水果"团队"发行"的代币。"水果"根据每节课的课堂表现及课后"小日记"/"小本子"的回答情况，发给小朋友不同金额的"水果币"，小朋友积攒到期末就可以兑换不同的奖品。如果课堂表现不好，哥哥姐姐还会扣除"水果币"作为惩罚。

设立"水果币"出于两方面考虑，一是上文提到的激励工具，用以调动和约束课堂纪律；二是培养小朋友的理财意识。早在 2014 年模拟拍卖会的活动（详见正文第三章第四部分）时，"水果"就意识到小朋友对价值和金钱的认知远比人们想象的要成熟。而在后续的活动中，也有志愿者注意到应当通过一些恰当方式帮助小朋友理解金钱。

课间休息时孩子们都涌过来，张浩问我："你带……来了吗？"说着两个指头搓着，我看出来他说的是钱，但还是问："什么呀？"他说："Money！"我说："我要是没带你还喜欢我吗？"他说："喜欢。"我说："那要是带了呢？"他说："更喜欢！"我问他："为什么加了个'更'字呢？"他指指学校小卖部的方向说："因为可以带我去那儿买吃的玩的呀。"这是我第一次和小孩探讨起金钱的问题，随着年龄的增长也许爸妈会给他们一些零花钱，让他们得以使用小小的财政权从学校小卖部买自己喜欢的东西，也让他们逐渐对钱有了概念。也许以后可以针对这个话题开展一次活动树立正确的金钱观，帮

附图 3-11 "水果币"兑换清单

助孩子们明白钱可以买一些东西,但不能买到一切,君子取财有道,要通过正确的方式和途径获取金钱。(包子,2015)

理想很美好,现实很骨感。随着"水果币"投入使用,一系列问题也浮出水面:"水果币"需要提前印制并由哥哥姐姐签字后再发给小朋友,而每次课前统计"水果币"的数量既烦琐又容易出现问题;依照"小日记"回答程度来决定"水果币"金额也有一定的随意性。然而,这些都不是真正的问题所在,用一位当时"水果"的话来说:"因为'水果币',小朋友都'疯'了……那时候四代、五代想让他们培养理财意识,结果真的培养出了很丰富的理财意识,他们学会了'钱生钱'!私下复印'水果币',贩卖'水果币'……"如果说这些还是管理层面的问题,"水果"也尝试设立"水果银行",由哥哥姐姐统一管理(相当于代币变成积分),但问题在于:"去到活动现场,小朋友就围着你在你耳边念叨'水果币''水果币'……他们都不想认真听课,只想搞钱!"小朋友此时上课的目的已经变成了获得激励本身,这就使得激励本身成为问题,甚至由激励产生的欺骗等道德层面的负面问题更值得警醒。[①]

附图 3-12 "水果币"照片

察觉到"水果币"的危险,又没有找到合适的解决方式,"水果"在尝试一年后就停用了"水果币",用更为"温和"的"小印章"取代了它。"小印章"的使用规则和"水果币"大致相同,只不过是盖在小朋友的"小本子"里,并且每次活动获得的印章数相对固定:回答 1 次问题有 1 个,认真完成"小本子"有 1 个。但"小印章"也有其不足之处,当活动设计以手工、活动而非知识教学为主时,课堂提问的环节就大大减少。这意味着,每个小朋友获得的印章数量基本相同(只获得完成"小本子"印章的基础分),反倒使其重要性有所降低。久而久之,"小印章"失去了原本奖励和约束的作用,而课堂纪律问题始终未能得到解决。

---

① 这是有关活动设计的另一层面问题,在此不延伸讨论。

附图 3-13　小印章

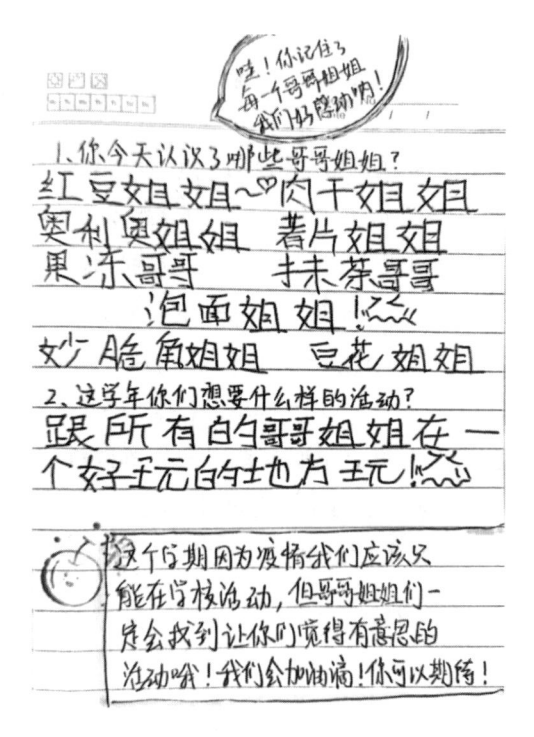

附图 3-14　小印章作为激励方式

迄今为止，"水果"还在使用"小印章"，但同时也仍在继续尝试和探索新的激励工具，而这无疑是一个艰难的过程。如果将以支教为主的志愿服务活动称为"课堂"，志愿者实则处在一个尴尬的位置上。课堂纪律的维持是教育过程的一部分，但"水果"作为志愿者，其定位并不能够，也不应该按照老师的方式来"管理"学生。① 每个志愿者从大一、大二时开始参加活动，他需要积攒经验，处理各种课堂情况。尽管"水果"团队维持了较好的"以大带小"的传统，但是许多技巧和体悟，都需要遇到具体的场景才能够真正把握。无疑，奖惩机制会辅助新手志愿者们度过最初的适应期，平稳的课堂秩序可以保障服务活动顺利进行，帮助志愿者树立继续服务下去的信心。当"水果"真正度过"考验期"（见"互为中心：志愿者和服务对象的关系建构"一章），能真正从主体出发设计和改善志愿活动，才会发现每个志愿者和小朋友建立的联系都是独一无二的，他们可以是姐妹、是哥们、是损友、是知心姐姐、是大哥……这个时候，"水果"才能摆脱尴尬、迷茫的身份定位，从"维持纪律"这样的词语中解放出来，建立起"融合期"（见"互为中心：志愿者和服务对象的关系建构"一章）所描述的志愿者和小朋友之间异质且平等的和谐关系。

十一年来，"水果"工具箱里的工具就像哆啦A梦的百宝箱一样纷繁复杂。除了前文所介绍的那些，"水果"还尝试过更多一次性的工具：电话亭、飞行棋、"水果"捞……这些工具与时俱进，随着科技和潮流的发展不断推陈出新，但无一例外都以令人遗憾的结果告终，只有"小本子"勉强算得上"长寿"。

更多时候，"水果"习惯尝试，也习惯失败。显然，"水果"也不会停止实验的脚步，无论使用何种工具，"水果"都希望最终能够实现最初设定、从未改变的服务目标：激发小朋友的主体性，和他们一同成长！这是一片有无限可能的原野，我们都不知道自己会走向何方，但每个工具就像盏盏微光，哪怕只有片刻，也会让我们看见些前路，多向前走上两步。

---

① "扮黑脸"的难点也在于此，很难把握其与真正的老师之间的界限，也很考验志愿者个人的能力。

附录四
"水果"回忆录

在这一小节，我们选录了7位不同代际的"水果"志愿者，在不同时段对于"水果"志愿服务经历的回忆和感想，从而勾画出"水果"不同发展阶段的侧面，以及"水果"们成长的点点滴滴。

"水果"从这里启航

去年（2020年）某天，富富（笔者）在微信群里问我们，还记不记得成立"水果"的初衷是什么。我快速搜罗了一下回忆，脑海里浮现出一个画面：一群"花花草草"在上海浦东机场围坐在一起，讨论志愿服务报告写作分工。

那是2011年大二的寒假，富富带领着一群彼时还没有冠上"花名"的我们去台湾参加志愿服务交流活动，和宁波城市职业技术学院、台湾致理技术学院的老师同学们一起，给弱势家庭的孩子提供团体辅导。儿童营的主题是"花花世界"，为了方便记忆，我们成为各种花花草草。虽然活动只有3天，但每天都非常扎实，白天带领孩子们做一整天的活动，结束后检讨会开到凌晨，讨论当天活动有待改进的地方，以及第二天活动的分工和计划。虽然我们每个人或多或少都有些志愿服务的经验，但仍感到深深的触动，原来志愿服务可以如此用心、细致、专业。在后来的"水果"中，也融入了不少当时在台湾取经的元素，比如设置维持秩序、铁面无私的"值星官"，活动前后的"检讨会"，还有最重要的，给团队一个主题，每个成员都需要拥有一个"花名"。

到了秋天，大三学期伊始，葡萄哥哥找到富富，想要做一个有关志愿服务的大创研究，富富刚好也在做相关的国社科课题，于是我们一群花草又集结起来，加上许多外援，"进化"成为各种水果，开始了在 X 校的志愿服务。这应该就是"水果"正式诞生的时刻。

2012 年春季学期快要结束时，我们策划了一次大型活动，带着志愿服务班级的孩子们游中国人民大学，也是给一学年的活动画上一个句点。结束后聚餐时，坐在我旁边的摄影师杨老师问我："你们这个志愿服务很好，但为什么不接着做下去呢？"我突然被问住了，只能诚实地回答："我们马上就大四了，大家都要准备出国、考研、找工作，没有时间了。"

其实我心里是有些怅然的。是的，要是"水果"能继续做下去，不是更好？不是更符合我们的初心？我们希望把志愿服务做得更专业，更能挖掘和满足服务对象的需求，给孩子们更长久的关注和陪伴，但说到底，还是有更加现实的考虑，还是不得不面对诸多局限。没有想到的是，后来富富告诉我们，有下一届的师弟师妹找到她，愿意继续把"水果"做下去。更没有想到的是，这个接力一直持续着，现在竟然都迎来十周年了。第一代"水果"都已陆续告别了校园，开启了不同的职业和生活轨迹。写下这篇小文，又将点点滴滴的回忆打捞起来，很多细节都糊了，但是有些瞬间记得格外真切。能和一群有着同样目标的人，一起努力坚持完成一件事，是十分温暖美好的回忆。作为团队一员的我也觉得非常幸运，在蔬菜、主食、零食、奶茶配料等的努力下，"水果"不仅是一份回忆，还可以把更多的人（或者食物？）联结在一起。

一代芒果姐姐

从"公交车之旅"到"水果"志愿团队

大一下学期前两个月，我做得最多的事情就是坐公交车。只要没课，就从学校西门出发，一路看着北京不同位置的人、物、事，随时下车、驻足。中国人民大学西门的各路公交车都试完了一遍之后，我又去学校东门坐车。

就这样，我很快跑遍了半个北京，到过脏乱差的残疾人居民区，进过打工者的窝棚,迎面撞上过晚高峰浩荡的郊区上班族,也追踪过街头乞讨者背后强大的组织网络。

街头巷尾的社会学,要比宏大理论或数理统计更能引发一个涉世未深的学生的兴致。街头巷尾、犄角旮旯,让我能够直观地感受到这个城市并不光鲜的那一面,看到弱势群体在城市发展镶嵌博弈的大框架中或许尴尬的处境。

而对于种种问题的现状、原因、出路想得越多,就越来越有"做点什么"的冲动。

打工子弟,或者叫流动儿童,起初是我不敢碰的一群人。一方面,因为自己小学时候尝试帮助过一个进城读书的山区同学,结果以悲剧收场,留下了一些阴影;另一方面,大一参加过"青年志愿者协会"组织的两次支教活动,那沦为大学生放松娱乐的机会。而舆论对"支教"的种种质疑和批判也使我缺乏好感。

一个偶然的机会,我听说人类学研究所有位老师邀请了一些流动儿童到学校游玩,急招讲解校园奇闻趣事的志愿者,就报了名。

2012年5月6日,我作为"外援"第一次参加了这个叫"水果"的团队组织的活动。虽然时间很短,但是他们对活动细节精妙的设计让我眼前一亮。

遗憾的是,这次活动之后志愿团队就解散了。我觉得惋惜,给带队老师发了一条雄赳赳的短信,说"老师如果还想做打工子弟的事情,我马上可以带出一支队伍来继续工作"。

没想到,这位长我十四岁、以研究同性恋闻名、当时怀有身孕的女博士,竟然同我相见恨晚,两人就志愿服务问题、打工子弟、学科情怀一连聊了两个钟头。她告诉我,"水果"希望在以受助者为本位的志愿服务中做出一些尝试。我如遇知音,鸡血再度满格。

就这样,"公交车之旅"告一段落,我开始组建团队。经过一番招兵买马,十五位大一学生组成了新的"水果"志愿服务团队。

"用我们的志愿服务修补大家的问题。"

面对大学生课堂式志愿服务旅游化、戏谑化、表面化、功利化等问题,"水果"之第一代人思考的是"如何根据别人的问题完善我们的志愿服务",而我们口气不小,直接提出"如何根据我们的志愿服务修补大家的问题"。

第一代人多是社会学系大四学生或研究生，主要依靠出色的个人素质在志愿服务中发挥对打工子弟的人文关怀；而我们当时则是一群毫无经验的大一新生，有些成员对打工子弟这个群体还缺乏基本的了解。因此在第一个半年中，我们致力于在"摸爬滚打"的志愿服务中开发出一套模式，适用于并没有经验的志愿者，潜移默化地将"受助者作为志愿服务的核心"（后来称为"主位诉求"）的理念贯彻到志愿服务活动设计中。

象牙塔里的人类学、社会学方法论被引入志愿服务现场，逐渐变成了我们志愿服务的"活动要素"。主位（儿童心里话、自主摄影）、客位（课堂观察笔记）和客位引导下的主位（小短剧、小日记）帮助我们深入挖掘孩子们特定成长阶段的诉求，随后我们通过活动设计来回应这些诉求。而以学期为单位，对易被学校忽视的议题（如亲子关系、健康心态）的关注则帮助我们所服务的孩子、家庭、学校解决了一系列问题。

转眼近三年过去，这支队伍不断壮大、更新换代，我作为最老的志愿者一直伴随着她。

记得我们每代志愿者初见打工子弟时，都难免强加自己的意志，将我们所想当作孩子所需。而经过"水果"几个月的志愿服务活动，我们就懂得变俯视为平视，变强加为沟通，而且明白通过志愿者的努力可以有效地回应这些孩子的诉求。

每个周三下午，当一众人马坐着公交车前往市郊的打工子弟学校时，我都有一种深深的满足感，那是这些年心向往之的社会学的回归啊。

二代大嘴哥哥

圣诞节，我想捏个奥特曼送给妈妈

四天前的冬至，朋友圈刷起了饺子和汤圆；昨天的平安夜，邻居搬了一株圣诞树，喜气洋洋地准备往臭袜子里塞礼物；今天圣诞节，我望着桌前的日历，发现再过几天就是元旦，再过月余就是除夕。冬日最寒冷的北风里，刮来了一年中最频繁的节日。

五年多前（2015年）的冬天，我加入一个叫"水果"的志愿组织担当志愿者，给北京一个民办流动儿童学校的孩子们上课。这所小学叫X校，坐落在一片城中村内，四周都是黄黄矮矮的小平房。学校也由几间同样矮矮的平房和一个不大的操场构成。

我们志愿者会分成好多角色，共同推进课堂。我的角色往往是负责管理最后几排小朋友的纪律，为此我还自取诨号"恐龙"，以期辅助我威严的树立。管理这帮后排小王子，但凡有瞬息精神不集中，他们大概率能像起义的草莽英雄一样，把我们精心编排的45分钟小课堂搅成当阳长坂坡。

附图 4-1　我们上课的教室

一般来讲，搞课堂纪律工作基本分为"全面管理"和"逐个击破"两招。当我们课堂的主题涉及手工小制作时，由于兴趣高涨，小朋友们在课堂伊始就处于极端兴奋之中。此时，但凡后排有俩老弟拿着道具开始玩什么打仗的搏击游戏并发出挑衅的吼叫，整个班级就会像燎原之火蔓延开一样，从此再无纪律。于是，我们不得不搞全面管理，无外乎在台上发出大喝，或者假装生气地撕掉一些教具以遏局面，最后以一段教训收尾。

附录四 "水果"回忆录 | 243

附图 4-2　后排的男子天团让人又爱又恨

附图 4-3　每次我们会问小朋友两个问题，他们的回答有趣又令人感动

但多数情形下，我会采取逐个击破的方式。抓住一个刺头，蹲在他身边，靠住他的耳朵，然后暴风输出一堆劝导，直到他知错地表示遵从甚至哭出来。在身边同学惊讶的目光中，他会安静下来并号召大家都少废话。因为贴着耳朵教育他，话虽多而长，却不为旁人知，给足老弟面子，也是技巧之一。

有一年，也是圣诞前后，我们开展了一期手工课，道具挺多，有彩笔、橡皮泥等。我如临大敌，因为今日后排必乱，且可能乱得一塌糊涂。果然，当我们分组让大家开始制作后，一位单独坐一桌的小朋友 A 操起一支彩笔，给隔壁桌一个一向很虎的小朋友 B 的脖子上划了一条红道子。B 立时怒喝，"你死定了！"，音量之大吓我一跳，话音未落，他一把将橡皮泥甩了过去，正中 A 的面门，代号 C、D、E、F、G 的起哄专家们纷纷放下手上正事，发出叫好声，甚至有喝彩的人还鼓起了掌："干他！干他！"

附图 4-4　我们与孩子们的合影贴在墙上

此时后三排已完全是另一个世界，A 和 B 隔着过道互相丢着一切触手可及的文具和书，伴随着周围一浪高过一浪的极有节奏感的起哄叫好声。我都看入迷了，差点忘了自己的角色。待我回过神来，我一把提溜住 A，带到门边，蹲下来，靠着他的耳朵开始我的攻心感化。

附图 4-5　竟然有孩子用橡皮泥捏可乐

具体说了什么，我现在有点忘了，但我记得有这样两段话：

第一段是开头："你以为我是谁？你以为恐龙是谁？你以为我站后面管纪律是瞎的？我看你搞了五分钟，给足你机会和时间，但你当我不存在，我现在负责任地告诉你，这节课已经与你无关了，你现在只有我了。"

第二段是最后："我认识你妈，你妈次次跟班主任问啊，说孩子听话吗？班主任都说不，你知道你妈怎么说吗？她说对不起老师，我文化有限，没管好他，对不起！你是个男子汉，但你的行为，你打人、撕书，你的每个行为都让你妈在道歉，让你妈为你感到羞愧。你懂不懂什么叫男子汉？是丢东西到别人身上然后不承认吗？一嘴的谎话是你最大的优点吗？你妈会有一天骄傲地和班主任说，我孩子真棒，上课没事就打人呢！打人还死不承认，可优秀了呢！你骄傲吗？……"

一开始他抖着脚，不屑一顾；慢慢地，慢慢地，脸上变了色，等提到了他妈，这小魔王竟忍不住就哭出来了。他很伤心，抽泣得一动一动地，他说他今天本来想捏一个小奥特曼，送给妈妈做圣诞礼物，现在没机会了，他后悔了。

那个时刻，那个转着泪花的脸，我很难忘。就我而言，我不是个圣母，不会觉得天下孩子皆可爱，也不会慈祥地接受他们的一切作为并视作

附图 4-6 写"水果"小日记是我们和孩子们沟通的一种方式

正常。很多时候，这些流动儿童的一些习惯和想法，是不对的，是不符合正确的三观的，比如一些男孩子以撒谎能力为攀比和炫耀的资本，以诚实为愚蠢。但那一刻，这个小魔王的眼泪让我看到了他内心深处对家人的依恋和对父母的承诺。

流动儿童的成长环境很特殊，特殊到生活中会出现我们这样的志愿者，特殊到他们作为一个群体会被不断地观察、研究。他们很真实，底层复杂而艰辛的生存环境投射在他们的性格中，展示出缺陷与光辉的交错。作为一个志愿者，哪怕接触到再多的缺陷，也会为那一刻的光辉而感动。就像那天他的泪水，他对母亲朴素的感恩、平凡的情谊，深深触动了一只"恐龙"的心。那种感动让我直到五年后的圣诞节都记忆犹新。

五代恐龙哥哥

附图 4-7 去小朋友家做家访

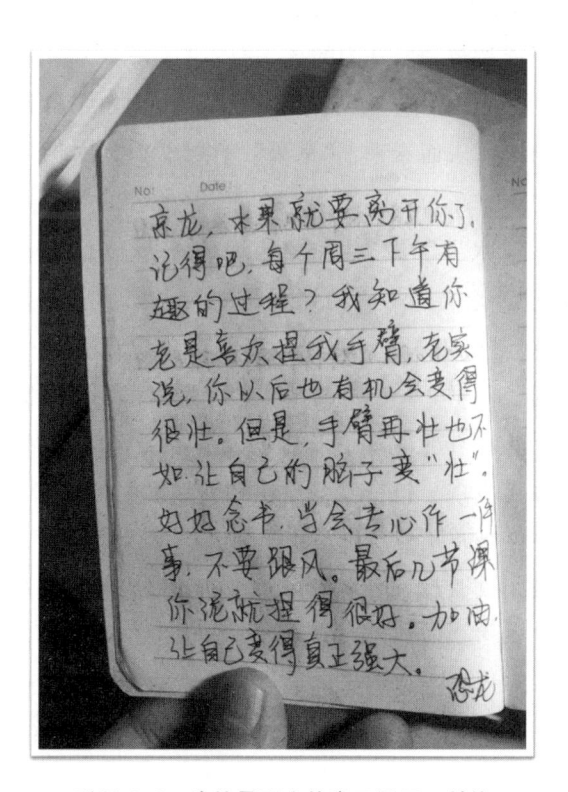

附图 4-8 我给最顽皮的魔王写了一封信

来自一位"过气""水果"的回忆

提到四季青，可能同龄人会想到金源商城那有关购物和摩登城市的一面，而我总想起那个 X 校，它距离金源商城只有 10 分钟的步程，途经废弃的铁道、干涸的河道、弯弯的小路，学校就在路的尽头。学校小小的，只有数栋平房，显得有点简陋，却支撑起很多流动儿童的教育梦想，也承载了我三年的宝贵回忆。

最难搞的课堂

"水果"团队上课的内容并不局限在课本教学，而是结合我们对孩子们的"主位诉求"的理解，再给孩子们设计一些有用的课程。"主位诉求"是"水果"的"黑话"，指的是关注孩子们的真实声音和诉求，而不只是我们志愿者或者教师所认为的孩子们需要什么。关于如何寻找和回应主位诉求，"水果"团队有一套自己的方法论，比如三角验证工具、递进策略、平视策略等。表面看来，"水果"有看似丰富的理论工具、强大的智囊团，做志愿嘛，so easy！

但回想起在"水果"做志愿的经历，第一反应是……抓狂。每次学期初的课程设计讨论会、每周的课程策划会，我都会陷入一种"抓狂"的状态里：到底孩子们需要什么呢？我们这样做对不对？还有别的方法吗？……会议时长基本 2 个多小时起步，大家出了一个方案，又否定一个方案；还曾经因为一些意见不合，跟朋友起了微小的"冲突"……读了教育学研究生以后发现，教育本身是一种实践的艺术，没有确切的答案，需要在实践中不断地反思、优化。田野研究与课堂教学对人的要求还不太一样，前者要求对课堂场景具备敏锐的观察力，后者注重对学生的引导和启发能力，介于两者之间的其实是对学生所处人生阶段、社会状况的理解力。课堂充满了复杂性，要想做好专业的志愿服务，只靠理论工具远远不够，还需要每位"水果"的实践和反思，其间经历"抓狂"的阵痛，自然也是难免的。

每次课程都是大家的心血沉淀，现在回想一下，还是有很多难忘的时刻，例如，曾经带着小朋友们做日常生活的"mapping"，让大家画一下自己在周末的生活，我还记得，当时很多小朋友是画自己在家附近闲逛，聊下来发现，虽然孩子们生活在北京，但其实对北京的本土文化好像还隔层纱。于是后续几节课，我们给小朋友们策划了关于帝都美食、景点巡礼的课程，孩子们反应也很热烈，大家都很开心。

"小朋友"A面/B面

上面吐了很多苦水，但其实对于"水果"的回忆，总归是甜的。每周三去上课，隔着老远就听到孩子们围在门口大声喊"哥哥姐姐们你们来啦！"。刚踏进学校，孩子们就在我身边簇拥成一团（某些时刻甚至让我产生了"明星"的错觉，哈哈），就觉得自己好像获得了小朋友们的认可，感觉真的很开心。但更难忘的是，在长期的志愿服务里，志愿者能够和小朋友们建立更丰富的关系，也能展示出自己与平常不一样的一面。我想起了两个小故事。

刚认识森森（花名）时，他才上三年级，那会儿对他的第一印象是比较内向，小组活动里比较沉默，"小本子"里也不怎么主动留言。直到四年级一次小组活动结束后，他好像突然对"水果"们放下了戒备，更愿意主动和哥哥姐姐们聊天了。有一次上课前，他突然走上前，问道："铅笔姐姐，你相信世界上有外星人吗？"我愣了一下，哎呀，竟然是你！于是给他讲了有关UFO的故事。聊完这个以后，他又突然问我："姐姐，什么是永恒？"再到后来，他又开始问我："姐姐，什么是爱？"……面对森森那么本质的提问，我主要是通过提问，让小朋友说说自己的思考，比如他觉得"爱是想保护一个人，对她很好"，我就反问："那如果对方觉得不开心了呢？"我看到他沉默了一下，然后笑了起来，说："那还是她开心最重要。"……年纪大了以后，我发现自己对这些基本的、日常的话题变得懒惰，平常也不怎么思考，小朋友的提问反而蛮启发我的，我还真得感谢小朋友们"直击灵魂"的提问啊。

平平（花名）是班里的小魔头，上课确实比较爱捣乱，有时候需要请出恐龙哥哥唱唱黑脸，有一次，甚至还把平平请出了教室，让恐龙哥哥给他做思想工作。四年级那会，平平活脱脱一个"课堂黑洞"，到五年级开始变得听话了些许，也给我们带来了很多惊喜。在一次自画像的活动里，我们惊奇地发现平平的艺术细胞真的很发达，他画的自画像抽象，富有美感，甚至有一种毕加索的风格；有一次闹着借了志愿者的相机玩，咔嚓一通，却拍出了让所有人惊艳的照片。有时候我在想，如果不是长期的志愿服务，小朋友们身上的闪光点可能都没被挖掘出来呢。

每次去做支教，路上都会经过北京著名的公立学校和国际幼儿园。有时候学生们正在课间休息或者校外上课，我们能在围栏里窥见他们生活的一隅；学校外面的宣传栏，介绍着师资、办学理念、环境设备、荣誉奖项，回想 X 校的数栋平房、小操场，"教育公平"这个话题不再是一种抽象的概念，而是落在眼前的、沉甸甸的现实。本科三年里，我也做过一些家庭的走访，参与流动儿童研究的课题，甚至还去孩子们的家乡调研，这些都让我更立体地认识流动儿童这个群体。有时候也会感到痛苦，觉得自己能做的东西太少，作为一个志愿者，想去系统性地改变孩子们的生存状况，无疑是螳臂当车。

但我很开心能加入"水果"。我们在力所能及的范围里，做到长期的、专业的志愿服务，并且扎根一个地方，一代又一代地传承下来，可能是"水果"作为一个团队、一个组织、甚至一种文化，对现实难题所给出的独特解法吧。

回忆里的苦与甜，掺杂着一些心酸，让我即便 4 年后再回望，也对这份经历印象深刻。当时我带的孩子们现在应该刚成为高中生，不知道他们现在过得怎么样呢？真的希望他们一切都好啊。

六代铅笔姐姐

"水果"，像一个圆

"水果"十周年时，一张展品吸引了我的注意，因为我在展品上看到了久违的自己的代号——而且是夹杂在零食与奶茶配料的代号之中，尤其"格格不入"。葵花姐姐说，这是那学期最后一次活动，哥哥姐姐让孩子们写下的一些祝福，葵花说专门让小霍同学回忆二年级时都有哪些哥哥姐姐带过他，一番"引导"让小霍想起了我，写下"希望四叶草哥哥能看到！"。十周年时正好也是我的毕业季，看到这个小小的心愿颇有一些圆满之感，感觉本科几年的"水果"支教也算是值了，经历了代际更迭离开"水果"，经历了疫情难以开展活动，在一个似乎没有什么可以永恒的时代，能够被记住是一件无比幸运的事。

附图 4-9　2021 年春季学期最后一次活动，小朋友们在"水果"圆盘上写下给哥哥姐姐的寄语

如今想来，"水果"的活动像是在画一个个圆，更准确地说，或许不是在画一个整圆，而是把一个还差一笔的圆给补齐。大一第一次开展志愿活动时，我分到的一组小朋友里就有前面提到的小霍，第一印象感觉他不是那种典型的流动儿童。他穿着很"潮流"，剪了一个西瓜头，让我觉得他似乎并不属于这间有些破旧的教室。后来连着开展两次活动，他非常听哥哥姐姐的话，一时间让我觉得这个小朋友或许就是班上遵守纪律的担当。不过后来第二学期我才得知了"真相"，有的小朋友告诉我他特别调皮，老师也不喜欢他，还经常把他的座位调到离讲台最近的地方（这个位置通常是一个班最调皮之人的专属位置）。我一时间特别纳闷，不知道

哪里出了问题,有一种割裂的感觉:一个小朋友怎么在"水果"的活动里特别听话,在平时的学习中就特别让老师"讨厌"?后来一次活动结束,我简单询问了一下小霍,我问他怎么最近位置变得这么靠前,他也特别直率,直接说老师觉得他很调皮就调了他的位置。我只好继续跟他说一些有些"引导"的想法,大概意思是,调皮很正常,有时候所谓的调皮可能是思维灵活,特别爱在课上回答问题,可能别人也不会完全理解你自己,但是我们也要注意时间和地点,有的时候在课堂上必须遵守课堂的纪律……当时的我不知道说这些话到底对不对,似乎对一个二年级的小朋友来说理解如何做自己、如何处理自己与外界规范并不是那么容易的事。在后来三年级的活动中,我发现小霍同学的成绩并不是那么好,但值得欣慰的是他似乎不那么调皮了,不知道是不是被成绩"打击",又或许是因为哥哥姐姐的几次"敲打"让他懂得了一些道理。不管是什么原因,"水果"连续服务一个班级的特点,实际上让我们能够画上一个完整的圆。在与小霍的相处中,我就似乎画上了一个圆。

这样的事还有很多,比如我们常会在圣诞节或者新年来临前,以圣诞或"双旦"为主题给孩子们开展活动。无论是做圣诞贺卡还是派发新年礼物,都可谓孩子们秋季学期的"尖叫时刻"。第一年开展圣诞活动时,我问了我们组的小朋友之前有没有过过圣诞节,我本以为小朋友们会齐刷刷地说有(因为印象中我小学的时候孩子们就流行过圣诞节了,我以为这早已成为常态),但事实上除了组里的一个小女孩,其他小朋友都说没有。我当时诧异了几秒钟,但马上回过神来。我说,那不是正好,今天我们就可以一起做圣诞贺卡。接着,我说圣诞节之后就是新年了,大家也可以在贺卡上写上一些新年祝福,送给自己的家人或者同学。孩子们听得甚至有些出神,似乎是第一次听到这些,听完之后其中几个小朋友就开始写贺卡……能够带着这些小朋友过上第一个具有节日仪式感的圣诞节,是"水果"的小小成就。曾经在 2018 年的工作坊上听到香蕉说,以前"水果"会有意识地让小朋友们拥有现代社会的公民意识,更好地融入和适应城市生活。我想,这件事或许就能有这样的作用,体会生活中的点点滴滴,尤其是那些未曾体验的东西,体验过的人或许都能离圆满更近一步。

附图 4-10　小朋友动手做圣诞贺卡

回忆至此，似乎水果确实是一个圆，我找到了自己的圆，小朋友们（或多或少）也能找到自己的圆或者离那个圆更近一步。但我仍有些忧心，"水果"圆满了吗？在实践层面上，我想我们让"水果"圆满了，每次做活动，每年的代际更迭，"水果"在慢慢前行，愈发圆满。但从更长远的层面上说，我担心这个圆不那么坚固，会被外界打磨而出现缺陷。离开"水果"之后，我还常常和葵花、话梅、布丁聊起"水果"的事，比如疫情之后"水果"的活动时间变成了课外服务的时间，最近因为疫情"水果"的活动又暂停了……似乎近些年"水果"面对的冲击就没有停过，倘若再考虑到外界的大的变化，难免更加忧心。在我看来，"水果"的哥哥姐姐们都是乐观的（即便生活里不是如此，在投入这件事时也会是乐观的），乐观的心并不一定能获得圆满的结果，但这是必需的条件。作为"转折"的一代，我经历过圆满，也体会了挑战的开始，所以会有这些忧思。"水果"过去的圆有了，可以肯定的是，未来这个更大的圆也一定会有，但也可以肯定的是这个过程并不会轻松，许多挑战和烦恼也并不会停止……

七代四叶草哥哥

一场生命与生命的因缘际会

"小猴子"曾经送给我一份礼物。我印象里是用订书钉和纸钉在一起的一个手工艺品，但我不知道具体做的是什么。这是我第一次从小朋友那里收到礼物。"小猴子"是第一个记得我的代号的小朋友，也是我在"水果"这几年里为数不多一直在关注的小朋友。可能因为我俩长得很像，我很喜欢她。

"学霸"坐在最后一排看一本厚厚的书，有多厚呢，感觉是不应该出现在小学教室的书籍。我从来不忍心打扰她，但是课堂规则是主持人讲话的时候我们必须聆听。我有一次小声提醒她，她一声不吭合上了书。我反而有些难过。

"洋娃娃"长得特别漂亮，其他姐姐也会说她真漂亮，大大的眼睛，亮晶晶，双眼皮。但她经常完不成一些课堂任务，比如画自画像、折纸等。我跟她说自画像就是画自己，你觉得自己长什么样子你就可以画成什么样子，别的小朋友说她笨。我笨拙地回应一句"不能说别人笨哦"，因为觉得自己的回应很僵硬，所以现在还记得。

"不说话"不爱说话，问什么问题也不回答，怎么问也没有回应，最后索性眼里含着泪水趴在桌子上。

小任同学看着特别憨厚，小组里他总是老老实实回答问题，仔仔细细听哥哥姐姐们说话。别的小男生总是调皮捣蛋，相比之下他很老成的样子，让我很担心他之后会不会越来越内向。

班长说起话来抑扬顿挫，高高仰着头，随着说话的重音，她的头也一顿一顿地，红领巾戴得特别板正，班里同学很听她的话。其他小朋友最开始多少都有些怕我们，班长却好像一点都不认生。

他们在教室里、院子里跑着跳着，跳皮筋、打卡片、丢沙包，你追我赶的身影中来了我们这样一群"格格不入"、只会呆呆站着、等着小朋友围上来的"大人"。

很久之前我也是在差不多的水泥地院子里跳皮筋，玩着一样材质的哪吒、赛尔号游戏卡，丢着我姥姥给我缝的沙包，玉米粒塞的沙包更硬，黄豆的更松散。一样到处乱丢的铅笔，一样永远配不齐颜色的24色水彩笔。

班里好像也会有神气的班长，老实的男同学，不爱说话的内向小孩子，长得最漂亮的人，只爱学习的优秀生，见人都笑眯眯的好人缘。

在 X 校，我有的时候觉得重新又度过了一次"童年"。

固定的工作模式，固定的课堂流程，固定的乘车路线，带领我们遇见的，是这样鲜亮的一群人。

他们那么鲜亮又不断成长着，"小猴子"不再只会笑眯眯看着别人，也开始和调皮的男生打架闹着玩，"学霸"厚厚的书再没有出现过了，再也没人说"洋娃娃"笨，大家玩在一起的时候欢声笑语，"不说话"突然有一天在小组内分享了自己的故事，我才知道她的声音原来是这样温温柔柔的，说话的时候用笑得弯弯的眼角代替了说不出话时亮晶晶的泪水。小任同学突然变成了发言积极分子，越来越外向，班长却从意气风发变得更加含蓄，感觉长大了很多。他们个子都长高了，我最后一次见到"小猴子"，她好像整个人大了一号，我突然感觉很恍惚，原来时间就在这些成长中突然过去了。

他们那么鲜亮，相比之下，直到最后我或许还只是"葵花姐姐"一个代号一样的存在，这样的存在与他们相比显得无趣。我再回忆我的本科生活中与"水果"相伴的日子，只是感觉一个黑白的我，被五彩缤纷的孩子们的笑容浸染出了颜色。他们的童年好像在我人生的打印机里替换掉了黑色墨水，于是我的高数考试和低空飞行的飞机捆绑在一起"低空飞行"，我与朋友之间喜怒哀乐的大学时光，与他们在院子里成群结队追逐打闹的场景融为一体，我记忆中的教二九点后似乎永远是小本子与小秘密时间，而不是加班加点写作业的痛苦夜晚。

2022 年 6 月我返乡回家，准备给我的小侄子买一本立体书作为礼物。打开之后那些关于海洋动物、手工折纸、大洋板块的记忆喷涌而出，我才发现"水果"留给我的，比我留给"水果"的要多得多。我有很多的机会和场合不断总结我这段时光和经历，最后大浪淘沙留在我脑海中最深的就是一个个小朋友在我记忆中的片段。我最初多多少少，以带着悲观、怜悯、自以为高尚的期待和亲切的人设遇见他们，最后在这一场生命与生命的因缘际会、童年与"童年"相遇的时光中懂得了认识人、理解人的宝贵。

七代葵花姐姐

"水果"于我

我曾将"水果"在我个人的意义体系中置于一个很重要的位置。大学期间我曾投入很多事情当中：啃高数、练英语、做大创、上喜欢的课、准备期末考试……认真努力的过程和取得的理想结果都让我能基本认同这些事情的意义，但它们都有一个缺陷——都是为了我自己。为了我自己的成绩、兴趣、目标，以及纯粹只关乎自我的"成长"。我希望自己的一些行动，主要是为了给他人带来好处。带着这样的期望和需要，我尽可能长时间地参与到"水果"活动当中。

"水果"有一个重要的理念指引着它的志愿行动：尽可能站到小孩的位置上发现并回应他们的需求；更理想的情况是，引导他们觉察和主动表达自己的想法与需要。但我曾在不经意间就陷入了自我沉醉之中，完全忘记了反思：我（们）所做的真的是小孩想要的吗？

2021年上半年，我带五年级一班。学期进行到一半，我发现：一些同学因为已知无法升入北京的初中，将在五年级末尾提前转回老家，适应当地的学校。好几个小孩站在我的面前，纷纷告诉我："下个学期我就要转回老家了""我六年级的时候转回去""我也是"……我立即陷入了感伤，除了自己感到不舍之外，还替他们为好友间的分离和班级的零落而难过。下一秒我就决定：我要提议在这学期剩下的活动中带这个班排练和表演一个短剧。在接下来的几分钟，我进一步将这个想法进行了"升华"：组织全班同学共同参与和协作表演一部短剧，是在这个班级离散之前给大家的一个纪念礼物，就像电视剧《山海情》里的老师坚持让大家全都上台的合唱一样。我完全认同了演剧这件事的意义，并带着这一执着，激情澎湃地推动这个想法的实现。接下来的三次活动，时间全都用在了带小孩读剧本、排练和表演上，其中一次活动还是特意增加的。

这一演剧系列活动不算失败，留下的照片记录下了小孩们许多认真而快乐的神情，但是大多数小孩没有表现得如我想象中那么热情和投入。现实与设想的落差足以使我惊醒：我发现了他们将要面对离别，但我进一步去尝试了解他们对此真实的想法和感受了吗？

其实在每个新的学年，班级都发生了变动，因为相当数量的小孩的来去，班级不止一次被整个拆散重组，大多数小孩或许已经见多了同学间的离别。那么这次因小升初困难而造成的离别有什么不同？我没有问。

小孩们都清楚地知道自己在北京升学的限制，他们知道自己为什么得离开、得流动，那么他们对此是什么感受、有什么想法或者困惑？我没有问。

对于回老家上学这件事，他们愿不愿意，担不担心？我没有问。

在分开之前，他们想和好朋友、和同班同学一起做些什么事，有没有比演剧更想做的事？我也没有问。

我只是自行想象了他们的情感和需求。

我本拥有一个契机，可以在即将到来的一个特殊节点上真正地关心他们，更多地了解他们，并回应他们可能有的心理和情感需求。但我和"水果"都错失了这个机会（上述几个段落的大多数"我"，也可以换成"我们"）。

对于"主位诉求"的理念，我觉得"水果"基本做到了，但做得还不够。从我个人的体会出发，除了完善活动——比如寻找和创造与小孩一对一长时间交流的机会，或许"水果"的每个成员多多少少都像我一样，还需对随时可能出现的自以为是和自我感动保持警觉。

对"水果"进行上述这种理性反思有时会给我带来一点后悔和遗憾，但与这个组织共同行动的时候，我感受最深刻的是发自内心、源自本能的快乐和满足。这种感受在前文提到的2021年上半年最为强烈。

五年级一班的一些小孩，我从他们四年级的时候就带他们，到了五年级下学期，我已经和其中的好多人建立起了在我自己心目中相当理想的关系。我不再在与他们说话时字正腔圆，不再使用低幼可爱的语言，不再采用循循善诱的口吻，也不再刻意表现得温柔亲和；我用口语化的语言与他们聊天，以随意自然的方式表达亲近（比如拍一下男孩子的胳膊，不再搂女孩子），也真实地展现我自己的情绪（生气的时候就皱眉）。直到最后我也没有成为他们会与我说知心话的亲密朋友，但咸咸（男生）会跟我说最近长青春痘了，大杨会故意来拍我让我气得追着他跑，老吴会八卦我的前男友，小竹会来和我说她不想演剧里的某个角色，贺贺在情人节来祝我节日快乐，然后分享了一堆她嗑的耽美CP，组里的小孩最后给我写的寄语是："祝奶糖姐姐有老公""祝奶糖姐姐每天都很开心，嫁给一个爱你疼你又有钱的人""祝奶糖姐姐越来越漂亮和考上清华大学""祝奶糖姐姐有一个好的工作，找到高富帅的男友，幸福一生""祝奶糖姐姐学业有成"……我难以解释从这样的相处中感到的快乐，及其带给我的动力。

抱着付出以及利他的想法加入"水果"，两年下来，我并不确信自己给小孩们带来了什么帮助，但我依然感到满足。因为我们之间建立起的关系，因为我们曾经一起快乐地相处和游戏。

九代奶糖姐姐

附录五

观察笔记

本部分选取2013~2014年两篇风格截然不同的观察笔记，还原我们的志愿服务课堂实践现场。全面客观的现场记录，是我们后续进行志愿活动分析和设计的基础材料。第一篇笔记来自2013~2014学年秋季学期的"读书激励"活动，第二篇笔记来自2014~2015学年秋季学期的"'以大（六年级）带小（三年级）'——志愿者角色的传递和转换"活动。

两篇笔记中出现志愿者花名和真名混用的情况，因为一起活动的志愿者彼此相熟，按照他们熟悉的情况来进行称呼，其他志愿者参看也可知道具体人物。笔者原汁原味呈现出来，并未对此情况进行修改。

2013年10月30日五年级三班观察笔记

三代志愿者：茄子（沈涵）

这一次的活动富老师没能参加，我们在西门集合的时候，富老师大概听了一下我们的流程，然后给我们今天的活动提了一些建议，例如，我们在发完书之后，可以以小组为单位或者全班一起喊一下鼓励性的口号，激励孩子们认真看书，为自己的小组赢得荣誉。同时也可以引导孩子们积极写作文，可以跟他们说"以后你们上中学、上大学都需要写作文，现在就可以多多练习"之类的话。富老师还提醒我们，如果在后面记观察笔记的时候，有同学好奇我们在写什么，就可以直接跟他们说"哥哥姐姐很认真地对待每次的活动，所以要把大家的情况都记录下来，回去之后可以梳理活动过程",而不是欺骗他们。

　　终于,兆源来了,我们出发啦。一路上,可能因为帅帅师兄的存在,大家都很欢乐。这次我们去 X 校路线和以往不一样,我们是沿着一条铁轨和永定河来到了 X 校,一路上都比较荒凉,只有干枯的草木和土路,也就没有了以前从国际幼儿园到打工子弟学校那么鲜明的对比所带来的震撼。永定河的河床虽然干枯,但是河的两边还是有高高的铁丝网拦着,而且从河岸到最底下还有很陡的斜坡,想到以前葡萄师兄说男孩子们会跑到河床上"冒险",而高高的铁丝网看上去是很难翻越的,难道是为了防止男孩子们"冒险"后来才安的吗?

附图 5-1　在去往 X 校的路上

来到 X 校，一眼就看到了校门口上方挂着的"发奋学习 报效祖国"八个大字。这一次，校门口除了有一个卖零食的之外，还有几个卖蔬菜和香蕉的阿姨。昕宇和刘上还发现 X 校换了一个大铁门，上周三昕宇他们去做日常观察的时候还没有换。

来到了小学里面，大家对门口的摄像头还是很感兴趣，我们也遇到了三位人大校青协的女生，这一回看清楚了门卫室对面的墙上所挂的铜匾，有北京交通大学电子信息工程学院、山东大学威海分校、首都师范大学研究生党支部、中国人民大学信息学院、海淀区平安校园、北京电子科技学院、农民工子女环保教育课堂、北京市人民检察院第二分院。这一回，电脑教室的门是关着的，电脑教室对面依然有晨检、午检和做眼保健操好的班级，昕宇说"五年级三班每次都能上榜，六年级一班上回有，这次没有"。而旁边的"巧巧手"和"我最棒"的展示窗里面都更新了内容。电脑教室旁边的房子的墙上写着《悯农》这首诗，墙边有一排水池，我本来以为是食堂，昕宇说那是小卖部，上次做日常观察的时候和江少去那买零食了。我们又看到了六年级一班在教室外面考试的场景，每个人都坐在小板凳上。乒乓球桌旁边的墙上写着"自学自理自护自强自律做社会主义事业的合格建设者和接班人"。宣传画的左边还有预防流感的宣传海报和歌唱祖国的黑板报。而一旁的操场上有两个一高一矮的篮球架和两个很简陋的爬梯。

帅帅师兄提议我们先去五年级三班看看有没有什么变化，为了不打扰六年级一班考试，我们从后面绕了过去。因为我们组来的人比较少，书也没有带够，向六年级一班又借了 10 本。到五年级三班门口的时候，英语老师在教室门口批作业，班长杰杰在班里监督维持纪律，向同学们传达老师的"指示"。杰杰还透过教室门上的玻璃，朝我们看，因为杰杰上回分组聊天的时候是我这组的，所以我朝他笑着挥了挥手，他没有什么表情，过了一会儿才若有若无地笑了一下（或者他根本不是朝我笑的，好伤心）。下课铃响了之后，英语老师说"不下课"，杰杰进去朝大家喊"不下课，老师说的"。这时候，从另外一边跑出来几个小女孩，很开心地跑到我身边围着我，喊着"大姐姐""大姐姐"（好开心），其中有一个是上回聊天的我这组（茄子组）的。

附图 5-2　X 校的墙绘和宣传语

我问她们:"为什么你们从那边出来的,而有的人还在教室里面不出来?"

小女孩艳艳(今天问了她名字才知道她叫艳艳)说:"我们在量肺活量。"

我:"你们上的不是一节课吗?"

艳:"不是啊,在那里量肺活量,在那个房间,这节课本来是英语课,后来我们量肺活量了。"

我:"那为什么他们在里面啊?"

艳:"他们已经测完啦。"

昕宇:"肺活量啊,是不是那个对着吹的?"

艳:"对啊,就这样这样(边说边比画)'呼,呼'。"

某小女孩:"对,还有水……"

昕宇:"那你们肺活量大不大?"

某小女孩:"两千多。"

我:"这么多啊!"

艳:"一千多就是不及格。"

某小女孩:"对,娇娇就是一千多。"

我:"我初中的时候只能吹一千多。"

昕宇(指着我):"她力气小,我可以吹两千多。"

我:"我现在也能吹两千多了。"

昕宇:"你们要多锻炼锻炼的话肺活量会变大。"

艳:"欸,这也有大哥哥大姐姐。咦?(指着我们放在外面桌子上的袋子)这个是什么呀?"

昕宇:"我们给你们带的书。"

某小女孩:"这里有书欸,娇娇快过来!"

昕宇和番茄姐姐把里面的书单拿出来给孩子们看,昕宇跟孩子们说,书的名字都在这个纸上,你们每个人都有书。番茄姐姐在和孩子们聊天,一个小女孩说:"我想看这个。"番茄姐姐说:"我小时候也喜欢看这样的书。"

另一边,小鬼僵尸哥哥已经在旁边和先出来的几个小男生聊了起来。

小鬼僵尸(对我们说):"男生喜欢看这一类的(《植物大战僵尸》),女生喜欢看这一类的(恐怖悬疑小说)。"

三个姐姐:"哇,啊?"

番茄:"没有啊,刚刚有女生跟我说她想看这个,《66个催人奋进的故事》。"

五年级三班陆陆续续有人出来了,有几个男孩子站在教室外面的桌子上,跳来跳去。

昕宇:"你们站在这上面不危险啊,快下来!"

男孩子们:"不危险。"(不过还是很乖地跳了下来)

昕宇在跟番茄姐姐介绍班里有三分之一学生都换掉了,番茄姐姐问为什么,昕宇解释说因为他们是打工子弟,都在流动。

这时候，有一个小女孩走过来问我："大姐姐你是给哪个班上课的啊？"

我："我来给五年级三班上课，你是几班的啊？"

小女孩："四年级三班。"

我："哦，那很遗憾，我们是给五年级三班讲的。"

一个小男孩凑过来："那什么时候给四年级三班讲？"

昕宇："以后说不定就能了。"

小男孩："哦，好吧。"

另一边，小鬼僵尸和男生在聊喜欢看什么书。

小鬼僵尸："你们喜欢网游小说啊？"

小男孩："嗯，从电脑下载到手机上，看那个什么《人面剑》。"（疑似这样的发音）

小鬼僵尸："看起来蛮爽的对吧？"

小男孩："嗯。我哥放暑假的时候，他就在电脑上看到后半夜三点钟。"

小鬼僵尸："我觉得《福尔摩斯》也很好看哪，你有空可以看一下。"

小男孩："嗯。"

小鬼僵尸："网游小说那怎么说呢，就感觉太玄幻，太脱离了，脱离世界了，太过牛×。"（笑）

小男孩："我表姐，她也看小说，她看穿越的。"

博博出来了，到昕宇面前，拿出一个玉镯，昕宇问："这是什么啊？"

博："镯子，玉镯子。"

昕宇："真哒？"

博："嗯，真的，是真的。"

昕宇："嗯嗯，知道，我知道。"

昕宇跟我说：博博最喜欢玩沙包，现在每次昕宇来，博博都要向昕宇炫耀一个东西。

有飞机从上空飞过，小鬼僵尸说："现在他们都没人看飞机了，每天飞过好几架，我们还会很新奇地看着，小孩子们都不理的。"

这一次的课间，并没有上一次来的时候热闹，可能是因为英语老师没让下课吧，只有几个男生在玩扔沙包，之前测肺活量的几个女生也陆续进了教室。

看到吴老师从教室出来了，昕宇去跟吴老师说了一下，顺便问了一下吴老师班里谁是班长，谁管纪律比较好，谁比较靠谱，其中有萍萍、杰杰、瑞瑞等（昕宇记在手机里了），萍萍和杰杰是班长，但是瑞瑞管纪律管得比较好。

上课铃响了，吴老师进教室让大家记一下作业，我们先把信箱放在了袋子里，然后讨论了一下上课时候的站位，我们决定昕宇是主讲人，她和小鬼僵尸站在教室前面，我站在教室后面做观察笔记，番茄姐姐站在中间走动一下。

进了教室以后，我们先跟大家打招呼"大家好"。和大家打过招呼之后，我就到教室后面记观察笔记了。教室里面已经换了位置，上上周靠门的两列同学现在坐在教室最里面的两列。

小鬼僵尸说："欸，大家好，你们还记得我吗？"

大家："记得！"

小鬼僵尸："我是谁啊？"

有一两个人说"小鬼"。

某男生："不记得。"（其他人笑）

某男生："小鬼僵尸！"

某女生："小鬼儿。"

小鬼僵尸："你们都不记得了吗？我是小鬼僵尸哥哥。今天哥哥姐姐来，给你们带了点好东西。"

后排有几个男生都站了起来："哇，哇！"（激动地）

小鬼僵尸："下面让土豆姐姐为大家讲一下这件事情。"

土豆："先跟大家说一下，大家可以看到，我们来的只有四个人，是因为豌豆哥哥和豆角哥哥都生病了，胡萝卜姐姐也生病了，最近天气比较冷，他们生病了所以不能过来，但是他们下次还是会来和大家一起玩的，然后这是我们的新姐姐，番茄姐姐，跟大家打个招呼。"

众人："番茄？番茄？"（番茄姐姐和大家挥了挥手）

在土豆姐姐说这些话的时候，博博坐在最后一排，在写作业，后排的其他几个小孩子都听得很认真，其中有两个小男孩分别叫凯凯、磊磊，比较活泼，很积极地回应土豆姐姐，会站起来看土豆姐姐手上拿的书，会站起来看番茄姐姐长什么样子，而另外两个坐在最后一排的小男孩，虽然听得很认真，但是比较安静。后来在发书的时候才知道其中一个是前天才转过来的。当后面土豆姐姐讲到要发书的时候，博博也不写作业了，专心听土豆姐姐讲。

土豆："今天我们给大家带来了很多书，每个人都有，不过姐姐想先跟大家说一下规则，当姐姐把这些书发到你们每个人手中的时候，你们要对它负责，对不对？"

众人："对！"

土豆说，"你们要珍惜它，因为这是哥哥姐姐很难得从一个印刷厂老板那里争取到的图书，是非常好看非常精彩的书，各种各样的书都有，你们每个人都有书"，后排有小男孩鼓掌，"你们可以自己相互交换，但是当哥哥姐姐要收书的时候，会把你们拿到的那本书登记下来，然后问你们收相应的那本书。你们之间可以相互交换书看，但是最后还是要把那本书保管好，好不好？"

众人："好！"

土豆说，"然后哥哥姐姐还带了这个给你们"，接着举起信箱，"这是什么？"

众人："信箱。"后排的小男孩站了起来，喊着"哇！"。

土豆："对，这是信箱，我记得上个学期我让大家写班级日志对不对？"

众人："对。"

土豆："但是这次我们不这么写了，因为大家都会看到别人写什么，你们不用怕，现在我们把它锁起来了，锁起来之后，你们想跟哥哥姐姐说什么话都可以写下来，写作文也行，写信也行，哥哥姐姐每周都会来收一次，然后给你们回复，想说什么都行，好不好？钥匙都在哥哥姐姐这里。然后哥哥姐姐不是给你们发书了吗？你们看了书之后想讲什么故事，想把那个故事自己编一编什么的，都可以给我们投稿，也可以练一练你们的作文，好不好？因为以后都要用到的。想投稿都可以，这是自愿的，不是要求每个人都写，但是希望大家都能写给我们，我们都会给你们回复的，好不好？"

众人："好！"

土豆："明白了吗？"

众人："明白了。"

土豆："然后我们就发一下书吧。"

小鬼僵尸："每个人在后面签一下名字。"

土豆："就是我们会给你这样一张纸，你们把自己的名字写在你领到的书的后面，就把你自己的名字写上去，我们就登记一下，这样我们收书的时候好收，好不好？记得要爱惜你们的书哦。是这样的，上次胡萝卜姐姐组的给我举一下手。"从举手情况看，胡萝卜组的同学分布比较散，在班级的不同位置，后面的豌豆组、土豆组也有类似的情况，而豆角组和茄子组基本上还是在同一列。"你们让番茄姐姐给你们拿书好不好？小鬼僵尸哥哥负责给豌豆哥哥那一组发书，然后土豆姐姐组的，给你们发书啦。"

有一个小男孩说有一个人没来。

土豆："他没来？那你帮他领一本书好不好？"

土豆对大家说："你们的书是姐姐们一本一本按顺序发的，如果你们想要跟别人换的话，只要大家商量好，互相换就行了，每个人都可以看别人的书。"

土豆（发书过程中）："一个一个来不要急，豆角哥哥组等一下啊，因为今天哥哥姐姐来得比较少，一个一个来不要急啊。"

发书的时候比较混乱，拿到书的小朋友大多拿着书就翻了起来，稍微翻了一下，就在相互看别人都拿到了些什么书，也有一小部分小朋友在认真地看书。而没有拿到书的同学会一直举着手，直到拿到了书。

坐在后面的一个小男孩凯旋拿的是一本《经典悬疑故事》。

我："这本书好不好看啊？"

凯凯："不好看。"

我："为什么啊？"

凯凯："一点都不恐怖。"

我："是吗，这个还不恐怖啊，那你可以看一下别人都有什么书，可以跟别的小朋友商量一下，看别人能不能把书借给你看啊？"

不一会，凯凯从另外一个男生那里拿了一本《植物大战僵尸》，跟我说，"这本书特别好看"，然后就津津有味地看了起来，一直到下课都在很认真地看书。

下课的时候他已经把书看得差不多了，我问他："有没有在里面看到豌豆哥哥？"

凯凯疑惑地说："豌豆哥哥？没有。"

我："没有吗？里面没有豌豆射手吗？"

凯凯："有，豌豆射手有。"一边说还一边把书翻给我看。

在发书的时候，因为豆角组和茄子组是最后发的，所以在别的小朋友拿书的时候，他们大多在一旁撑着下巴，看别人拿书，显得很无聊，很焦急。茄子组的小男孩杰杰甚至说他是土豆组的，要土豆姐姐给他发书。坐在后面的一个茄子组小女孩则说她是胡萝卜组的。而等到土豆姐姐问，哪些人是豆角组的时候，豆角组的同学马上就把手举了起来。说到茄子组的同学也举一下手的时候，茄子组的同学甚至都叫了一下。

在发书的时候，还有两个小女孩一直在玩捉虫虫的游戏，问了之后知道她们是豌豆组的。

发书的场面越来越混乱，土豆姐姐用"123，静悄悄"来维持秩序，并告诉他们在发书的时候也要守纪律，不然会发乱的。还跟小孩子们说，如果他们表现好的话，会带他们做游戏。大家都"哇"了一下，声音也小下来一些。

坐在最后一排的男生中，有一个是前天刚转来的新生，因为他哪个组都不属于，所以刚开始并没有拿到书。后来小鬼僵尸哥哥给了他一本书，土豆姐姐问他自己想加入哪个组，这个新生说"豌豆"，土豆姐姐就向全班介绍了一下，这位新同学加入了豌豆组，豌豆组又多了一位新成员，他叫名名。

后排另外一个男生磊磊拿到的是一本《黑痴白痴》的书。他却不看，一直抢旁边女生的书。我看到了之后问他："为什么要抢别人的书？"

磊："我这本书不好看。"

我："不好看啊，这是讲什么的书呢，看名字就很有意思啊，说不定你仔细看就会觉得好看了呢。先把这本书还给那个女孩子好不好？"

土豆："你怎么啦？"

小女孩："他抢我的书。"

小男孩："我不是……"（声音就低下去了，有点不好意思，似乎知道自己抢书是错的。）

土豆："你们可以换着看，但是不要抢，你要告诉他，要两个人商量好了之后再交换看，好不好？"

小男生很乖地把书还给了女孩子，但是后来又抢了那个女生几次书，我和昕宇又跟他说了几次一定要两个人商量好之后才能交换，不能抢。

土豆也在全班反复强调："哥哥姐姐发给你们的都是新书，你们要好好爱惜，因为哥哥姐姐给你们争取到这些书真的很不容易，也希望你们能尊重我们好不容易给你们争取过来的书。哥哥姐姐希望你们能看得开心，你们可以互相换，但是你们登记好的那本书就要你负责，你不可以把它弄坏或者弄丢。"

众人："好。"

可能是接近下课时间的原因，一个小女孩只是安静地坐在位置上，桌子上已经什么都没有了，书包放在她的腿上，她既没有在跟别的小朋友交流看什么书，自己也不在看书，而像是安静地等着放学的样子，但是因为她坐在最里面，我也没有能问到她为什么不看书。后来老师说"家长接的人出来"的时候，她果然一下子就从座位上站起来出去了。（上一次聊天的时候，她是茄子组的，上一次这个小女孩就是一放学就走了，她走的时候豌豆哥哥还在讲台上讲话。）

土豆："胡萝卜姐姐虽然没有来，但是她有一件事想让我跟大家说一下，之前有一段时间，她的QQ号是有权限的，所以有的同学可能没有加到她的QQ，现在她已经把权限取消了，希望大家继续加一下她。"

某小男孩："没了。"

土豆："没了什么啊？"

某小男孩："丢了，QQ号。"

土豆："那我们再写一下，再告诉你们一下。"

写QQ号的时候，我发现有很多人在记黑板上的QQ号，而且要求我们把其他几个哥哥姐姐的QQ号也写一下，我问博博为什么他记过了还要再记一遍，他说上回记错了。我又问艳艳为什么也要再记，艳艳说她上次记的丢了。

我上去写我的QQ号的时候，不小心踩到了一个小男孩的脚，赶紧跟他说"对不起，对不起"，他也不说话，很害羞地把头低下去了。

土豆："我们下节课要分组活动，什么土豆组啊，豌豆组啊，豆角组啊，会把你们分组，然后把你们看到的书大家一起讲故事，你们看到什么都可以互相交流，交流以后，你们看谁讲的故事比较好，有意思，你们还可以跟他换着看书，明白我的意思了吗？"

众人："明白。"

土豆："你们讲完以后，可以选择组里面的一个人，你们觉得他看的故事最有意思，就可以把故事演出来，你们随便演，在下一周的下一周的下一周的下一周……"

这个时候教室里比较安静，绝大多数人在很认真地看书了，教室里比较安静。

不一会儿，吴老师说"家长接的出来"，出去了一部分人，但是还有很多人在教室里。

在这部分人走的时候，土豆姐姐再次提醒："一定要保管好自己的书啊，哥哥姐姐相信你们能保管好自己的书，从别人那里借的书也要保管好，你们可以相互换书，姐姐说过了，但是你们一定要商量好再换，这样大家就能看到很多本书。"

小鬼僵尸在和小男孩交流，小男孩说都喜欢《植物大战僵尸》，小鬼僵尸哥哥说："你们都喜欢这本书啊，这里面都没有我。"

博博在教室后面大声喊："土豆姐姐，土豆姐姐，土豆姐姐！"

土豆姐姐跑了过来，博博说："土豆姐姐，我看完了。"其实博博在拿到书之后只是稍微翻了一下，就又开始写作业了，并没有看书。土豆："看完了你就跟别人换啊，但是这本书你还是要保管好，知道吗？你把它丢了，哥哥姐姐会找你哦。"

土豆对大家说："下节课就要大家讲故事啦，希望你们下节课都能讲出故事好不好？"

众人："好！"

土豆:"还有这个信箱就放你们班啦,你们要保管好,下周我们就来收啦,你们也可以写作文,想跟我们说什么话都可以。"最后我们把信箱放在教室前面的讲台上,然后让第一排的同学帮忙看一下。

之前拿了《黑痴白痴》觉得不好看,一直抢女生书的磊磊终于从番茄姐姐那儿换了一本书,我问他喜不喜欢,他点点头,就把头低下去了,有点害羞。博博一直在旁边喊着"大头磊"。

教室里面走了一部分人之后,土豆姐姐就在其中一个人的位置上坐了下来,和周围的同学说话。

后排的一个小女孩问我:"姐姐下次发什么书啊?"

我:"下次发什么书还没有确定哦,你想看什么书,都可以写在纸上,然后放到信箱里,我们看到之后会尽量满足你们的。"

一个小男孩往教室后面的簸箕里面丢垃圾,一个小女孩立马说"老师说不能扔在那里的"。其他几个同学看过去,都说"不能扔那儿,你完了,你完了",小男孩说"好好好",说着就把垃圾捡起来了,然后扔到了教室外面。

班长萍萍之前一直在很认真地写作业,本来以为她不喜欢那本书,后来发现她写完作业之后就在很认真地看书,是《小学生作文辅导大全》。

上次茄子组一个一直不说话的女生,这次坐在最后一排(上一次她是坐在第一排的,博博也从第一排坐到了最后一排),今天上课的时候,有一次她回头笑着看着另外一边的两个小朋友,然后视线又转向我,看到我在看着她的时候,又马上转过头,把头低了下去。

放学时间到了,大家都到外面整队,准备放学,孩子们很有礼貌地跟我们说"姐姐再见,哥哥再见",本次支教在孩子们"121,121"的口号声中圆满结束!

2014 年 11 月 26 日观察笔记

班　　级:六年级三班

时　　间:2014 年 11 月 26 日　星期三

参与人员:茄子(沈涵)　饺子(隋新然)　花生(朱晨聪)

桃核（王元超）

观 察 员：桃核（王元超）

天阴沉沉的，但并未下小雨。灰蒙蒙的天空，正如此刻我布满阴霾的心情。

还沉浸在毛概课点名被抓住的哀伤之中，还淹没在毛概老师扬言要给我挂科的绝望之中。突然，陈杭说："十二点半集合！"

看了一眼电脑屏幕的右下方，赫然是十二点二十八分。来不及多想，我们赶忙收拾好着装，背起行囊，奔向西门大树旁。抵达时众人都已就位，显然拖累了大家，郁闷值+1。

环顾四周，连带摄影师杨老师和举收音器的师妹，竟只有九人，这不禁让我有些惊讶。陈杭也表示了疑问："怎么昕宇姐也没有来？"

倩妈回答道："对，昕宇今天不来。"

这时，陈杭和花生开始担心会不会人手不够，我也有种群龙无首的感觉。师姐们适时地安慰我们，说："没关系，我们人还是够的。"于是乎，我也开始说："没关系，有我呢。放心吧花生，哥带你飞。"其实我心里也没底。这时，师姐招呼我们行动了，于是我们便穿过马路，走向站牌。

在这期间，我们开始检查准备工作。

茄子姐问道："小日记带了吗？"

陈杭回答说："带了，在桃核包里呢。"

我也表示设计图已印好，花生说他差点忘记买笔，也就是他已经买好了笔。他表述意思总是这么不清不楚，真是让人担心。

各项准备工作均已到位，除了人员略少，别的并没有什么问题，这也增添了一些信心。等了好久，118路公交车终于来了。这让我不禁有些感慨，平时坐374路的时候感觉374路来得好慢，但118路很快就会来一辆，很快就会又来一辆；但现在坐118路的时候，都看到两辆374路过去了，118路才来。这是外话，暂且不表。我们走上公交车，向着X校缓缓前进。饺子哥哥与两位新闻学院的同学随后就到。

公交车晃晃悠悠地到了站，我们下车后沿着上次的路向X校走去。路上，花生在隐隐地念叨着什么，不时喊一声："哎呀，我要主持啊，要讲什么啊!"我就跟他说:"现在后悔还来得及,我可以跟你换任务。"他拒绝了我。

天还是阴蒙蒙的,如同压在我心头的毛概一般沉重。于是,我果断开始哼唱小曲,并用欢乐的语调把有关毛概的噩耗分享给大家。这确实起到了一定缓解心情的作用,但仍是耿耿于怀,以至于一路上并没有怎么留心观察。

走到学校前面那条水泥路的时候,发现师姐们都拿着手机在拍一个小石碑。我过去看了看,并没有看明白。听师姐们说,意思是这条水泥路不是政府建的,是一个公益组织援建的,那个组织的名字就刻在碑上。

走到学校门口的时候,看到门口有三只狗趴在那里,大家都不由停下了脚步。还好我是农村的不怕狗,于是我果断朝门口走了过去。那三只狗果然就躲开了,尽管我也有些忐忑,但我知道这种在学校门口撒开的狗一般不会咬人。师姐说,好像这三只狗还是母子关系。

到门口,发现门关着。一般这时候都是土豆姐姐来叫门,今天她没来,所以感觉好别扭。我们还是把大爷叫了出来。

他问我们:"哪里来的?"

我们说:"人大的,富老师那个支教的,'水果暖你心'。"

他又问:"几个人啊?"

我们数了数说:"九个。"

他说:"联系的谁呀?"

我们说:"联系的校长。"

然后,他打量了我们一阵,便放我们进去了。

虽然我们这次很快就进来了,但却让我有了一些其他的思考。如果有居心不良的人,他们会不会也是这样,说几句话就进来了呢?也许这次是因为门口大爷看我们眼熟,或者记得我们这个队伍,但如果不是的话,学校的安保工作还需要加强啊。

随后,我们就开始在乒乓球台上分东西。花生开始分发他买的笔和橡皮,这次他买的橡皮很受欢迎,师姐们都在说,"哎,我喜欢这个颜色","哦,我也喜欢这个颜色"。她们说的那个蓝色橡皮确实挺好看的,不过粉色的也不错。

然后，我们又开始分小日记。我是想直接分出两个班来，然后再直接念名字，但是大家还是在找自己组的小孩的小日记。毕竟是"亲生"的，哈哈。在找小日记的时候，倩妈说："核桃是谁来着？"

我说："是我，其实我叫桃核。"

然后她说："你的字好漂亮啊，跟小女孩儿的一样。"

这让我不知道该开心还是该不开心。后来她还表扬了花生的字很潇洒，花生竟趾高气扬地看了看我，还朝着我会心地一笑。我只好说一声"羡慕"，心里在默默嘲笑他的幼稚。

分小日记的时候出了点状况，倩妈组第二次的小日记始终没有找到，好像周六开会的时候她就没有找到。然后，也出现了有的是原稿有的是复印件，分不清楚的状况。

花生说："要不然你们把第一次的先发了吧，第二次不知道在哪里，回去再问一下。"

陈杭说："不然有的小孩儿有，有的没有啊。"我也在担心这个问题。

最后我们决定，三年级三班都先不发。

然后我们还发现有两张小日记没有回复，我们就决定我跟花生一人一张，现场回复然后一起发下去。但是我发现，这个男生是直接把我们的小日记上的问题抄了一遍。苗苗师姐说："这样子的你就跟他讲清楚，要是不好好写就不要给他回。"

于是我就直接给他回了一个，"不好好写就不给你回了，怒"。

然后还有一个小孩儿把"你最喜欢什么节日"看成了"你最喜欢什么节目"，于是就写了一个"少儿节目"。听师姐说是这个字体他们认起来有点麻烦，我以后要注意。

这时，陈杭发现了信息学院的同学，但当我回头的时候，他们已经从门口出去了。我到门口去看，发现好像有个老外站在门口，莫非是国际志愿者？（后来发现真的是国际志愿者）

这时候，又是陈杭，竟发现了财政金融学院的同学，而且那个人长得还很像我一个英语班的同学。我本想过去搭个话，结果走近一看发现认错了人。

然后，我们就开始划分活动场地。我们决定让孩子们在办公室前面和操场东侧的那些乒乓球桌上面画设计图。做游戏的地方还是自己定，我选的是操场东侧。之后，我把设计图分给了大家，先按每组一张，每队志愿者三张分的。由于倩妈带两队，我们就多给了她三张，后来又给了大家每组一张以备不时之需。因为怕到时候小孩子会抢。（后来发现果然孩子们都过来抢这个，然后我又带了两队，结果我手里的就不够了。）

在分设计图的时候，我发现办公室门前多了一块黑板，上面写着"卫生好的班级""纪律好的班级""眼保健操好的班级"等，六年级三班竟然也在"纪律好的班级"之列，莫名感到有点开心。

这时候，我发现从大门进来了好多外国人。莫非真的是国际志愿者？于是我就准备过去采访一下。刚要过去，从我们正前方经过了一队小孩子，他们都在跟我们打招呼，说着"嗨，姐姐好"之类的话。我还以为是三年级三班，后来发现并不是。

然后我就去找了一个老外搭话，我说："嘿，你们是来干什么的？"他支支吾吾了半天，也没有说出什么来。我正在犹豫，应该说"What will you do here?"还是"What are you going to do here?"，一个中国女生就过来跟我说："你好，我们是北京外国语大学的，然后……"人家还没说完，就被倩妈和另一个女生的尖叫声打断了。原来她们是旧时的同学，茫茫人海中竟在此不期而遇，还真是缘分哪！

我继续跟北外的女生攀谈。我说："哦哦，遇见熟人了。我们是人大的，你们也是来支教的吗？"她说："对对，我们主要是带这几个留学生过来。"我说："哦哦，国际志愿者。听不懂中国话？"她说："他们中文可以讲一部分，但是不是特别能理解。"我说："就跟我说英语一样。"然后，我就开始转入正题："你们是来上课的吗？"她说："啊，对。"我说："教他们讲英语？"她回答说："主要是这几个留学生，来讲一下他们国家的一些文化之类的。"

这时候，饺子哥哥终于来了。我还以为他不来了，吓哭我了。他还带来了两个大二的新闻学院同志。

好多孩子这时在搬一些灭火器。这么重的东西竟然让孩子们搬，看起来孩子们也比灭火器高不了多少。话说我们小时候也经常被当作免费劳动力，师姐们说小男孩儿可喜欢出去搬东西了。但是我记得我那时候都是跑出去，然后不干活偷偷溜掉。

在我们准备得很充分了之后，他们眼保健操刚好也做完了，我们就朝自己的班走去。结果我发现六年级三班竟然只有我们三个人，真是压力山大啊。刚走到六年级三班前面，然后好多小孩儿就一边叫着"桃核"一边跑过来把我围起来了。他们看到我手拿的小日记就上来抢。我一边使劲拽着，一边说着"待会儿再给你们发啊"。好不容易才从他们的包围中冲了出来，然后把小日记交给花生。花生很机智地说："这不等于把这个甩到我身上？你想干吗？赶快发给他们好了。"然后花生就去屋里发小日记了。

当听到"桃核""桃核"的呼喊的时候，我隐隐意识到可能会有什么事情发生。当看到几个小孩儿拿着跳绳朝我飞奔而来的时候，我隐隐感觉这里面跳绳会跟我亲密接触。

但我的反应太慢了，在我一愣神的工夫，他们已经用跳绳把我生生绑了起来。我愤而反抗，挣开绳索，取得了阶段性的胜利。但好景不长，随着新小孩儿的加入，我又被他们绑了起来。我试图向路过的花生求救，但他只是冷漠地笑着不说话。这时我看见那些外国志愿者在我们隔壁班门口，然后我就说："我领着你们去跟国际友人打个招呼啊。"他们说着"好"，这才放开了我。

我发现上次来的时候他们还流行玩沙包和乒乓球，这次就好多人在跳绳了。

我走进教室里，看到孩子们都在拿着小日记，看我们给他们的回复。有个女生指着那个"trick or treat"问我是什么意思，我就给她读了一遍，然后说"这是他们玩敲门游戏的暗号，跟我们的不是一个版本"。

还有的孩子过来说："怎么没有我的？""我的呢？"

我跟他们说："在给你们发着呢，去自己座位上看看有没有。"看得出来，他们很喜欢也很珍惜我们给的回复。

这时候倩妈过来找我，说："告诉他们，做完活动之后笔和橡皮都要收回来。"

我说："送给他们得了。"

她说："我们小孩儿刚刚都在抢呢，送给他们也不够，没法分啊。"

我想了想，有道理。就去跟花生和茄子姐姐说，待会儿要把笔收回来。不料，被小孩儿们听到了，然后一个小男孩儿就开始过来摸我的书包。（这个小孩儿就是绑我的那一个，后来也一直跟着我。）我说："待会儿就给你们发啊。"

他说："给我点儿笔呗，我老缺笔了。"

我就说："唉，我也是买不起。"

这时候上课铃响了，我们让他们坐好。今天花生是主持人。

我写观察笔记，所以我去了最后面。看到杰杰在别人的座位上吃面包，我问他："没吃饭吗？"他也没回答，就把那个面包递向我，我说："我吃饱了。"（那个面包看起来像是跟品园超市里面那个一块五的面包一样的，上学期我起床晚了经常带着去上课。）然后他就回到自己座位上去了。

这时候，茄子姐姐让他们安静下来，听花生讲话。

花生说："大家还记得我们几周前来的吗？"

然后大家都很活跃地在喊："两周。"但是后面一排的还在闹。

花生又说："大家还记不记得上次有个外国大姐姐，给我们介绍了一个什么节日？"

大家都齐声喊道："万圣节。"这时候声音明显比刚刚响了。

花生又问："谁知道万圣节最有代表性的东西？"

大家也都在七嘴八舌地喊"南瓜灯""南瓜灯"。感觉花生的几个问题，把整个班的气氛带得很活跃了。

这时候杰杰回头来问我："土豆怎么没来？"

我本来想说土豆生病了，但想了想还是说："不知道，应该是有事吧。"

然后花生就说："我们今天要做一个游戏。"

大家都挺高兴地在喊："好。"

然后花生说："但是我们要跟三年级的小朋友一起玩。"

有些人就在叹气，或者"唉呀""唉呀"之类的。这时候就有点吵。茄子姐姐赶紧维持了一下纪律。然后花生就说，现在带大家出去玩。莲子姐姐组的小朋友跟着桃核，前方响起了明显的欢呼声。

然后花生就开始说："我们只是个游戏，同时也是一个比赛。因为我们下节课就要跟三年级的小朋友一起做环保盒了。"这时候突然响起一个男生的声音，"又要"。然后大家哈哈地笑了起来。

　　这时，刚刚那个小男孩儿从前面溜了过来，蹲到我怀里不肯走。然后我就从后面抱着他，让他头朝前，然后他就把我的手抓住，还十指紧扣的那样。（还好他是个小孩子！）我就这样抱着他听花生讲话，结果他又蹿到我背后去拉我的书包。

　　这时候，周围的小孩儿就在说："偷东西是吧？""臭小子！"

　　我以为他会把我们待会儿要发的笔拿出来，结果他打开我书包的夹层，把我自己的笔拿出来了。然后他就说："给我留个纪念吧。"我就让他挑了一支，然后他就回自己座位上去了。

　　花生还在前面讲规则和注意事项。说完之后，他开始让跟茄子姐姐一组的小孩儿出去做活动。然后，我那一组的一个小胖就过来找我，说："桃核，有笔，给我个。"这时候，旁边的男生就说："没有了，那个硬抢的。"那个小胖就回去了。

　　这时，花生说："跟桃核哥哥和莲子姐姐的出去吧。"

　　于是，我就边走边说："哎，跟着我的出去了啊。"

　　然后孩子们就一边吆喝着"哦，桃核桃核"一边跟我出去了，差点把我推倒，还有从背后跳到我身上的，我赶紧跟他们说："冷静一下，冷静一下。"

　　这时，一个男生说："这是莲子组的，根本不是我们组的。"

　　我赶紧说："今天他们都归我管。来，大家站站队啊。"

　　他们就在说："莲子组的别跟我们站一队啊。""莲子组的不要混进来。"

　　跟莲子的那三个男生，就在那边很不自在的样子。女生还好，被我们这边的女生直接拉过来了。

　　我赶紧让他们都过来，然后说："跟着我是有好处的，待会摄像机会跟着我们。"

　　他们就在那边欢呼了起来，我趁机说："所以跟着我的一定要听我的话，现在，桃核组的过来站队啊。"

我又对莲子组的孩子们说："你们也来站一队哈。"然后终于让他们站好了两队。

我又说："待会儿走的时候队伍阵形不要乱啊。"我们刚要走，就被花生组的人抢先了，于是我就说："哎，你们赶紧走。"

我们组的小孩儿就在喊，"快走快走"，"走得越远越好"。

看他们走了以后，我就说："走了咱们。"然后就领着他们去操场，发现三年级的还没来，我们就在那里等他们。

我发现没有事情干的时候，是很难让他们稳定下来并且站在一起的。果然，他们一看没事情做，就开始四处跑，有的去上厕所了，有的还去别的组串门。

忽然组内就响起了一种声音，"咱们不要这些女的了""我们男的玩"。组内一共四个女生，然后有三个女生就说，"好，你们别后悔"。然后他们就跑到茄子姐姐那组去了。这时候男生又开始喊"叛徒""你们这些内奸"，还有的指着剩下的那个女生说："我们内部有内奸！"

那个女生就说："谁是内奸？"男生们说："就是你。"那个女生就说："我不是内奸。"男生们说："女生都是内奸，男的都是忠臣！"那个女生气得也去茄子姐姐那边了。

男生们又开始互相说："你这个内奸，给你个诸葛连弩，啪啪啪！"（诸葛连弩：国产纸牌类游戏《三国杀》里的一张武器牌，可以使装备者打出所有的"杀"牌。）

我想了想，还是待会儿再把她们叫过来吧。这时候，那个牵我手的男生又蹿到我怀里，我就把大家招呼到乒乓球桌那边，说："来，我们先休息一下等会儿啊。"然后那个男生就问我："干吗呀我们？"

我回答说："等等三年级的。"

他说："我去探望探望。"

不一会儿他就跑回来了，说那边有个班过来了，也是大哥哥大姐姐领着。

我指着饺子哥哥说："待会儿我们就跟他们那一组一起玩。"

然后，我抓过那个男生说："去把我们组的女生叫过来。"

喊了一会儿终于把我们组六年级的聚到一块儿来，让他们跟三年级的一起站好，然后我告诉他们："待会儿我们要玩游戏啊，玩儿得好有奖励，玩儿得不好有惩罚。"

他们就问："什么奖励啊？一块？两块？一百？"

我说："不是给钱，待会儿我们要画设计图，还要做环保盒，游戏玩得好的我们会多给他们材料。"

这时候前面有的小男孩儿就说："我们不会做环保盒，也不会画画。"

我就说："没关系，待会儿我教你。"

这时候，饺子哥哥给大家讲游戏规则。他说："你们都玩儿过一二三木头人吗？"

有的人喊着"玩过"，也有人没有玩过。

饺子哥哥说："玩过的出来，跟我表演一下哈。"出来了几个人，然后饺子哥哥说："够了，够了。"就听见孩子们在很不愿意地喊"啊"，好像是不带他们玩儿了一样，饺子哥哥就说："你们先别动，先演给你们看好不好？"

这时候有个小孩儿问我："你会跳迈克尔·杰克逊吗？"

我"啊"了一声，嗓子都哑了，当时没听清楚他说什么。那个小孩儿也转身就跑开了。然后那个牵我手的男生又蹭蹭蹭到我怀里。这时候刚好拍摄的过来了，然后我就拉着他和旁边的一个男生合影，那个男生还招呼我们组的三个女生过来照相。

我就说："大家好好看饺子哥哥他们演示啊，摄像机会过来拍我们。"

饺子哥哥就在那里一边喊"一二三木头人"，一边带他们示范，还不时有人说"他动了""他动了"。演示了一遍，饺子哥哥跟他们讲，我们要分两个回合，六年级的救三年级的，然后三年级的救六年级的。

我一边喊着"人家在拍我们呢，好好表现啊"，一边让六年级的聚过来，好不容易把六年级的跟三年级的分成两队。然后，我们让六年级的面向三年级的站成一排。

第一个回合是饺子哥哥带他们玩儿，刚开始饺子哥哥还没说开始，他们就往那边跑。我就在旁边喊："不能还没开始就跑啊。""动了的到最后面去。""你怎么偷偷走了啊。"就这样维持一下秩序。

终于，那个牵我手的男生，第一个摸到了饺子哥哥，然后让他去救人。三年级的小孩儿都发出"啊啊"的声音,一会儿其他六年级的几个小孩儿也摸到了饺子哥哥,就告诉他们:"就算救了,你们可以去带一个三年级的小孩儿去那边。"然后他们很顺利地就找到了一个人带走,我们这边男生也有去找那边的女生救走的。只是最后剩下了一个六年级男生跟三年级女生,那个女生不愿意被那个男生救,因为他们两个有旧怨。男生表示很无奈,我们就让那个女生自己过来了。

然后,又由我来喊,让三年级的来救六年级的。我喊着"六年级的到这边啊",然后把六年级的划到一边,有的人说:"谁也别救我。"我就说:"要是没有人救你,你就没法参加接下来的活动了。"

我就开始喊"一二三木头人",然后六年级的就在吆喝"救我""救我"。

最后三年级的有些很快就过来,能救人了,但也有些慢的,还在很期待地看着我,然后我就一直在喊,等最后几个小孩儿过来。

然后我们又想把他们分成四组,让他们画设计图。我把六年级的叫到一边,说:"你们想跟男的一组还是女的一组?"

他们就喊着:"男的。"

我说:"但是三年级那边只有几个男的,别的都是女的。"

他们就喊:"那也要男的。"我怀里那个男生就说:"桃核,我要跟你一组。"

其他人就喊:"让他跟女的一组。"

于是,我就说:"那选女生一组的可以跟我一组。"

"啊?"那他们就开始想选女的,还有人说:"我跟你一组,你帮我随便挑个女的就行。"没想到,男生愿意了,可是三年级的女生不太想和我们的男生一组。

饺子哥哥挑了两男两女站好,让其他人自己选,愿意跟谁一组就站到谁身边去。但还是不理想,最后好不容易才分好一组,其间还有男生跑到隔壁班去参与拔河。然后我们又给一组女生分好了组,到最后终于给他们大致分好了。

其中,有六年级的男生搂着一个三年级的看着很亲密,说着"他跟我一组了"。

但是到最后，还是有三个六年级的男生没有分好组。

我开始给他们分设计图，他们果然一如既往地上来抢。我就喊着"别抢"，然后也有其他男生在喊"别抢"。他们以为一个六年级的和一个三年级的一组，后来我们跟他们讲，"你们得三个六年级的和三个三年级的一组"。

给他们分好东西以后，还是有三个六年级的没有分到组，是莲子姐姐那边的三个男生。但是他们说已经没有三年级的跟他们一组了，我找了找也没看到。只有一个三年级的男生没有组，他说"有三年级的，我就是三年级的"，我就说，"好，那你再去找一个三年级的，看谁落单了就把他叫过来"。

我开始给一个小组分笔，让他们把组员的名字先写上。然后其他组也开始过来跟我要笔，我就说："你们组有人有了吗？"有的说有，有的说没有。说有了的我就没给，其中一个男生跟我抱怨说"他们都有"。我就说："你们组里要一起用一个，有了就不能给你们了。"

这时候，那个我让他去找落单的三年级的小孩儿过来跟我说："我找到了饺子。"我刚好在一个女生组这里，我就说："你跟这些女生一组好吗？"他大声喊着："不，我找到的是饺子。"于是我只好说："好吧，那你去找饺子哥哥吧。"

这时候，那个女生（叫玉玉）就来跟我借手机，要百度个图片比着画，我没有给她，因为我还得录音。然后，那个牵我手的小孩儿又蹿过来说："桃核，我们去那边玩。"

我说："你们小组人呢，先去画设计图我再跟你玩哈。"然后，他就跑开了。

于是，我就到处逛，走到一个小组旁边，他们就问我："桃核哥哥，怎么画？"我就说："想怎么画就怎么画，你想做一个什么样的盒子，你就画成什么样。"他们有人就说："那我画个篮子了啊。"我说："好啊，画吧。"

这时候玉玉又过来找我，很委屈地说："桃核哥哥，我不会画，你帮我画吧。"看着她好可怜的样子，于是我就偷偷跟她说："好吧，别让他们看见。"

她就领着我去一个乒乓球桌那里，把她们组其他的女生也叫过来。我就跟她说："我说着你画好不好？"她就让一个三年级的小孩儿在那里画，我就说："你先画一个盒子。"然后，这时候那三个六年级的孩子过来了，问我他们如果不玩是不是不能评奖，就没有奖品了？

我就跟玉玉说："要不你们带上他们一组吧？"

她说："不行，人够多了。"

我说："带上吧。"

她说："你把手机给我用，让我百度一个图片，我就带他们。"

这时候旁边其他的男生听见了，就开始喊"不行，耍赖""老师，不能这样，她们玩赖"。还跟饺子哥哥说："她们耍赖，她们用手机。"

这时候下课铃响了，那三个男生就跟我说："那我们回班了啊。"

我就跟玉玉说，"你们好好画，就画个盒子，然后在上面画个图案就行了。"

然后玉玉就跟那个小孩儿说："你在这里画个提手，然后在这里画个蝴蝶结，再画个红旗得了。"

我就去找花生，又要了一张设计图，跟那三个六年级的说："现在你们一组好吗？给你们图纸。"我又给他们借来了铅笔和橡皮，这时候已经有小孩儿来给我交作品了。

我看到一个挺好看的，还表扬了一下："你画得挺好看的。"

这时候，那个牵我手的男生过来找我，说他们还没有画。我过去一看还是白纸，就开始说："来我教你，你先画个盒子。然后画点装饰就好了。比如这里的飞机啊，星星啊，你比着画一个就好了。"然后他自己尝试了一下，就让三年级的画了。最后还是完成了。

这时候还有人跟我说："他们有人作弊，去找了美术老师。"

我说："老师没有理他们，没事的。"

还有人跟我说："你看我们的。还要画什么？"

我说："嗯，挺好的。这是我看过最好看的了。"

他说："再画个桃核吧。"

我说："好啊，你知道长什么样子就行。"

然后，我们陆续把设计图、笔和橡皮都收了上来。有的同学不想给，我就说:"你看,你们有他们没有,这样不好吧?"他们也都很配合地就把铅笔和橡皮给我了。我又去看那三个六年级的,只见他们在认真地画着,在画一些蓝天、草地之类的装饰品,我就告诉他们:"你们得画一个盒子呀。"

然后他们就画了一个盒子,开始画装饰。

不一会儿,上课铃响了。我们就让大家回教室上课了。

这时候那个牵我手的小孩儿很不舍的样子,我就说:"下次我再来找你玩啊。"

他说:"什么时候啊?"

我说:"下下周。"

另外一个男生就说:"怎么不是下周?"

我说:"因为我们两周来一次啊。"

他说:"以前不是一周一次吗?"

我只好说:"是吗?我新来的,我也不知道啊。"

最后,我们把六年级三班的孩子都带着回班了,然后在三年级三班那里跟其他志愿者汇合。之后我们一起出校门,然后又吃了 11 份竹筒粽子,苗苗师姐请的客。

回去的路上,我听饺子哥哥跟他新闻学院的师弟师妹说,他曾经状态不好的时候来这里,然后整个人就会被孩子们带得活过来。

那个时候我突然想到,好像我已经摆脱了毛概噩耗的影响了。

孩子们的威力真是巨大,我们给他们带去欢乐和理念,他们何尝不是在帮助和影响我们呢?或许我们现在很多人,缺的就是孩子们这种无忧无虑的心态,我们再也不能像他们那样疯那样闹了,我们有着许许多多的顾虑和烦恼。没办法,这是长大的代价,每个人都会经历这些。但常到这里来,常跟孩子们在一起,真的能让我们阳光起来,开心起来。尽管孩子们很难管,嗓子都喊哑了,腿也疼,脚也疼,可是累却快乐着。

我们的现在,是他们无限憧憬的未来。

他们的现在,是我们无比怀念的曾经。

附录六
水果摘报

编前语：

  2019年，第九代"水果"在课堂观察笔记和志愿者自观笔记的基础上，发展出一种群体性的、更具综合性视角的文字材料，名为"水果摘报"。在每次志愿活动中，志愿者们完成观察笔记与自观笔记后，由三四名志愿者担任执期编辑，通读该次活动全部笔记，摘取有价值的段落，评注一二，最终形成一期水果摘报，返送给所有志愿者阅读。与传统的观察笔记与自观笔记相比，水果摘报有两个重要的优点。其一，将多位志愿者的观察做统一汇编，能清晰地对照、呈现同一时刻对同一事件的多角度观察结果，教室里的情境细节变得丰富立体。其二，摘报具有更强的交互性。以往志愿者们各自书写观察笔记后，若相互间的阅读不够充分，笔记便容易成为沉默的档案资料；但在摘报这里，从执期编辑做摘编工作，到成文后发布给全部志愿者，每份笔记在短时间内都至少得到了两轮阅读，相当于再开一次"活动复盘会"。开办2021年第四届"水果"工作坊时，摘报也成为"水果"的宣传材料，它能够向不熟悉"水果"的读者快速呈现志愿服务的鲜活情境，也突出"观察笔记"作为"水果"重要工具的特点。

  我们在此节选了2020年秋季学期的第2期、第3期水果摘报，对活动内容部分稍做删减，突出志愿者的反思与探讨。作为一支为流动儿童提供长时段志愿服务的团队，"水果"自身内部也始终存在"流动"。每年秋季都是"水果"新老成员代际更替的时节，"水果"的核心理念与方法怎样在新一阶段的志愿服务中延续、落实，团队成员怎样磨合，都是需要周期性应对的问题。2020年的秋天就出现了这样一个典型的磨合期。当时，受疫情影响暂停了半年的"水果"常规志愿服务重新启动，第十代志愿者加入"水果"，此前与"水果"志愿者相伴三年多的2016级（时为五年级）小朋友中已有不少人返乡，五年级仅余一个班级，"水果"因此调整了服务对象，四年级的小朋友也被纳入进来与"水果"开始接触，志愿服务在五年级一班、四年级一班同时开展。新学期、新团队、新的服务对象，节选的摘报便出自这一时期。

这两篇摘报不求还原两场别开生面的"水果"服务活动，相反，它们是生涩与纠结的产物。志愿者需要与新的流动儿童建立关系，为未来一至两年的长期服务打下基础，第三章提及的"互为中心"理论在此附录中可展现跨时空的更为丰富的材料，从而进行理论检验。新志愿者自身还未充分掌握"水果"既成的理念和方法，是做志愿服务的初学者；新老志愿者如何协作，同样尚需适应。志愿服务充满微妙细节，讲究实践中的学问，志愿者唯有真正去行动、在"做"中"学"，才有可能掌握个中关窍，而在学步阶段，又怎会没有疏漏磕碰？我们希望呈现或正视的便是这种不完满，在不完满中借助恰当的方法和工具坚持反思、修正、进步，正是"水果"志愿者不可忽视的珍贵之处。编写摘报时，志愿者们无异于进行了一场场笔谈，对活动设计和实施细节的反思、异议以及协调改进都得到体现，摘报成为一种突破尴尬、寻找出路的重要工具。文字帮助我们积累经验和知识，下一次志愿活动便得以在前一次的基础上向前推进。借助那些布满了当时纠结痕迹的摘报，我们可以看到一段逐步摸索答案的行动过程。

2020 年秋水果摘报第 2 期

水果奶茶买一卖一编辑组[①]

活动日期：2020 年 11 月 20 日

活动内容：请儿童在纸上绘制"我的一天"，其中涉及家庭生活、学校生活、手机使用情况等具体类别；之后在小组内以"你画我猜"的形式让同学们互相做讲解分享。志愿者希望以此增进对儿童以及儿童与儿童之间的了解，为开展后续的长期活动做准备。

（一）活动过程中的记录

宇宇告诉我他的爸妈回家的时间不固定，他的妈妈基本都在家里，爸爸则从事快递行业，最近经常要忙到很晚。From 薯片

澎澎，爸爸妈妈在河北老家，他和爷爷奶奶以及二叔在北京，爷爷奶奶也要出去工作，奶奶下班后会回家烧晚饭，还会给他讲他不会的题目。From 红豆

在他们填写的问题和绘制的画面中，一个共性是都出现了和家人一起玩游戏的场面，或者和妹妹玩"躲猫猫"，或者和爸爸玩"瞎子摸人"，或者是全家一起玩"木头人"。很难分辨这是他们生活的常态，还是心中的念想。但是当看到小朋友们愿意把自己快乐的、难忘的、和家人的幸福时光填写在我们干巴巴的问题纸上时，我的心里是非常感动的。From 妙脆角

斌斌抽到了超超画的奶奶，大家都没有认出来，超超就很激动，大声叫出——"这是我的奶奶"！他画的奶奶很慈祥，他的一些片段让我想到了我的外婆。From 果冻

在手机使用上，四个小朋友都会用手机进行娱乐，雪雪玩和平精英，香香玩抖音（她后来提到她好像是在抖音发做黏土手工的视频，

[①] 第十代"水果"志愿者的代号以"奶茶配料"为主题，故名。

有一百个粉丝），澎澎打王者荣耀（芋头姐姐发现了他还是个游戏主播，令人震惊！而且他好像靠这个赚了几十块钱，震惊乘2），豹豹用手机看小说，他说他喜欢悬疑小说。From 红豆

关于上学路上的交通工具这道题，我就给他举例子说，比如"我们上学来是坐车……"，"坐车"两字还没有说出口，就噎回去了，因为突然间考虑到了孩子们的自尊心，处于一个可能不是很富裕（猜想）的家庭，这样说可能他会有一些失落。于是我就把举例子换成了比如我们是走路来上学的，或者是骑电动车上学，果不其然，他是独自坐公交车。我发现在和小朋友谈及家庭问题时要注意措辞，但是在之后的交谈中我还是失败了。还是超超填错了，他不知道"活动环境"（where）这个问题怎么填，我就举例子说，比如在家里的客厅或是卧室，他突然就说，"客厅吧，我家里只有客厅，没有卧室"。我就应了一声，陷入短暂的沉默。From 果冻

妙脆角注：我在交流过程中也碰到过类似的问题。当我听到小朋友大声说出"家里只有一个房间"时，先是感到自责和后悔，觉得自己的提问给小朋友带来伤害。但是小朋友的坦诚、真实以及配合的态度，又提醒了我这一所谓"自责"，其实也不过是一个"局外人"居高临下的关怀罢了。

琪琪在填答时同样遇到很多问题，更多不会写的字，更多不懂的问题，而且没有萱萱问得那样积极。因此，她在填答过程中显示出了烦躁，时不时转过头看后面的同学是怎么写的。From 抹茶

（二）反思探讨

四年级是我们新认识的孩子们，所以我们在11月14日与11月15日的第二次活动设计会时，就确定了本次活动的主要目的是继续了解小朋友。但还是要在形式上创新，因此我们设计得焦头烂额，最终决定了"你画我猜"的形式。又因为一开始认为单纯靠画和猜，得到的信息过于零碎和无用，所以又设计了答题的环节。From 果冻

妙脆角注：是否真的收集到了"完整的""有用的"信息呢？

　　对他们来说，这次活动有点像一次任务或者考试了，并没有娱乐的部分。From 薯片

　　活动设计者本身就是带着一个闯入者、陌生者的立场去设计的活动，但其实不应该是这样的。From 话梅

　　我们在设计问卷的时候并没有考虑到孩子们的理解能力与填答能力，这就导致孩子们在填写的时候一头雾水。From 抹茶

　　从他们填写的速度来看，大多数孩子其实没有弄明白我们这个活动到底是想做什么，大家可能是以为填问卷就是活动的主要内容了，画得特别仔细，甚至到了第 35 分钟，绝大多数孩子还没有完成这份问卷，真正的游戏——你画我猜——还没开始就到了下课时间。From 芋头

　　我们组的四位同学填答速度差了很多，这不利于后面活动的共同参与。From 抹茶

　　我感觉到小组有些分裂，而且我这次活动明显和宇宇互动比较多，其他人没有照顾到。总体上交流都不太充分。From 薯片

　　大部分组是让每个孩子坐在自己的位置上，哥哥姐姐分别去看每个孩子写了画了什么，只有肉干姐姐那一组是让同组的孩子都凑到一起（私以为这样做是最好的。这次活动的互动性偏弱，如果大家还是分散着坐的，那么彼此交流的机会就更少了，气氛不热闹，心里也没那么亲切）。

　　无论是做什么游戏，让同组的孩子们跟对应的哥哥姐姐坐在一起、簇拥在一起是最好的，尤其是四年级这样的教室布局，不像五年级那样至少有两个孩子是一桌，四年级都是一人一桌，就更分散了，如果不簇拥在一起，活动的参与感、集体感不太好。From 芋头

　　我们以后在活动设计上还是要多注重趣味性，单方面向小朋友们收集信息的方式带有很强的目的性，虽然能比较高效地增进我们对他们的了解，但失去了很多与他们互动的机会，而我认为，我们与他们双向的互动，才是更有意义的。From 红豆

上一次的活动情感互动就不够，我们提出了要平衡情感互动和信息收集的建议，结果这一次活动的情感互动更加不够，几乎变成了纯粹的、装模作样的"挖掘小朋友们的隐私"，这让小朋友们失望，也让我们难受。其实，小朋友们是很乐意告诉我们他们的生活的，但前提是我们应该充分尊重他们的生活，也分享自己的生活。只有双方的袒露程度是接近的，才是令人舒服的。其实，小朋友们收到哥哥姐姐画的自画像时脸上开心的笑容，也正表现了小朋友们对哥哥姐姐的生活和性格有多好奇、有多感兴趣。只是"自画像"这样小小的一角，就能让小朋友们拿着互相讨论炫耀，高兴半节课。然而遗憾的是，有些哥哥姐姐在自我袒露的时候，还是有些犹豫和迟疑，这样其实是会带来一道不深不浅的隔阂的。From 妙脆角

这次活动，我更感觉到与孩子们交流的重要性。了解他们的信息其实也是为了更好地满足他们的需求，也许比起填问卷收集到的信息，对话中能够随时追问的方式更适合深入地了解他们，进而发现他们的主位诉求。From 薯片

我们的活动设计初衷是什么呢？我们是给予者还是索取者？这一次的活动其实跟上一次的目标是差不多的，都是想多了解一些孩子们的情况，但不够有趣，活动结束后孩子们可能会有点茫然，不知道今天的游戏是在干什么。更重要的是，虽然我们在设计问题时对自己有着严格的伦理约束，但是孩子们本身是不懂得自己都给哥哥姐姐们讲了些什么的，他们是无条件信任我们的，带着赤诚的心玩着哥哥姐姐设计的游戏，然而我们提供的游戏可能只是对一份调查问卷的包装。目标导向或许应该调整——比"让我们对他们多一些了解"更重要的，是给予他们快乐和陪伴。毕竟我们之所以想要了解他们，最终不还是想把他们真正需要的东西给他们吗？我认为这是我们在之后的活动设计中必须恪守的一点：我们要做给予者，而不是索取者。From 芋头

相对还是有一定的调动小朋友的积极性的作用的，但问题是活动设计得太复杂，规则太多了，不是说他们听不懂，而是说越简单才越容易参与。From 话梅

我原本的计划是一进教室就马上开始主持人的准备工作——把活

动环节的关键词和介绍规则用的示意图写在黑板上，但被热情活泼的茜茜"耽搁"了一会儿。后来茜茜旁边还多了个小女孩一起。想单独提一笔的是：我刚开始写了几个字，茜茜就在旁边问——这次不写"水果暖你心"啦？

事后想想，茜茜的这句话对我们来说是个不错的提示。除了第一次活动之外，以后每次活动我们是不是都可以把"水果暖你心"写在黑板上？这样在这些孩子的记忆里我们就更可能不只是一群哥哥姐姐，我们还代表着"水果暖你心"，即便他们可能没有概念——这"水果暖你心"是一个组织还是一句口号或是别的什么，但建立起这种关联似乎依然是不错的一件事："水果暖你心"这个符号，能够帮助我们这群哥哥姐姐以一个整体的形象被他们记住。From 奶糖

2020 年秋水果摘报第 3 期

"水果"第三杯奶茶编辑组

活动日期：2020 年 12 月 2 日

活动内容：儿童和"水果"们分别组成"小朋友队"和"哥哥姐姐队"进行 PK，一方提出一个关于自身的问题（例如，"我最喜欢的课程是什么？"），并将答案写在小纸条上交给主持人，另一方尝试猜测答案（例如，"是体育吗？"），猜对则后者加一分；两方轮流提问。志愿者们希望以此改进前一次活动单方面问询的不足，以趣味游戏增进与小朋友们的情谊。

（一）活动过程中的记录

我跟泡面和奥利奥说要不要在黑板上写上"水果暖你心"几个字（奶糖在第二次笔记里的建议：每次活动都在黑板上写上"水果暖你心"，慢慢地让小朋友们把我们这些哥哥姐姐和"水果暖你心"联系在一起），奥利奥就在黑板上用粉笔写下"水果"的名字，我则在黑板上画不同的水果，有很多小朋友看到了都指出我们所画的水

果,却不知道"水果暖你心"是什么意思。From 肉干

肉干她们在黑板上写"水果暖你心"几个字,引起了孩子们的注意,大家都在读,还问:"这是这次活动的主题吗?"From 果冻

可以明显感觉到,这次活动的气氛比前两次都随便了一些,也欢快了一些。小朋友们不再在主持人讲话的时候动也不动,大气也不敢出,而是放松地坐着,甚至和小伙伴交流。From 妙脆角

奶糖注:带四年级小孩的"水果"要意识到,这些小孩从这个学期开始才接触到"水果",他们面对我们的心理,和九代接触过的、现在已升到五年级的小孩们是不一样的。因此,带四年级的"水果",或许真正要面对男女神光环褪去的过程。妙脆角很敏锐地观察到小朋友们明显变得更随意了,这既是一件好事,同时也是提醒带四年级的"水果",未来可能面临纪律问题的挑战,其他新的问题也可能浮现。

第一个问题是"和家人在什么地方最开心",一个小男孩抽到了这个题。大家都猜的是"卧室""床上""客厅""看电视""公园"等,小男孩都抿紧了嘴说不是,脸上的表情也越来越激动,甚至开始不停地在凳子上变换坐姿,一会儿坐着,一会儿跪着,一会儿站起来。最后他面带着微笑,用唱歌般的腔调揭露了答案:"和家人最开心的就是——永远——在一起!"大家都纷纷仰倒,觉得"这谁猜得到啊",但是没有嘲笑的意思。From 妙脆角

这个孩子抽到的问题是"我有几个兄弟姐妹",主持人刚一读出问题,小朋友们就都发出了对题目难度略有些失望的声音,想必心理活动类似于"就这?"。短暂的不屑之后,他们开始呼喊答案:两个!这么多同学对他兄弟姐妹的情况这么了解,挺出乎我意料(同时想起上一次在四年级,豹豹和澎澎在聊他们祖母的年龄差)。From 紫米

斌斌抽到"最喜欢的运动",他想要写"踢足球",奈何"踢"字不会写,只好向我求助,一边提防其他小朋友偷窥到他的答案,一边艰难地和汉字抗争着。超超抽到"最喜欢的一本书",他想写的答案是《昆虫历险记》,但他突然忘记了"历险"怎么写(我回想起我

小学的时候也有这种被形近字支配的恐惧，厉和历、幸和辛、买和卖，还有一系列需要区分的，都让我头疼）。From 奥利奥

点到椰果那一组的一个小女孩时，同组的三个小朋友极其兴奋，觉得是自己组的荣光。同样，当奶糖被点到上去时，奶糖所带小组的几个男孩也都很开心。也就是说，他们对各自的四人小组都有清晰的认同感，他们是区别于其他小组的小圈子。From 芋头

总体来说，我看到小朋友们最大的特点就是较真。较真输赢，较真是谁给了哥哥姐姐提示。我们之所以把所有的小朋友分为一组，而把哥哥姐姐分为另外一组，是不想出现几家欢喜几家愁的场面，这样小朋友们就都是一个阵营的了。然而有些人未能遵守规则，有些人拼命地想赢，就造成了他们内部的矛盾，难免会互相埋怨指责，并为自己开脱。于是"123，静悄悄"口令的效果越来越差，纪律越来越难维持。From 泡面

相对于胜负，小朋友们更注重规则和公平，以及自己和带自己的哥哥或姐姐的参与感。奶糖猜某个小姑娘喜欢的颜色时，说了淡蓝和天蓝两个答案，布丁哥哥带的小朋友立马大喊："不公平！为什么她可以说两个答案！"航航给了让我很惊讶的答案："因为她是大人，大人就是可以说两个！如果你是大人你也可以这样。"不知道是什么让他有了这样的认知，我们也应该反思是不是在不经意间给了小朋友不好的示范。From 紫米

二　反思与探讨

以后我们在玩游戏的时候一定要尽量注意公平性，绝对的公平难以做到，但"水果"们至少可以注意自己的游戏行为、谨遵规则，一方面给小孩树立一个好的榜样，另一方面也是对小孩及其公平意识的尊重。下次我们再玩游戏的时候，主持人可以先回顾一下这次的游戏情况，提出对游戏规则的遵守问题、哥哥姐姐们的反思，以及我们在接下来的游戏中一定会特别注意公平公正。From 奶糖

我认为与上一次相比，这次活动有了很大的进步。一方面，小朋友和哥哥姐姐双向了解，脱离了单方面地询问和索取，小朋友这次也

能了解我们了,而且是平等地了解我们;另一方面,活动形式特别好,气氛热烈,我们可以多一点这样全班参与(区别于分组行动)的活动。From 芋头

在全班小朋友与哥哥姐姐 PK 环节中,我是没有抽到被互动的姐姐,而且我们的位置也在后排,这就使得我这一组小朋友的参与度比较低,在猜测的环节,他们一直在小声和我说他们猜的答案,让我发言,他们的参与是很积极的,但在哥哥姐姐这一环没能给到很好的传递和回应。我觉得下次再进行类似的活动的时候,可以让哥哥姐姐们都猜,以增强小朋友们的参与感。From 手指饼

孩子们很喜欢这种"团队"游戏,这也可以增强孩子们的集体荣誉感,发掘孩子们与其他孩子、整个班级之间的关系,但是在怎样促进游戏公平和孩子们都有机会参与的方面还需要再想一想,也让不怎么愿意或者说不敢举手参加活动的小孩真正参与进来。From 果冻

奶糖注:结合前面总结的组里小孩和带组"水果"之间的组内认同,我们要认识到组内孩子和哥哥姐姐是联动的,全班范围内开展的活动/游戏要想提高参与度就要把握好这一点。这也可被视为很好的切入口,让全部哥哥姐姐参与进某一活动即约等于全部小孩参与。

我知道第二组活动设计的时候就是想着"要设计一个全员有参与感的游戏",这次活动之后,也隐约能够感受到活动参与度和课堂纪律的张力,我们的困境仍然在于没有一个有效的"工具"或者"黑脸",希望下次活动或者下学期的活动能够继续探索解决的方法。From 薯片

如果说我们这几次主要是在发散式地提出问题,那或许下学期的活动中我们可以尝试回归过去的大主题的模式,从一个小切口入手更加纵深地去收集信息、提供服务。我们这学期确实对每个小朋友也都有了更多的了解,但在活动设计上还是过于偏重收集信息了,像是把志愿服务做成了社会调研,虽然这二者不是完全对立的,信息收集也不可或缺,但还是感觉今年这几次少了一些东西,对小朋友们的实质

帮助少了一些，或许我们应该将二者更好地结合起来。From 糖葫芦

目的是通过问答游戏加深对他们的了解，但总感觉这种了解浮于表面，我们对于答案的解读不一定能完全贴合他们的真实情况，孩子们也不愿意或者说没办法提供更有效更深层次的回答，交流感弱，一直在了解但并没有别的举措。From 紫米

我们这学期所发掘的主位诉求是否浮于表面？孩子们想要了解我们，我们就让他们通过问答了解我们。但孩子们对我们的好奇，反映的其实是他们面对"想进一步交往的陌生人"的好奇，我们真正应该做的是授之以渔，教他们如何去了解想要拉近关系的人，而不是把信息直接交给他们。From 薯片

编后记：基于 2020 年秋天对儿童的了解，"水果"们注意到使用手机已经是儿童中较为普遍的现象，他们在移动互联网上看短视频、打游戏、与朋友聊天，这构成了生活中不可忽视的一部分。在随后的 2021 年春季学期，志愿者们回归到往年常规的课堂设计方式，围绕学期大主题"安全上网"开展活动，帮助儿童掌握正确使用互联网的知识，学习如何在网络环境中保护自己、规避不良信息。

致　谢

　　本书出版之际，"水果"12岁了。感谢这段经历，这些"水果"的大朋友，X校的小朋友，我们成为彼此的一部分，奇妙人生。

　　十多年间，我曾有中断这一研究的想法，幸得十一代"水果"志愿者的不懈坚持和努力付出，才使我们的研究型志愿服务行至今日并有独特产出。在此向每一位"水果"致敬和感谢！从这个意义上来看，本书是团队民族志意义上的合作成果。一些"水果"志愿者参与了本书部分章节的写作——刘上（第二章和第五章）、陈玉佩（第二章）、王源（第四章）、陈杭（第四章）、王元超（第六章）、王倩（第六章），在此特致谢忱！感谢朱绮雯、郑佳媛、姜如璋三位同学帮助我收集和补充本书材料。郑佳媛、李逸桐同学为本书文稿的编辑付出了大量心血，"8·19周五初稿汇报"群里，我们竭尽全力把最鲜活的"水果"塞进附录中，你们一动一静，不断点燃我，带给我阳光。

　　感谢清华大学的景军教授慨然作序。认识景师二十三载，景师看着我成长，给予我无私的帮助和支持。景师目光如炬，勤奋治学，是我终生学习的榜样。

　　感谢中国台湾辅仁大学的夏林清教授。与其说受您的"行动研究"影响，不如说被您这个"人"深深打动。在生命经验的质感中消化和活化知识，拉开历史皱褶审视结构烙在个体身上的刻痕，不消极，有行动，善反映，求改变，能与您相遇，向您学习，和您共振，三生有幸。感谢林建宇博士，在本书尾声提供行动人类学与夏师"行动研究"精准的对话场域。建宇的仁爱之心和行动魄力既承继夏师，也有建宇个体的生命经验与这个社会的对话脉络，祝建宇走出一条自己的行动研究之路。

感谢美国加州大学洛杉矶分校的阎云翔教授。阎师的鼓励让我充满信心地将这项"小"研究做"精"，"个体人类学"课程的传授也助我打通志愿者和服务对象关系建构中的难点。

感谢中国农业大学的刘晓茜教授。本书最终落脚于行动人类学（Engaged Anthropology），缘于我们的共同兴趣和"人类学嘉碱"公众号的启发。我们一面之缘，心犀相通，君子之交，拔刀相助。

感谢我任职的中国人民大学社会与人口学院对这项研究的鼎力支持。

感谢以各种形式关心"水果"的师友、我所有的学生以及参与众筹的网友们，你们的帮助让"水果"元气满满。

感谢社会科学文献出版社的谢蕊芬、赵娜老师。对于各自志业的热爱让我们走到一起，高效高质，会心一笑。

最后感谢难搞的小一。你在妈妈肚子里 7 个月时就参与志愿服务，还被"设计"到亲子关系活动中。这本书也献给你，希望你以向善之心快乐成长。

富晓星
2023 年 3 月 12 日于大慧寺

图书在版编目(CIP)数据

从行动到行动民族志：青年志愿服务研究 / 富晓星著. -- 北京：社会科学文献出版社，2023.3
（社会创新方法与案例论丛）
ISBN 978-7-5228-1536-7

Ⅰ.①从… Ⅱ.①富… Ⅲ.①青年志愿者行动-研究-中国 Ⅳ.①D432.6

中国国家版本馆 CIP 数据核字（2023）第 047377 号

社会创新方法与案例论丛
从行动到行动民族志
——青年志愿服务研究

著　　者 / 富晓星

出 版 人 / 王利民
组稿编辑 / 谢蕊芬
责任编辑 / 赵　娜
文稿编辑 / 张真真
责任印制 / 王京美

出　　版 / 社会科学文献出版社·群学出版分社（010）59367002 　　　　　 地址：北京市北三环中路甲29号院华龙大厦　邮编：100029 　　　　　 网址：www.ssap.com.cn
发　　行 / 社会科学文献出版社（010）59367028
印　　装 / 三河市尚艺印装有限公司

规　　格 / 开　本：787mm×1092mm　1/16 　　　　　 印　张：19.5　字　数：309千字
版　　次 / 2023年3月第1版　2023年3月第1次印刷
书　　号 / ISBN 978-7-5228-1536-7
定　　价 / 128.00元

读者服务电话：4008918866

版权所有 翻印必究